OS GRANDES MESTRES
DA HUMANIDADE

Michel Coquet

OS GRANDES MESTRES DA HUMANIDADE
Sua História: do Mito à Realidade

Tradução:
GILSON CÉSAR CARDOSO DE SOUSA

Editora
Pensamento
SÃO PAULO

Título do original: *Les Maîtres du Myth à La Réalité.*
Copyright © 2007 Éditions Alphée, Jean-Paul Bertrand.
Copyright da edição brasileira © 2012 Editora Pensamento-Cultrix Ltda.
Texto de acordo com as novas regras ortográficas da língua portuguesa.
1ª edição 2012.
Todos os direitos reservados. Nenhuma parte desta obra pode ser reproduzida ou usada de qualquer forma ou por qualquer meio, eletrônico ou mecânico, inclusive fotocópias, gravações ou sistema de armazenamento em banco de dados, sem permissão por escrito, exceto nos casos de trechos curtos citados em resenhas críticas ou artigos de revistas.

A Editora Pensamento não se responsabiliza por eventuais mudanças ocorridas nos endereços convencionais ou eletrônicos citados neste livro.

Coordenação editorial: Denise de C. Rocha Delela e Roseli de S. Ferraz
Preparação de originais: Ana Lucia da Rocha Franco
Revisão técnica: Adilson Silva Ramachandra
Revisão: Liliane Scaramelli Cajado
Diagramação: Fama Editoração Eletrônica

Dados Internacionais de Catalogação na Publicação (CIP)
(Câmara Brasileira do Livro, SP, Brasil)

Coquet, Michel
  Os grandes mestres da humanidade : sua história : do mito à realidade / Michel Coquet ; tradução Gilson César Cardoso de Sousa. -- São Paulo : Pensamento, 2012.

  Título original: Lês maîtres du myth à la réalité
  Bibliografia.
  ISBN 978-85-315-1796-9

  1. Mestres espirituais I. Título.

12-05332   CDD-204.0922

Índices para catálogo sistemático:
1. Mestres espirituais 204.0922

Direitos de tradução para o Brasil
adquiridos com exclusividade pela
EDITORA PENSAMENTO-CULTRIX LTDA.
Rua Dr. Mário Vicente, 368 — 04270-000 — São Paulo, SP
Fone: (11) 2066-9000 — Fax: (11) 2066-9008
E-mail: atendimento@editorapensamento.com.br
http://www.editorapensamento.com.br
que se reserva a propriedade literária desta tradução.
Foi feito o depósito legal.

*"Se tencionas partir em peregrinação até Deus,
faze-te acompanhar por alguém que já tenha estado lá,
não importa qual seja o matiz de sua religião:
hindu, turca ou árabe."*

(Maulana Rumi)

*"O sábio não ostenta sinais visíveis nem objetivo que se perceba,
tal como o louco ou a criança. Ele é o poeta, mas
deve como o mudo revelar o Eu aos homens
somente pela sua visão do Eu."*

(Narada Parivrajaka Upanishad)

Sumário

Introdução 9
Vivekananda reencarnado 17 *O Priorado de Sião* 19 *O Mahavâtar Bâbâji* 21

Primeira parte

1. Guru, hierarquia e iniciações 24
O guru na tradição 27 *Como escolher seu guru* 30 *A Grande Loja Branca* 33 *A prova de sua existência* 37 *Origem da Grande Loja Branca* 40 *Estrutura da Grande Loja Branca* 45 *As iniciações maiores* 51 *A quarta Iniciação* 55

2. Sobre os Mestres 59
A Igreja e os "santos" 59 *Os santos no esoterismo* 60 *À procura do Mestre* 61 *Obediência ao Mestre* 62 *A realização do Mestre — A ciência dos sete raios e os Mestres* 73 *A morada dos sábios* 75 *O fim programado do território sagrado* 84

3. H.P. Blavatsky 87
Blavatsky e os Mahatmas 87 *As vidas anteriores de H.P. Blavatsky* 88 *Helena Petrovna Blavatsky (H.P.B.)* 91 *Helena no Tibete* 94 *O espiritismo moderno* 97 *Do espiritismo ao ocultismo* 99 *A loja egípcia da Rosa-Cruz* 100 *A Sociedade Teosófica* 101 *Últimos anos* 104

4. Os Mestres Morya e Koot-Humi 108
O Mestre Morya (M.M.) 108 *O Mestre Koot-Humi (Mestre K.H.)* 113 *Preparação para a sexta Iniciação* 116 *O falso Koot-Humi* 119

5. O Mestre Rakoczi 124
O Mestre Rakoczi (Mestre R.) 124   Algumas vidas anteriores do Mestre Rakoczi 124   Christian Rosenkreuz e Francis Bacon 127   O conde de Saint-Germain 133   Do conde de Saint-Germain ao Mestre Rakoczi 138

6. O Mestre Djwal Khul 144
Vidas anteriores do Tibetano 145   O monge Asanga 145   Sobre sua obra literária 152   Alice Bailey e o Tibetano 152

Segunda parte
Advertência ao leitor... 159

7. O caso Krishnamurti 161
J. Krishnamurti e o retorno do Cristo 161   O caso Krishnamurti 165   A miragem das Iniciações 166   "Adumbramento" do Cristo 170

8. Rosa-Cruzes e rosacrucianos 175
Os rosa-cruzes 175   A lei dos ciclos 177   A Franco-maçonaria 188   A missão de Cagliostro 191   As sociedades rosacrucianas na Europa 199   A Fraternidade Hermética de Luxor 197

9. A A.M.O.R.C... 205
A ordem rosacruciana A.M.O.R.C. 205   A Grande Fraternidade Branca de Lewis 211   O irmão Nicolas Roerich 214   Helena Roerich, a Mensageira 217   Péladan e os rosacrucianos franceses 221   A A.M.O.R.C. e os rosacrucianos europeus 224   Criação da F.U.D.O.S.I. 227   Uma experiência infeliz 230   Raymond Bernard e a A.M.O.R.C. 233

10. O Rei do Mundo e outras miragens 241
O Rei do Mundo 241   Saint-Yves d'Alveydre 243   Ferdinand Ossendowsky 250   O Rei do Mundo de René Guénon 251   Os Irmãos da Sombra 253   Benjamin Creme 256   Benjamin Creme e o retorno do Cristo 257

Conclusão 263
Bibliografia 269

Introdução

Iluminar as zonas sombrias da literatura esotérica atrairá certamente sobre o autor a ira dos responsáveis por organizações sectárias não tradicionais e, também, a dos devotos zelosos das escolas que iremos mencionar. Mas isso pouco importa; e desde já afirmo que escrevo estas linhas com toda a independência e imparcialidade, não para polemizar, mas para oferecer matéria de reflexão aos pesquisadores da verdade nua e crua, conscientes do perigo que representam certas escolas ou grupos pretensamente ocultos ou tradicionais, cujo objetivo inconfessado é o poder sob todas as suas formas.

Espero atrair a atenção dos leitores para a natureza dos Mestres, daqueles que quase sempre são considerados os Superiores Desconhecidos de grupos ou escolas de pensamento tanto no Oriente quanto no Ocidente. Espero também mostrar como é fácil nos deixar influenciar por um bom orador ou escritor talentoso, que chega ao ponto de engendrar ilusões nos ouvintes ou leitores crédulos, sem conhecimento suficiente do assunto.

Este ensaio aborda duas questões. Em primeiro lugar, investiga o que são realmente os Mestres e os adeptos, bem como aquilo que mais de perto lhes diz respeito, como o ensinamento esotérico, a iniciação etc. Em segundo, um relato das atividades desses Mestres no Ocidente e das contrafações lucubradas por certos discípulos ou responsáveis por organizações, que afirmam conhecê-los ou estar em contato com eles.

Longe de mim desconsiderar as pessoas citadas na obra, mas confesso não ter feito concessões a seus títulos ou funções, de que tenho muitas vezes constatado o aspecto altamente especulativo e pomposo. Escrevo como homem livre, que não representa nenhuma religião, escola ou instrutor em particular. No entanto, já assumi responsabilidades em diversas organizações e frequentei outras tantas. Isso me deu uma visão mais global e mais objetiva, baseada na experiência pessoal e não em preconceitos nascidos do "ouvir dizer" ou de críticas literárias de grande pobreza intelectual sobre um assunto tão mal compreendido como é o esoterismo ou mesmo a espiritualidade pura e simples.

Devemos reconhecer aqui, com humildade e franqueza, que a parte histórica desta obra, como de tantas outras, nunca será perfeita e que o texto pode, no máximo, ser considerado como hipótese de trabalho ou tema de reflexão, e não como a expressão dogmática de uma verdade definitiva. Antes de ler um livro, escutar um orador ou emitir um juízo, o aspirante à verdade deveria fazer suas as célebres palavras do Senhor Buda:

"Não acrediteis numa coisa só por ouvir dizer. Não acrediteis em nada fiado nas tradições, pois elas foram transmitidas ao longo de incontáveis gerações. Não acrediteis numa coisa só porque ela foi dita e repetida por muitas pessoas. Não acrediteis numa coisa com base no testemunho deste ou daquele sábio antigo. Não acrediteis numa coisa porque as probabilidades estão a seu favor ou porque um hábito entranhado vos induz a tomá-la por verdadeira. Não acrediteis no que imaginais, supondo que um espírito superior vo-lo revelou. Não acrediteis em nada pela autoridade de vossos ancestrais ou instrutores. Mas aquilo que vós mesmos experimentastes, vivenciastes e reconhecestes como verdadeiro, aquilo que está em conformidade com o vosso bem e o bem alheio, isso aceitai e por ele moldai vossa conduta."[1]

Como este estudo não é apenas intelectual, mas também espiritual; e como ele deve nos fornecer os meios de uma aproximação com nosso Eu verdadeiro (e em consequência, de um certo contato com a Grande Verdade divina), cumpre saber desde já o que nos impede de conseguir isso, ou seja, a mente e suas interpretações errôneas. Temos de compreender logo de início que nossa tríplice personalidade (física, emocional e mental) é objeto de uma tríplice alteração da Verdade e que jamais teremos acesso ao Verdadeiro enquanto não nos livrarmos desse ego enganador. Três termos exprimem a tríplice modificação da consciência pura da alma. O primeiro se traduz pela palavra sânscrita *maya*, que tem um caráter vital e pode ser entendida essencialmente como a energia do ser humano ativada sob a influência da ilusão mental e da miragem astral. *Miragem* é o segundo termo, relacionado à natureza astral, tão poderosa em nossos dias. A esfera do desejo intensifica o erro que tem a sua causa no mental. Já o que chamamos de *ilusão* é a característica da alma subjugada pelo cérebro e por um intelecto não instruído e não desperto. Podemos, pois, dizer que a *ilusão* é de natureza mental.

Este estudo é forçosamente intelectual, mas espero que só por sua leitura o aspirante consiga discernir, em certa medida, o real do irreal e, com isso, chegar a uma análise mais justa para não ser apanhado na rede de um movimento sectário, extremista ou ambicioso e, mesmo, de um instrutor pouco recomendável. Só se percebe a verdade pela experiência de vida e pelo aprendizado das leis universais, assim como pela aquisição de um conhecimento autêntico, capaz de ser associado ao poder intuitivo da mente. O mental é, segundo o *raja yoga*, o destruidor do real. Mal educado, pode facilmente nos aprisionar nas brumas da ilusão e da miragem, sendo assim importante ficar alertas a respeito do que lemos e ouvimos. Se você disser a um homem culto que, por meio da alquimia, conseguiu transformar mercúrio em ouro, ele certamente rirá na sua cara. Se, ao contrário, lhe disser que extraiu um próton do núcleo do átomo de mercúrio e um elétron de sua periferia, ele acreditará sem a menor dúvida que você transformou um átomo de mercúrio em um átomo de ouro. Tal é o poder ilusório do mental!

Não é fácil abordar a questão dos Mestres numa época em que as seitas estão nas primeiras páginas dos jornais. Procure falar dos Mestres de maneira positiva e será posto imediatamente na lista dos iluminados. Assim sendo, como ter uma ideia objetiva desse assunto? Não será por certo vendo a televisão, que se utiliza do irreal "esoterismo" para conquistar audiência a todo custo. Os programas são de uma pobreza tal que não admira que essa ciência seja descartada como apenas imaginário ou até esquizofrenia. A paranormalidade e o *frisson* fácil vendem bem e todo mundo lucra com isso, do jornalista ao apresentador de televisão. O importante é que a coisa seja misteriosa e, para não parecer que acredita nisso, o apresentador fará de tudo ao final do programa para que o telespectador pense que tudo o que viu é falso — depois de ouvir a conversa fiada de um psiquiatra famoso pela racionalidade. A sociedade está doente e a prova disso é a sua juventude. Os heróis não são mais as grandes almas, mas os campeões de futebol e outros esportes congêneres, bem como os astros da telinha. As pessoas preferem ler *O Código Da Vinci* de Dan Brown ou as aventuras de Harry Potter do que se impor uma disciplina pessoal ou aprender as coisas da alma. A sociedade (com seu sistema de educação materialista) e seus aliados, os meios de comunicação, têm nisso uma responsabilidade muito grande. Nem vale a pena lembrar a meus leitores que essa sociedade é uma máquina de despojar os mais pobres para aumentar a fortuna dos mais ricos, e que ela não recua diante de nada para arrancar de cada cliente (a seus olhos somos apenas isso uns para os outros) tudo o que ele possui e até mais!

No plano filosófico é pior ainda porque a sociedade não tem filosofia alguma e faz do esoterismo um produto suculento, sem se preocupar com as consequências dramáticas que daí advêm. As revistas que tratam do assunto não são melhores. Tenho em mãos uma delas, publicada pelo *Canard Enchaîné* de 1990. Os temas vão do insulto ao desprezo e misturam, sem vergonha nem competência, um guru doente como Sri Rajneesh com um mestre autêntico como Sri Ramana Maharshi. Encontramos na mesma panela o grande Mesmer e as irmãs Fox; um iniciado da envergadura de Éliphas Lévi e Paco Rabanne, homem apaixonado por publicidade. A publicação se diz imparcial e pretende cobrir tudo em poucas páginas. Na verdade, nada faz além de lançar a confusão no espírito dos leitores e fazê-los perder o senso de realidade.

Sem dúvida, é útil e salutar pôr os leitores em estado de alerta contra o Movimento Raeliano, a seita Nova Acrópole, a Cientologia etc. Mas, por outro lado, por que não falar daquilo que é belo e autêntico, daquilo que é espiritual e tradicional? Simplesmente porque isso não vende tão bem ou, talvez, porque os jornalistas não creem de fato nessas coisas!

Quem se interessa pela vida dos Mestres é muitas vezes associado ao movimento da Nova Era. Convém advertir desde já que essa Nova Era não tem um Fundador.[2] Todavia os americanos, sempre à cata de raízes históricas e de uma identidade, apossaram-se dos conhecimentos de Alice Bailey sobre a Nova Era de Aquário e os interpretaram segundo suas aspirações nacionalistas. Exploraram a tradição pura e a transformaram num supermercado onde se encontra algumas coisas boas e muitas coisas ruins. Os que se associaram a esse movimento, criticando a oposição da Igreja, caíram o mais das vezes nas garras de pseudogurus ou pseudo-organizações tradicionais. O autor deste livro, ao propor algumas verdades, só faz metade do trabalho: a outra fica a cargo do leitor, desde que seja realmente motivado pela descoberta do verdadeiro por trás do falso.

A interpretação errônea da natureza de um Mestre deve ser imputada aos próprios discípulos, não raro bem-intencionados, mas por demais devotos, por demais zelosos. Assim, vemos muitas vezes os seguidores de um instrutor elevá-lo às nuvens e fazer dele um deus vivo: o fenômeno não é novo.

A passagem abaixo, escrita por Alexandre Berzin e extraída da introdução à iniciação do Kalachakra pelo Dalai-Lama, constitui um exemplo perfeito. Tentando provar que essa iniciação é uma oportunidade especial e excepcional, ele escreve: *"Sua Santidade, o Dalai-Lama, é reconhecido por todos os grandes mestres de todas as tradições budistas como o maior mestre que temos hoje no planeta. É o maior iluminado que temos atualmente entre nós."*[3]

Eis uma afirmação que está bem pouco de acordo com o espírito do budismo e uma forma de introduzir o sectarismo numa religião-filosofia que na origem pregava exatamente o contrário. Além de ser falso dizer que o Dalai-Lama é o maior mestre do mundo, ele certamente não é o budista de nível mais elevado dessa grande religião.

Por outro lado, se você for a Puttaparthi, no sul da Índia, verá os devotos de Sathya Sai Baba fazer do seu guru um deus encarnado. Este, no entanto, embora se tome por um Avatar, jamais se fez passar por Parabrahman, o Deus único e sem forma. Os seguidores de Mata Amritanandamayi também veem nela o Avatar do feminino neste século.

Mãe Meera, que se diz ser da linhagem de Aurobindo, diz-se também um Avatar da Mãe Divina e, quando lhe perguntam se existem atualmente outras encarnações da Mãe sobre a terra, responde: "Sim, muitas. Algumas são conhecidas, outras preferem não se identificar... Cada qual exprime um aspecto da Mãe Divina. Minha envergadura, porém, é mais vasta e mais integral!" Mãe Meera é um caso um tanto particular no sentido de se dizer inteiramente divina sem suporte humano, enquanto Sai Baba, que se diz Avatar deste período difícil, não nega ter tido uma encarnação terrestre, já que diz ser a reencarnação de Sai Baba de Shirdi. Perguntaram certa vez à Mãe Meera se já fora humana no passado — e ela respondeu que não! Esse exemplo extremo mostra bem que não é nada fácil se posicionar nessa área. Essa atitude é comum na maior parte dos *ashrams* e das comunidades religiosas do mundo inteiro. Os cristãos vão mais longe ainda, pois fazem de Jesus, Deus feito homem!

Ao longo deste ensaio, o leitor é convidado a nunca perder de vista o que acaba de ser dito e a não aceitar nada sem refletir. Que passe constantemente os fatos pelo crivo da experiência e da razão, pois — repetimos — estamos sujeitos às limitações impostas por nossos cinco sentidos e à pobreza de nosso intelecto. Darei o exemplo de um fato excepcional que exalta multidões e deixa outros confusos, perplexos ou mesmo agressivos. No dia 17 de maio de 2005, na aldeia de Ratanapuri, distrito de Bara, Nepal, um jovem monge nepalês de 16 anos, um certo Ram Bahdur Bamjon (seu nome budista é Palden Dorge), mergulhou em meditação sob uma árvore e lá ficou, como o Buda em seu tempo. Meditava dia e noite sem dormir, comer ou beber e sem ter (aparentemente) nenhuma necessidade fisiológica. Imerso em sua ascese, mostrava-se indiferente diante de seus milhares de adoradores, assim como diante de autoridades incrédulas, turistas, curiosos, jornalistas e detratores. Isso sem falar das condições climáticas do inverno ou da monção com seus surtos de cobras e mosquitos.

Em tais condições, como duvidar? Como aceitar ou recusar um tal fenômeno? Parece difícil, se não impossível. Milhares de devotos, sem tino nem conhecimento, fizeram dele a reencarnação do Buda Saquiamúni, o que para qualquer homem instruído é uma afirmação absolutamente insensata. No entanto, o jovem monge se mostrou totalmente honesto, pois em novembro de 2006 saiu brevemente do seu *samadhi* e declarou: *"Dizei à população que não me chame de Buda. Não tenho a energia do Buda, estou apenas no nível de um Tapaswi ou de um Rinpoche."* Ou seja, no nível de um monge em período de ascese.

Esse é um traço positivo do personagem. Todavia, o que é ainda mais extraordinário, várias testemunhas perceberam uma luz em torno dele na manhã de 19 de janeiro e outras cinquenta viram seu peito pegar fogo! O fenômeno foi filmado e fotografado. Em seguida, Ram se dirigiu aos fiéis ainda incrédulos e lhes disse que, para confirmar a realidade do que tinham visto, o fogo se manifestaria mais três vezes.

O jovem Ram era objeto de investigações por parte da polícia e do governo. Em 2005, nove membros do governo dirigidos pelo Lama Gaujaman observaram o místico durante 48 horas e constataram que ele não comia nem bebia. Uma equipe de oito médicos conduzida pelo Dr. Ramlakhan Sah, diretor do hospital do distrito, se deslocou para vê-lo. Ficaram a uma distância de cinco metros e constataram que em meia hora ele inspirou três vezes, engoliu saliva uma vez e mexeu as pálpebras uma vez. O que provou que o homem meditava realmente e não estava mergulhado num transe artificial.

Para complicar as coisas, o jovem meditador desapareceu no dia 11 de março. Após buscas infrutíferas, a polícia abandonou o caso depois que Bed Bahadur Lama afirmou tê-lo encontrado alguns dias depois. Ram teria deixado uma mensagem aos pais pedindo-lhes que não se preocupassem, que ele apenas partira para um local retirado a fim de alcançar o objetivo de sua existência, a conquista do estado búdico, e isso por um período de seis anos.

Se tudo isso for autêntico, podemos ver nesse acontecimento as premissas da exteriorização dos Mestres neste plano (falaremos a respeito nos próximos capítulos), mas como saber se é verdade? Não é o artigo do *Paris Match* de janeiro de 2006 que nos convencerá, nem as páginas na internet ou a reportagem divulgada pela televisão, nem tampouco as testemunhas oculares ou as afirmações de sua família e amigos. Ou bem se trata de uma encenação em regra, coisa de que duvido, ou bem se trata de um bom meditador que foi engolfado pelos acontecimentos a ponto de não mais conseguir voltar atrás — e, nesse caso, logo descobriremos o segredo. Por outro lado, pode ser que se trate de um autêntico Adepto cuja missão é revelar certas verdades à face do mundo.

Quero dizer que, mesmo tendo sido possível observá-lo de dia (de noite era proibido), é impossível dizer seja o que for sobre a realidade do fenômeno ou avaliar corretamente a situação. Tenho minha opinião sobre o caso, puramente intuitiva e que não cabe discutir. Prova de sua realidade, porém, não tenho. Esse exemplo mostra até que ponto, sem ser um cético intransigente, convém permanecer sereno, imparcial e infinitamente cuidadoso para não ser enganado e ficar preso na rede da miragem e da ilusão, sem no entanto ignorar um fato que talvez seja real e importante.

A dificuldade em julgar ou interpretar as ações dos Mestres e de seus discípulos, que podem ser grandiosas ou absolutamente contrárias às regras clássicas da ética, aparece claramente neste exemplo. Com efeito, como entender certos atos de São Bernardo de Claraval (1090-1153)? Ao entrar para a Ordem Beneditina, que degenerara e cujas normas se haviam afrouxado em termos de humildade e pobreza, são Bernardo reagiu com firmeza e passou para a nova ordem dos cistercienses, onde a regra é mais propriamente ascética. Por um lado ele combate essa ordem beneditina, que tinha se transformado num poder político sem verdadeira espiritualidade, e de outro protege a Igreja, que critica com o mesmo rigor a ponto de declarar: *"A Igreja cintila por todos os lados, mas o pobre tem fome! As paredes estão cobertas de ouro, mas as crianças permanecem nuas!"* O certo é que são Bernardo exerceu tremenda influência em toda a Europa: papas e reis lhe obedeciam. Era um autêntico cristão iniciado, mas não um católico romano. Missionário da Grande Loja Branca, defendeu o templário iniciado Hugo de Payens e redigiu os estatutos da Ordem. Para são Bernardo, o poder católico era uma força dinâmica e sua missão era regenerá-lo, canalizar melhor seus objetivos, mas nunca suprimi-lo, tanto que continuou sendo o conselheiro do papa Inocêncio II.

Muitos historiadores se equivocaram quanto aos motivos de algumas de suas ações (sobretudo na questão dos cátaros), como admitir sua conclamação à Segunda Cruzada, uma heresia para qualquer homem sábio, já que não havia nada a proteger na Terra Santa — nem peregrinos nem relíquias e muito menos o túmulo do Cristo, invenção da mãe do imperador Constantino. Mas o Ocidente cristão da época era constituído por uma massa popular formada por indivíduos broncos e passivos; reinava por toda parte a anarquia, o roubo e o assassinato. Era preciso despertar esse futuro grande povo, encontrar um escape para suas paixões torpes e infundir em suas veias um ideal mais elevado. Apesar dos horrores inevitáveis da guerra, o estímulo foi eficaz e essa segunda cruzada deu o impulso necessário para recolocar a Europa nos trilhos do progresso. Mesmo incompreendido, são Bernardo foi um emissário eficiente e útil da Hierarquia.

Quero agora mostrar que a análise da questão é realmente delicada, pois mesmo os seres avançados não estão sempre de acordo entre si quanto à maneira de servir durante sua encarnação na Terra. Temos a prova disso no encontro de Annie Besant com Swami Vivekananda.[4] Em 1893, por ocasião do Parlamento das Religiões em Chicago, essas duas grandes almas se ignoraram soberbamente, embora fossem iniciados autênticos e representassem duas tendências da mesma Verdade superior. E aqui vão alguns relatos de caso, das quais uma me diz respeito pessoalmente. Mostra que mesmo com discernimento e informações de primeira mão, certos enigmas continuam além da nossa compreensão.

Vivekananda reencarnado

Quando me tornei responsável pela organização Sri Sathya Sai Baba em Paris, deparei-me com a obra biográfica do professor Kasturi. No livro intitulado *Sathyam Sivam Sundaram*, na página 137, o autor diz que Sai Baba anunciou que Swami Vivekananda, de quem acabamos de falar, reencarnara novamente e estava crescendo no Sri Lanka. Sempre procurei saber mais sobre essa história, mas sem sucesso. Até que finalmente conheci outro grande instrutor, Swami Premananda, chamado por alguns de Sai Baba do Sri Lanka, pois também ele tinha o poder de materializar objetos, a cinza sagrada ou o linga.[5] Frequentando-o regularmente, minha mulher e eu soubemos que ele se dizia a reencarnação de Vivekananda. Durante uma conversa, eu lhe perguntei se isso era verdade, para aquietar meu coração. Ele respondeu: *"Não digo que sou ele; só não posso dizer que não sou!"* Essa frase permaneceu enigmática para mim até que, por ocasião de um *satsang*, ele me chamou de *"o homem que me reconheceu!"* Depois de alguns anos de estadias regulares em seu *ashram* de Trichy,[6] ficamos íntimos o suficiente para que um dia ele me dissesse para procurar uma senhora que tinha algo a me revelar. Essa senhora se chamava Indra Dévi. Conhecia-a de nome, pois era citada em vários livros por seus encontros com Sai Baba, de quem se tornara discípula em 1969 por intermédio de Howard Murphet. Ela já tinha a reputação de ser uma grande especialista em hatha yoga, arte que ensinava no mundo inteiro. Essa mulher, nascida na Rússia, morou no México e depois nos Estados Unidos. Quando a encontrei, conversou comigo em excelente francês. Recebera de Sai Baba um número impressionante de objetos materializados, como por exemplo uma caixinha preta cheia de cinzas sagradas (*vibhuti*) com poderes curativos. À medida que ela ia usando as cinzas, a caixa se enchia de novo milagrosamente. Numa outra ocasião, Sai Baba materializou para ela um anel cravejado de bonitas pedras preciosas coloridas, de que Indra não gostou. No encontro seguinte, Sai Baba, a quem ninguém havia contado a reação de Indra, pediu-lhe o anel e, diante de todos os presentes, soprou-o e transformou as pedras coloridas num único e maravilhoso diamante.

Assim, Premananda me disse para ir vê-la num dos chalés (*kuti*) do *ashram*, que ela ocupava quando de suas estadias. Logo que me apresentou a Indra, pediu que eu prestasse bastante atenção à história que ela ia me contar a pedido de Premananda, do qual se tornara uma fiel muito íntima. Tudo começou, disse ela, na época em que foi procurar Sai Baba em Whitefield, a quem já pedira várias vezes que a apresentasse a um guru que gostaria muito de ter: Swami Vivekananda, também chamado de Naren por Ramakrishna, seu divino mestre. Nessas ocasiões, Sai Baba se limitava a sorrir e ficava em silêncio. Um dia, embora parecesse um pouco irritado com tamanha insistência, ele lhe disse: *"Pois bem, se quer mesmo conhecê-lo, vá sem demora ao Sri Lanka e lá, na aldeia de Matale, encontrará um jovem de barba negra, alojado numa pequena cabana. É ele!"* Sem perda de tempo, Indra Dévi partiu e encontrou aquele a quem buscava e que já tinha adquirido uma certa reputação.

Perguntou-lhe se era mesmo Vivekananda e o homem respondeu que sim, mas que ela não devia contar isso a ninguém. De fato, quando era bebê, a mãe o levara até Sai Baba para ser abençoado. Na ocasião, Sai Baba revelou à mãe a identidade do filho e a pôs de sobreaviso, já que, segundo disse, ele teria muitos inimigos que tentariam matá-lo.[7] Indra Dévi lhe pediu um único favor: que raspasse a barba para ficar mais parecido com Vivekananda. O homem sorriu e obedeceu, dizendo que um filho deve sempre obedecer à mãe divina.

Essa história extraordinária podia ter acabado por aí, mas continuou e entrou em outra dimensão, destinada a gerar a mais profunda confusão e a semear a dúvida, o que talvez fosse intencional.

Anos depois, numa entrevista com alguns norte-americanos, Sai Baba anunciou (será que é ele quem está por trás desta história?) que Vivekananda logo iria trabalhar em seu *ashram*, conforme anunciara há tempos. Ora, em 1987 um rapaz do Sri Lanka apareceu no *ashram* de Sai Baba sem nenhuma dúvida a respeito do que o esperava. O encontro foi narrado por uma testemunha, o australiano Elvin Gates. Embora a entrevista fosse particular, Sai Baba teria dito que o rapaz, de nome Nalin Sedera e residente em Colombo, era Naren. Eis-nos, pois, diante de uma história repleta de interesse, mas também de ilusão. Alguma coisa não soa bem nessa história! Quem é o verdadeiro Naren? Haverá aí mentira deliberada? Manipulação? Ou se trata de um segredo que deve permanecer como tal? Sem resposta para essas perguntas e já desinteressado do assunto, deixo ao futuro o trabalho de desvendar a verdade, consagrando o tempo que me resta a viver a realidade do momento presente.

O Priorado de Sião

Aqui vai um outro caso que mostrará como é fácil sermos induzidos ao erro — sobretudo quando só copiamos os outros sem buscar a verdade por conta própria.

Como todo bom pesquisador entusiasmado pelo ocultismo, fui apaixonado, durante a juventude, pelo mistério de Rennes-le-Château: mistério que continuará ainda por muito tempo! Falava-se de um tesouro descoberto ali pelo abade Saunière e tentava-se estabelecer vínculos entre esse caso, os rosa-cruzes, os templários e os cátaros. Mas ninguém sabia a que fonte recorrer para encontrar o fio de Ariadne que levaria à revelação do mistério. Entre os pesquisadores que nos precederam, corria o boato de que o enigma de Rennes-le-Château estaria intimamente ligado a uma Ordem muito secreta chamada Priorado de Sião. Essa ordem teria sido fundada em 1099, na cidade de Jerusalém, por Godofredo de Bouillon e passara a ser conhecida pelo nome de Rosa-Cruz quando se estabeleceu em Gisors, França. Estou resumindo intencionalmente.

Não conheço muitos historiadores do esoterismo ou jornalistas especializados em tais assuntos que não tenham caído na armadilha, já que tal ordem nunca existiu. Mas isso, felizmente, me fora confirmado anos antes por um amigo.

Os Dossiês Secretos da Ordem, guardados na Biblioteca Nacional de Paris, trazem uma lista dos principais Grão-Mestres da Ordem, do rosa--cruz Johann Valentin Andreas a Jean Cocteau, passando por Isaac Newton, Victor Hugo e Claude Debussy. Essa história, verossímil à primeira vista, foi objeto de uma pesquisa séria e bem-documentada de Michael Baigent, Richard Leigh e Henry Lincoln, que apareceu em 1982 numa obra intitulada *L'Énigme Sacrée*. Segundo os autores, o Priorado de Sião tencionava restaurar a dinastia e a raça merovíngia na Europa. Com efeito, se acreditarmos nos documentos da Ordem, Maria Madalena foi amante de Jesus e lhe deu uma descendência que iria se estabelecer na Gália. No século V, essa descendência de Jesus se cruzou com a dos francos e engendrou a dinastia merovíngia! Ora, como procurei demonstrar,[8] Maria Madalena jamais existiu e essa história, imaginada pelos Padres da Igreja Católica, é tão falsa quanto os documentos da tal Ordem. Foi inventada por um certo Pierre Plantard que, em seu delírio, se designa modestamente seu último Grão-Mestre. A partir dessa fabulação, perdeu-se a conta das teses e hipóteses formuladas por historiadores e pesquisadores de todos os tipos com o objetivo de descobrir o que está por trás desse pseudoenigma. Embora todo mundo saiba agora que essa história é uma montagem e uma vigarice, os basbaques do oculto sempre acharão sinais e justificativas para acreditar, ou deixar crer, que ela encobre uma realidade oculta. De resto, nossos três pesquisadores fazem parte desse grupo, pois continuam convencidos da existência da

Ordem. É uma pena, pois sua pesquisa coroou anos de investigações sérias. Outra prova, para os leitores, de que não é fácil desmascarar os falsificadores e reconhecer humildemente que fomos enganados.

O Mahâvatar Bâbâji

Veremos na segunda parte da obra a que ponto a verdade concernente aos Mestres foi objeto de manipulações com vistas à glória pessoal ou ao ganho financeiro. Charlatanismo deliberado ou ingenuidade obtusa, o certo é que a visão que temos dos Mestres hoje em dia foi profundamente falseada. Não disponho do espaço necessário, mas poderia muito bem falar dos estimuladores de chakras, dos curadores da Nova Era, dos exorcistas, dos xamãs de todos os tipos, dos viajantes do astral em peregrinação a Shambhala e dos inúmeros mensageiros dos Mestres.

Só darei como exemplo o pseudo-Mahâvatar Bâbâji do kriya yoga, que goza hoje de reputação internacional.

Essa história foi inteiramente inventada por Awara Babu, discípulo de Syama Charan Lahiri Mahasaya. Em seu romance, ele evoca enfaticamente a figura do guru de Lahiri tal qual este o descrevia, ou seja, com a máxima veneração. Mas Lahiri Mahasaya chamava seu guru de Saddhu, não de Bâbâji! Quem, a partir desses dados, foi o responsável pela história onde aparece um ser totalmente inventado, o Mahâvatar Bâbâji, é o que ignoro. Ainda assim podemos colocar muitas questões, já que o livro que fala dele pela primeira vez foi escrito por Paramhamsa Yogananda (que se dizia ele também um Avatar!), livro publicado apenas em 1945.

Não seria então muito difícil fazer os instrutores que não estão mais neste mundo falar, cujos discursos nem se pode provar que foram reais! É de se estranhar que Bâbâji nunca tenha sido mencionado em tradição alguma da Índia, embora fosse (segundo Yogananda) o iniciador em kriya yoga de grandes instrutores como Adi Shankara e Kabir. Mas a isso, Yogananda replica: *"Acontece que a ostentação da publicidade não entra em seus planos milenares! Como o Criador, Potência única e silenciosa, Bâbâji trabalha na mais humilde obscuridade.*

"Os grandes profetas, como Cristo ou Krishna, só surgem na Terra com um objetivo definido, espetacular — e partem quando o realizam. Outros avatares, como Bâbâji, empreendem uma obra, referem-se mais a um progresso insensível, que exige séculos, e não a um grande acontecimento que ocorre num momento preciso da história da civilização."[9]

Se acreditarmos nisso, o Cristo não passa de um profeta vindo para causar sensação e desaparecer em seguida, deixando a humanidade às voltas com seus problemas! No entanto, Yogananda se contradiz ao escrever na página 308: *"O Mahâvatar está sempre em comunicação com o Cristo!"* Em suma, a obra está cheia dessas contradições. Por outro lado, segundo Yogananda, a história do encontro entre o Mahâvatar e Lahiri em 1861 foi contada pela primeira vez a dois de seus discípulos, Kebalananda e Yukteshwar, que tiveram também o privilégio de um encontro. Yogananda, que teria sido encarregado por Bâbâji de divulgar o kriya no Ocidente, pretende, entre outras muitas afirmações exageradas, que o kriya yoga (que eu pratiquei por quase dez anos numa média de cinco horas por dia e que não passa de uma síntese do raja e do kundalini yoga) permite fazer em oito horas, ou seja, num só dia, o equivalente a mil anos de evolução natural, ou 365 mil anos em doze meses! É bem estranho que os gurus Jagat da Ordem de Shankara (o primeiro dos quais parece ter sido iniciado por Bâbâji) ignorem completamente esse método acelerado.

Tal lenda, como muitas outras, subiu à cabeça dos discípulos mais antigos e não é raro ver o imortal Mahâvatar conversando com eles a fim de iniciá-los e encarregá-los de disseminar pelo mundo o verdadeiro e autêntico kriya yoga. Entre os que tiveram a honra insigne de semelhante encontro, citamos Hariharananda Giri, Paramhamsa Yogananda, Satyananda Giri, Satyeswarananda, Yogue S. A. A. Ramaiah, M. Govindan, M. A., V. T. Neelakanta e outros. Assim como um número crescente de aspirantes sem tirocínio. Em matéria de ilusão, o Ocidente não fica a dever nada ao Oriente!

Notas

1. Anguttava Nikaya — *Les Paroles du Bouddha*, por P. Salet.
2. O chamado período da Nova Era começou, segundo um Mestre de Sabedoria, num momento-chave da história da humanidade: *"A determinação e o desígnio interior da humanidade serão tão precisos durante o período em*

que o sol começar a subir para o norte — de 25 de dezembro a 22 de junho de 1942 — que isso decidirá o futuro dos homens ao longo de centenas de anos. A partir dessa decisão se iniciará a nova era; a partir dessa decisão a Hierarquia poderá fazer suas predições e determinar seus atos; a partir dessa decisão se descobrirá o nível evolutivo da massa humana." (Extériorisation de la Hiérarchie, p. 302.)

3. *Introduction à l'Initiation du Kalachakra*. Comentários feitos no Instituto Vajra Yogini por Alexandre Berzin em junho de 1985.
4. Swami Vivekananda foi o principal discípulo do grande Mestre Sri Ramakrishna Paramhamsa de Calcutá.
5. Há um estudo sobre esse tema na obra *Linga, le Signe de Shiva*, Éditions Les Deux Océans, 2003.
6. Sri Premananda Trust, 120 Fathimanagar, Via Edamalaipatti Pudur, Trichy — 12, Tamil Nadu, Índia.
7. Na época desse encontro com Indra Dévi, Swami Premananda ainda estava livre. Foi injustamente acusado e preso em 1996 por pessoas que, de fato, querem dar cabo de sua vida e da vida de todos os gurus da Índia. Elas integram, sobretudo, os grupos comunistas, a organização dos racionalistas e a Igreja católica do Sri Lanka.
8. Ver *La Vie de Jésus Démystifiée*, p. 187.
9. Paramhamsa Yogananda, *Autobiographie d'un Yogi*, Éditions Adyar, 1973, p. 308.

Primeira parte

"Assim é o guru. 'Atravessou ele mesmo o terrível oceano da vida e, sem ideia alguma de proveito para si mesmo, ajuda os outros a atravessar o oceano também.' Assim é o guru e sabei que ninguém mais pode ser um guru."

(Swami Vivekananda)

"Do não-ser conduze-me ao Ser,
Da obscuridade à luz,
Da morte à imortalidade."

(Brihadaranyaki Upanishad, I, III, 28)

1
Guru, hierarquia e iniciações

O guru na tradição[1]

No hinduísmo, o papel do guru é essencial. O guru é aquele que, na qualidade de herdeiro de um conhecimento, transmite esse saber ao futuro candidato — quer se trate de uma receita culinária, de uma técnica musical ou de um método de meditação. Portanto, alguns gurus podem simplesmente ser professores ou especialistas numa disciplina qualquer, sem que haja aí conotação religiosa. Nós, porém, nos ocuparemos do guru associado à religião ou à tradição oculta. É difícil falar, em poucas páginas, de um assunto tão apaixonante e tão rico. Com efeito, há centenas de categorias de gurus. Alguns gurus são revelados espontaneamente. Outros, ao contrário, perpetuam um conhecimento vinculado a uma longa linhagem de instrutores, que é vinculada por sua vez a um Mestre supremo como Dattatreya, Narayana, *Adi Shankara*, Vasistha, Valmiki ou Vyasa.[2] Essas linhagens provêm do fundo das eras e são frequentemente associadas a membros da Hierarquia, que os teósofos chamam de Mahatmas.[3] Segundo o sistema, o instrutor é chamado de *acharya* ou guru. O primeiro termo tem o sentido de "caminhar" ou "seguir" a estrada ou a linhagem; o segundo significa "grande" ou "aquele que leva para a luz", pois *gu* quer dizer "sombra" e *ru* se remete "àquele que afasta alguma coisa". Assim, pode-se traduzir guru por aquele que, sendo grande, tem o poder de conduzir da treva para a luz.[4] Essa ação é realizada pela *diksha* ou iniciação através de uma determinada via ou *marga*.

*Adi Shankara, o primeiro Avatar de Shiva deste Kali yuga
e grande instrutor da filosofia vedântica e não dual.*

Pergunta-se muitas vezes se um guru é mesmo necessário, coisa de que muita gente parece duvidar. Direi apenas que o guru não tem utilidade enquanto o homem é um aspirante e a vida se encarrega de ensinar-lhe as leis da existência. Mas, quando ele toma o caminho da disciplina, o guru é essencial, faça-se ou não reconhecer, esteja ou não encarnado.

A criança precisa da ajuda dos pais, assim como na maçonaria o Aprendiz precisa da experiência do Companheiro. Os mais altos iniciados tiveram, todos eles, um instrutor. O Senhor Rama teve Vasistha, o Senhor Krishna teve Santipani antes de ser ele mesmo guru de Arjuna. Adi Shankara foi instruído por Govinda Bhagavadpada e este por Gaudapada. Pitágoras aprendeu com Maco e, mais tarde, com um sábio hindu; Ramanujacharya foi discípulo de Tirukottiyur Nambi; Chaitanya, de Jayadeva; Ramakrishna, de Totapuri; o rishi Kut Humi, de Dhruva e o Tibetano, do rishi Kut Humi. O Mestre Jesus em pessoa era o discípulo humilde do Cristo; e este, discípulo humilde do Logos planetário.

Hoje em dia, a noção de guru está associada a seitas e seu verdadeiro sentido se degradou, pois é preciso respeitar tudo o que se relaciona a essa função e a esse estado sagrado. Não se esqueça o leitor: o Dalai-Lama é o guru de milhões de tibetanos, de sorte que tudo quanto seja aceito e tolerado desse instrutor deveria sê-lo também dos demais! A noção de guru, tal qual expressa outrora, já não voga atualmente. Cumpre admitir que, se o papel do guru continua o mesmo ou quase, seu método de ensino evoluiu muito com o passar do tempo. Em primeiro lugar, e para que o leitor entenda bem, tomemos por base o fato de que o guru só pode ser um ser realizado: nesse sentido, devemos ter em mente que a palavra "guru" não se relaciona ao corpo do adepto, mas unicamente à realização de sua consciência. Assim, percebemos desde logo por que os hindus afirmam que o guru e Deus são um. Sem dúvida, o guru e o Senhor (*Ishwara*) são um, mas é preciso saber se o guru atingiu de fato esse estado de realização. Sathya Sai Baba não poupa os milhões de pseudoinstrutores e diz o seguinte:

> "*Os comedores de ópio e os fumadores de haxixe não são dignos de serem gurus. Não passam de charlatães. Como podem esses indivíduos que passam o tempo ganhando a vida ser gurus e aqueles que buscam satisfazer seus desejos sensuais ser discípulos? Os primeiros são dhana — só querem dinheiro — e os segundos são mada — vaidosos. Considerá-los gurus ou discípulos é o mesmo que arrastar esses nomes sagrados na lama!*
>
> "*Qual é, pois, o Mestre autêntico? O que indica o caminho que conduz à destruição de moha, ou ilusão. Qual é o discípulo verdadeiro? O que procura controlar e subjugar seu mental. Hoje, os "mestres" propalam do alto da tribuna aquilo que só aprenderam na véspera. Apenas devolvem o alimento que engoliram, nada mais! São papagaios a repetir de cor o que aprenderam!*"[5]

O guru, já deve o leitor ter compreendido, é aquele que percorreu o caminho e pode, portanto, nos alertar para seus perigos mais terríveis. É aquele que nos dirige para o nosso coração na intimidade do "Conhece-te a ti mesmo". Não se opõe em nada ao livre-arbítrio e nunca se coloca entre Deus e o discípulo. Os instrutores autênticos não vão atrás de discípulos e aconselham a estes, quando estão prontos, a procurar Deus antes do guru. Respondendo à pergunta de um seguidor, o mestre indiano explicitou esta regra: "*A melhor maneira de constatar a autenticidade de um guru é descobrir se suas palavras estão repletas de sabedoria e se ele põe em prática aquilo que diz. Se apenas pronuncia palavras de sabedoria — e estamos numa época em que as pessoas falam de sabedoria sem serem sábios —, então essas palavras não produzirão nenhum efeito e serão inúteis. Hoje, o melhor guru é Deus. No mundo espiritual, o guru é um doutor que toma a temperatura do aspirante e, conforme essa temperatura, pode avaliar seu estado e o que mais lhe convém. Se, no entanto, o próprio guru tiver temperatura, a do aspirante será falseada pela do guru. Por isso o melhor guru, hoje, é Deus.*"[6]

Como escolher seu guru

Todos conhecem o ditado: "Quando o discípulo está pronto, o mestre aparece". Ao que tudo indica, pouquíssimos candidatos admitem não estar prontos e, muito antes de adquirir a capacidade necessária, saem em busca, não *do* guru, mas de *um* guru — e às vezes de muitos, para se assegurar de que o escolhido lhes convenha perfeitamente. Mas as coisas não são bem assim e só uma certa luminosidade percebida pelo instrutor no interior da cabeça do candidato — revelando sua qualidade — atrai sobre ele a atenção. Assim, é inútil procurar alguém que só se dará a conhecer quando isso for considerado oportuno.

Atualmente, numerosos neófitos trabalham com numerosos instrutores. Ramana Maharshi, respondendo a uma pergunta de M. Evans-Wentz, disse o que pensava da multiplicidade de mestres espirituais (gurus):

"*Quem é o mestre? Em definitivo, ninguém mais que o próprio Eu. Conforme o grau de evolução espiritual, o Eu se manifesta por vezes sob a forma* de mestres físicos, de carne e osso. O famoso Santo Avadhuta dos tempos antigos teria tido mais de 24 mestres. O mestre é aquele que nos ensina alguma coisa. O guru pode ser até mesmo um objeto inanimado, como no caso de Avadhuta. Deus, o guru e o Eu são idênticos.

"Um homem com inclinações espirituais julga Deus onipresente e o toma por guru. Mais tarde, Deus o põe em contato com um guru vivo, que o homem passa a considerar como o Todo-em-tudo. Mais tarde ainda, a mesma pessoa, por graça de seu mestre, é levada a descobrir que seu próprio Eu constitui a realidade suprema, e nenhum outro. Percebe então que o Eu é o verdadeiro mestre."[7]

Ananda Moyî Mâ dizia a mesma coisa: "Não há diferença alguma entre Deus, o guru e o Eu". É importante saber como um Mestre realizado, como Ramana Maharshi, definiu o que representa o guru do ponto de vista da realização. Trata-se, é claro, de uma definição da última etapa e, à espera dessa iluminação, interessemo-nos pelas etapas que conduzem a essa tomada de consciência transcendental.

Outrora, por serem poucos os candidatos à iniciação, um contato pessoal com o instrutor era não apenas fácil como às vezes antecipado. As regras que era preciso seguir diziam respeito sobretudo à comunidade ashrâmica. Hoje, as condições são muito diferentes, pois os buscadores quase nunca pertencem a uma comunidade. São independentes e se contam aos milhões. A iniciação individual tornou-se, pois, uma iniciação grupal. Foi o que levou certos instrutores, ou antes, seus discípulos a circular pelo mundo a fim de garantir aos numerosos neófitos a base de conhecimentos e práticas que os conduzirão à primeira Iniciação maior. Não importa a maneira como se estabeleça o contato entre o sábio e o aspirante, as provas iniciáticas, tanto quanto as virtudes a adquirir, são as mesmas para todos e não há facilitações nesse domínio do sagrado. Por outro lado, ninguém pode dizer que é discípulo de um guru se este (supondo-se que seja autêntico) não lho fez saber claramente e se a relação de ambos não foi concretizada por um ritual ou experiência interior. Com efeito, o verdadeiro instrutor terrestre sabe, sem sombra de dúvida, que é o guru (encarnado ou não) do candidato e, sem lhe recusar ajuda, nada fará para contrariar sua atividade.

Aguardando que a luz da alma brilhe com certa intensidade na cabeça do aspirante, o Mestre o deixa inteiramente livre para agir como quiser, quer trabalhe sozinho ou não. Se o discípulo procurar outro instrutor, tanto faz: o que importa é que progrida corretamente. Quando a luz estiver presente, o Mestre se dará a conhecer.

O guru terrestre escolhido por um discípulo poderá ter a forma exterior de Buda, de Jesus ou talvez de um dos Mestres da teosofia. Poderá ser também um dos muitos santos da religião cristã ou um dos deuses hindus como Vishnu, Shiva ou Ganesha. O nome e a forma pouco importam: o essencial é a sinceridade e o esforço do discípulo em matéria de ética, disciplina pessoal e capacidade de servir ao Plano mantendo ao mesmo tempo uma sincronização perfeita entre a sua alma e a sua personalidade. Caso consiga, aquele que tem a tarefa de ser seu Instrutor e de velar por ele ao longo das vidas se fará conhecer.

Em nossa época, os Mestres estão envolvidos demais nos acontecimentos do mundo para aceitar alunos e, quando isso acontece, não se trata de iniciantes, mas de altos iniciados. São esses discípulos avançados (iniciados) que, o mais das vezes, recebem alunos. No entanto, é preciso estar vigilante porque a presença na Terra de grandes almas é coisa rara. Convém avançar com prudência, usando da melhor forma possível a nossa intuição e a nossa razão.

Por fim, uma última palavra aos que ainda duvidam da existência dos Mestres. Basta observar a natureza para se convencer da sua existência. Todo mundo admite que um jovem carvalho não foi feito para continuar sendo um arbusto frágil, mas que se transformará numa árvore magnífica cujos galhos darão abrigo a homens e aves. Toda forma — do mineral ao homem — progride até atingir a perfeição de sua espécie. Como tudo progride em ciclos (o que representa a respiração da vida na forma), as estações permitem às árvores morrer e depois reviver. Dá-se o mesmo no caso do homem: sua morte é apenas um desses numerosos invernos, seguidos sempre de uma primavera ou de um renascimento. Para qualquer pessoa racional, é evidente que o homem, tal qual é, ainda não alcançou a maturidade e que a sua perfeição não pode ser atingida em uma única existência. Eis por que não se pode negar a realidade dos Mestres, já que eles são apenas o ápice da nossa evolução!

A Grande Loja Branca

A existência de uma fraternidade de seres humanos que atingiram a perfeição sempre foi difícil de aceitar. Admite-se que seres perfeitos apareçam regularmente neste mundo, mas duvida-se de que possam constituir uma Hierarquia espiritual que vive fora da nossa humanidade. O Oriente está há muito tempo familiarizado com essa realidade. No Ocidente, pondo-se de parte alguns discípulos elevados e os rosa-cruzes, a primeira revelação dessa presença deu-se em 1875 por intermédio de uma iniciada de altíssimo nível, chamada Helena Petrovna Blavatsky (H.P.B.). Face ao ceticismo e às críticas que daí advieram, ela lamentou amargamente ter feito a revelação.

Contudo, bem antes de H.P.B. desvendar a existência dessa Hierarquia espiritual, presente na Terra e com um ramo no Tibete, as tradições chinesas mencionavam a existência de uma grande fraternidade de homens sábios e perfeitos conhecidos como *Byang-Tsiub* ("os Perfeitos"), e isso muitos séculos antes da introdução do budismo oficial no Tibete. Da mesma forma, na literatura chinesa pré-budista, esses sábios recebiam o nome de "Fraternidade dos Grandes Instrutores das Montanhas Nevadas". São eles que, nos mitos e lendas da China, ficaram conhecidos como os imortais.[8]

A região do Tibete sempre foi associada à presença de seres misteriosos, mencionados muitas vezes nos textos sagrados da Índia como *rishis* ou *siddhas*. Eles aparecem regularmente nas atividades humanas e desaparecem de súbito. Uma dessas intervenções é assim descrita nos arquivos sagrados do Tibete.

No tempo do rei Thothori-Nyang-Tsan, uma caixa caiu do céu no ano 331 de nossa era. A tradição tibetana dá a entender que o meio de transporte foi o famoso mensageiro dos deuses, o cavalo alado ou *Lung-ta*. O rei, porém, não foi capaz de entender o significado daquilo. Em 371, cinco estrangeiros barbados, um dos quais era notável pelo nariz mais comprido que o dos tibetanos legítimos, apareceram misteriosamente diante do rei e deram-lhe instruções sobre o modo de usar os objetos contidos na famosa caixa. O conteúdo, embora constituído por símbolos que encobriam uma realidade oculta, era o seguinte: um objeto metálico representando duas mãos juntas, um relicário, um talismã com a inscrição "*Om mani padme hum*" e um livro religioso, o *Zamatog*. Dadas as instruções, eles desapareceram tão misteriosamente quanto haviam surgido.

Os budistas admitem a pluralidade dos budas do passado e reconhecem a existência de uma Hierarquia, ou assembleia, formada por *Arhats* e *Bodhisattvas*. Acreditam que quinhentos entre eles foram discípulos íntimos do Buda e que, a dada altura, desapareceram com ele nas cavernas subterrâneas do monte Kailash.[9] Há também uma tradição que estipula a existência de uma Hierarquia tibetana composta por 84 *Siddhas*. Os hindus do sul não ficam atrás, com os doze Avatares adoradores de Vishnu e os 72 *Nayanmars* adoradores de Shiva. Graças à vinda regular de todos esses adeptos e Mestres, a Índia desenvolveu num grau jamais igualado as disciplinas espirituais, as artes e as ciências. Não esqueçamos também os 24 *Tirthankaras Jaïns* e os catorze Zoroastros, bem como as cinco linhagens regulares de *Tulkus* tibetanos, entre as quais as dos Panchens e dos Dalai-Lamas.

O Himalaia é uma região pura, protegida da curiosidade de profanos e curiosos. Por isso, os altos platôs eram o local ideal para o retiro dos Mestres, o que H.P.B. confirma:

"A chave do verdadeiro simbolismo se encontra agora muito além dos picos gigantescos do Himalaia, como também a dos sistemas hindus. Nenhuma outra chave abriria os sepulcros onde jazem, há milhares de anos, todos os tesouros intelectuais ali depositados pelos intérpretes primitivos da Sabedoria divina. Mas o grande ciclo, o primeiro do kali-yuga, aproxima-se do fim e talvez o dia da ressurreição de todos esses mortos não esteja longe. O grande vidente sueco Emmanuel Swedenborg disse: "Procurai a palavra perdida entre os hierofantes, na grande Tartária e no Tibete."[10]

É também no monte Kailash que nascem quatro rios sagrados, um dos quais formará o Ganges, mencionado na literatura hindu como o lugar ideal onde viviam os *rishis* do passado. Se a região das fontes do Ganges serviu de morada aos sábios, existe outro território considerado ainda mais misterioso, que compreende os montes Karakorum, o Pamir e as imensas planícies centrais da bacia do Tarim. Mais ao norte, na orientação leste-oeste, temos o fabuloso Tien-Chan, um dos maiores sistemas montanhosos do mundo. Seu núcleo sagrado se situaria na parte oriental, perto do maciço de Bogdo-Ula. Esse grande território asiático é cortado ao meio pelo Kuen-Lun, que os chineses consideram a terra dos Imortais. *Ashrams* secretos existiriam nos numerosos desfiladeiros dessa cadeia, bem como ao longo da crista do Altyn-Tagh. Outros *ashrams* de Mestres pontilhariam igualmente a cadeia de Kukuchili, atrás dos altos platôs nevados de Chantung.

Esse grande território do Norte tem a forma de uma taça, de onde seu nome *Arghyavarsha*, o país das libações, pois, segundo se diz, estão ali os frutos da sabedoria suprema, os *rishis*, que na origem eram chamados santos (*arya*). Esse título de *arya* foi dado aos Adeptos que tinham dominado o *Aryasatyani*, isto é, as quatro verdades (*Duhkah, Samudaya, Nirodha* e *Marga*), entrando assim no caminho *Aryanimarga* do nirvana. O conjunto desse território sagrado é governado pelo Senhor das Libações, cujo nome é *Arghyanath*, título dado ao Mahachoan, de que falaremos mais tarde.

Poderíamos encher páginas e páginas com informações sobre a presença desses Mestres na Ásia, mas vejamos antes se temos disso provas vivas.

Falamos muitas vezes da tradição oriental e pode ser que os leitores se perguntem com razão se não há outras fontes, sobretudo no Ocidente. A essa pergunta respondemos afirmativamente e os aconselhamos a reler com atenção o *Apocalipse de São João*, escrito por um gnóstico desconhecido que se inspirou no *Livro de Enoque*. As Sete Igrejas das quais ele tem a visão — visão saída de Shambhala e do desígnio do Logos planetário o *Alfa e o Ômega, o Mestre-de-Tudo* — representam as Sete Iniciações maiores por que passa todo ser humano, e cada recompensa dada a cada Igreja mostra o grau da iniciação recebida. Por exemplo, na terceira etapa, ele escreve: "Ao vencedor, darei o maná escondido; eu lhe darei também uma pedra branca gravada com *um novo nome* que ninguém conhece, exceto aquele que o recebe."

Com efeito, na Transfiguração, tida como a primeira Iniciação maior autêntica, o iniciado recebe um novo nome, o de sua própria Mônada. Na quarta etapa, lemos: "E eu lhe darei a Estrela da manhã."

A estrela da manhã é Vênus: esse planeta sagrado é o *alter ego* da Terra, fonte da sabedoria importada para cá há 18 milhões de anos. Também se diz que Vênus é a verdadeira Grande Loja Branca. Quando o Mestre atinge a sexta Igreja, lemos: "O vencedor, eu o farei coluna no templo de meu Deus: dali não sairá jamais e gravarei sobre ele o nome de meu Deus e o nome da Cidade de meu Deus, a nova Jerusalém que desce do céu, vinda do meu Deus, e o nome novo que carrego."

A Nova Jerusalém é o nome simbólico da Hierarquia planetária de que falamos. Por fim, aquele que atinge a sétima Iniciação se torna membro da Hierarquia divina de Shambhala, a morada do Pai: "Ao vencedor, concederei que se assente comigo no meu trono, tal como eu mesmo, após minha vitória, me assentei no trono de meu pai."

Mais adiante, o Apocalipse nos fala dos eleitos do céu que João vê como "uma multidão imensa, impossível de contar, de todas as nações, raças, povos e línguas; postados diante do trono e na frente do Cordeiro, vestidos de túnicas brancas...". Um dos Anciãos que instrui João explica-lhe quem são aqueles seres de roupas alvas, em perfeita correspondência com a descrição dos Mestres a quem nos referimos:

"Estes são os que vieram da grande tribulação, lavaram os seus vestidos e os branquearam no sangue do Cordeiro. Por isso estão diante do trono de Deus e o servem noite e dia em seu templo; e Aquele que está assentado sobre o trono os cobrirá com a sua sombra. Nunca mais terão fome, nunca mais terão sede, nunca mais serão atormentados pelo sol ou por ventos ardentes".

Essa descrição é simples, mas basta para não deixar qualquer dúvida sobre a natureza dos seres evocados. Embora não disponhamos de espaço para tecer mais comentários, o leitor fará bem se meditar a fundo sobre esse Apocalipse que nada tem de dramático ou terrível, como davam a entender os monges da Idade Média, mas fornece a justa medida do que significa a palavra Apocalipse, ou seja, "Revelação"!

Sri Ramakrishna Paramhamsa (1836-1886).

A prova de sua existência

Há suficientes instrutores espirituais orientais na Índia ou circulando pelas capitais do Ocidente,[11] portanto bem conhecidos de nossos contemporâneos, para me convencer de que esses seres existem de fato. Citemos alguns nomes famosos: **Sri Ramakrishna Paramhamsa** e seu discípulo Vivekananda, Ramalinga Swamigal, Sri Ramana Maharshi, Swami Ramdas, Mâ Ananda Moyî, J. Krishnamurti, Sri Gnanananda, Yogue Ramsuratkumar de Tiruvannamalai, Swami Premananda de Trichy, Mata Amritanandamayi de Kerala, Sathya Sai Baba de Puttaparthi, Thirumathi Amma de Melmaruvathur, Ganapathi Satchidananda de Mysore, Shiva Bala Yogue, alguns gurus *jagat* da Ordem de Shankara e dezenas de outros, absolutamente desconhecidos do grande público! Porém, os que nos interessam neste estudo são os Mahatmas revelados por H. P. Blavatsky. Isso porque esses sábios são considerados os mais evoluídos que possamos imaginar, aqueles que, com um ou outro nome, constituem o produto acabado de nossa humanidade. Isso posto, estamos bem conscientes de que as afirmações de H. P. Blavatsky não bastam para convencer os leitores leigos, não mais que as cartas materializadas por esses Mahatmas ou às vezes escritas de seu próprio punho. Então, onde encontrar provas seguras? Muito simplesmente, no testemunho de outras grandes almas contemporâneas, conhecidas em todo o mundo por sua santidade e realização. As confirmações da existência desses personagens serão tanto mais seguras porque essas grandes almas nada têm em comum com o movimento teosófico de H.P.B.

O primeiro testemunho nos vem do grande sábio Sri Ramakrishna Paramhamsa.[12] Perguntaram-lhe um dia se os Mahatmas do Himalaia, mencionados pelos teósofos, eram seres reais. A resposta veio sem nenhuma ambiguidade: *"Se vocês estiverem dispostos a acreditar em minha palavra, digo-lhes: sim. Mas não percam tempo com essas coisas."*[13]

O segundo testemunho é de outro grande sábio: Sri Sathya Sai Baba,[14] reconhecido por milhões de fiéis do mundo todo como um Avatar semelhante a Krishna. Eis sua resposta a propósito dos Mahatmas do Tibete:

"Sei que, mesmo hoje, existem grandes sábios no Himalaia. São as testemunhas de tudo quanto acontece no mundo e seu amor abarca a humanidade inteira."[15]

O terceiro testemunho não é menos importante e parece se ligar diretamente à criação da Sociedade Teosófica de H. P. Blavatsky em 1875. Falamos do grande mestre Arulprakasa Vallalare, mais conhecido como Chidambaram Ramalinga Pillai Avergal. Esse mestre hindu, nascido em 1823, era não apenas um erudito em todos os ramos do conhecimento, mas também um yogue que dominava a alquimia espiritual. Foi reconhecido, por todos os seus pares, como um ser altamente realizado. Era dotado de grandes poderes e tinha o hábito de ingerir apenas uma refeição a cada três dias. Seus jejuns duravam de dois a três meses sem que ele fosse afetado.

Em 1867, fundou a *Sanmarasa Veda Sanmarga Sangham*, uma sociedade baseada no princípio da Fraternidade Universal. Uma de suas atividades consistia em alimentar os pobres e abrigar os idosos indigentes. Desde muito jovem, Ramalinga foi inspirado pelo divino e escreveu milhares de hinos e poesias em que adorava o Senhor e ensinava a viver no seu corpo de luz. Certo dia, seus discípulos quiseram fotografá-lo. Em oito repetições, só suas roupas apareceram nas fotos: o corpo do mestre se tornara pura luz e, a fim de evitar publicidade, Ramalinga se cobria da cabeça aos pés com um manto branco.

Em 1870, mudou-se para uma choça no lugarejo de Mettukuppam e, em 1871, mandou construir um templo cuja concepção evocava o processo de realização do Eu enquanto luz divina. Para tanto, ensinava aos discípulos como meditar do fundo do coração visualizando uma luz simbolizada por uma candeia colocada do lado de fora do seu quarto. Quando percebeu que sua missão não ia adiante, Ramalinga exprimiu sua infinita tristeza numa profecia:

"Os membros autênticos desta fraternidade vivem longe, no norte da Índia. Vós não me escutais, vós não seguis os princípios de meus ensinamentos. Pareceis determinados a não se deixar convencer por mim. Todavia, não está longe o tempo em que pessoas da Rússia, da América e de outros países estrangeiros virão à Índia para vos ensinar esta mesma doutrina da Fraternidade Universal. Só então conhecereis e apreciareis as grandes verdades que tento fazer-vos acatar. Logo vereis que os Irmãos que vivem no vasto Norte operarão maravilhas na Índia e concederão incalculáveis benefícios a este país que é o nosso."[16]

O norte da Índia é o Himalaia, onde vivem os Irmãos, aqueles que H.P.B. chamava também de Mahatmas. As duas referências de Ramalinga à Rússia e à América evocam evidentemente a origem dos dois fundadores da Sociedade Teosófica, H.P. Blavatsky e o coronel Olcott, respectivamente. Note-se que o princípio da Fraternidade Universal é também o primeiro princípio da Sociedade Teosófica, a saber: formar um núcleo da Fraternidade Universal da Humanidade sem distinção de raça, crença, sexo, casta ou cor.

A 30 de janeiro de 1874, Ramalinga, então com cinquenta anos, preparou os discípulos para seu desaparecimento definitivo. Recomendou-lhes que meditassem sobre o divino como luz pura. Entrou na sua choça e fez com que lá o trancassem. Enquanto os discípulos cantavam o hino à luz, um clarão violeta emanou de repente de seu quarto. Quando abriram a porta, Ramalinga se fora para sempre.

Poderíamos considerar esses três testemunhos suficientes. No entanto, não são os únicos e poderíamos acrescentar os nomes prestigiosos do Swami Ramdas do Kerala, do Yogue Ramsuratkumar de Tiruvannamalai e muitos outros.

Os nomes dos Mestres envolvidos com as atividades do mundo são legião, mas alguns deles pertencem de fato a um único e mesmo Grande Ser, que voltou várias vezes ao nosso mundo. Temos, por exemplo, o Mestre Veneziano, que veio anteriormente sob a forma do pintor Paolo Veronese (1528-1588) e, antes ainda, como Plotino, o célebre filósofo grego a serviço da Loja do Egito. E temos também o Mestre Jesus (nascido um século antes da era cristã), que regressou à Terra sob a forma de Apolônio de Tiana e, mais tarde, de Ramanujacharya. Mencionemos ainda o santo Kabir Das, reencarnado como Shirdi Sai Baba. Há também (além de Rama, Krishna, Buda e Cristo), Confúcio, Lao-tsé, o primeiro Zoroastro, Tsong-Khapa, Adi Shankara, Nagarjuna, Kukai, Pitágoras, Platão, etc.

Origem da Grande Loja Branca

Já tive oportunidade de escrever[17] sobre o tema da Grande Loja Branca e farei aqui apenas um breve resumo. Parece-me, mas não tenho certeza, que H.P.B. foi a primeira a utilizar a expressão "Grande Loja Branca" ou mesmo "Grande Fraternidade Branca" para designar a Hierarquia espiritual de nosso planeta.[18] Essa Hierarquia é, como vimos, o ápice da evolução da humanidade. Outras Hierarquias a precederam e, hoje, participam de sua evolução, como outrora participaram de sua criação. Uma delas, originária de Vênus, é importante por estar intimamente ligada à fundação, na Terra, daquilo que seria no futuro a Grande Loja Branca. Dessa Hierarquia divina (extraplanetária), destacou-se uma colônia de 105 Grandes Seres (chamados *Kumaras*) que desceram em nosso planeta há 18 milhões de anos. Entre eles, achava-se Aquele que é hoje considerado o Senhor do Mundo, ao qual o Cristo se dirige com humildade. Segundo o Mestre Tibetano, de que falaremos mais adiante, dessas Entidades venusianas resta apenas o Senhor e mais três companheiros. Todos os outros, sem exceção, deixaram nosso planeta e foram substituídos por adeptos saídos da nossa humanidade. Como a natureza divina e imaculada desse Senhor impede-o de tomar um corpo carnal, ele se revestiu então de um corpo de éter puro. É conhecido em todas as tradições e religiões como o verdadeiro Rei do mundo. É o Pai dos cristãos, o Ancião dos Dias dos judeus cabalistas e o Melquisedeque da Bíblia; a Índia o conhece sob a forma de Samat Kumara ou de Muruga.

Atualmente, Samat Kumara e seis companheiros formam o governo mais oculto de nossa humanidade. Estão estabelecidos em algum lugar daquilo que foi, há milhares de anos, uma grande cidade chamada Cidade do Ponto, que se situava numa ilha maravilhosa do mar de Gobi. É conhecida pelo nome de Ilha Branca nos escritos antigos. Essa velha cidade foi destruída por um horrível cataclismo,[19] mas a Hierarquia divina continua habitando o mesmo lugar secreto, só que no plano etérico. No Tibete, seu nome é Shambhala.

"Em Shambhala, as Grandes Vidas que ali atuam não apenas contemplam a manifestação em sua totalidade, fora de qualquer limitação de tempo, mas ecoam os impulsos maiores da evolução, que põem o desenvolvimento do mundo em consonância com a vontade divina. Encarnam esses impulsos não em termos de movimento progressivo, mas de uma única grande reação divina e espiritual. O leitor talvez entenda essa ideia em termos do eterno

AUM, símbolo do presente eterno. Já foi dito e demonstrado que o AUM se compõe de um som maior, de três sons menores e de sete tonalidades vibratórias secundárias. É a Vontade de Deus encarnada e mantida em síntese pelos membros do Conselho. Para estes, enquanto mantêm a Vontade de Deus em essência, é uma única nota clara; quando veem essa Vontade em movimento, são os três acordes imutáveis levando a todos os mundos o Desígnio d'Aquele que, ao longo dos éons, permanecerá; quando incitam essa Vontade a se manifestar, são sete tonalidades vibratórias traçando nos mundos refletidos a estrutura do Plano. Assim a nota, os acordes e a tonalidade produzem o Plano, revelam o Desígnio e indicam a 'Vontade de Deus'."[20]

Milhares de anos após a destruição, os membros dessa Confraria de luz decidiram estabelecer um quartel-general dos Mistérios no plano físico denso, a fim de que um grupo de adeptos encarnados pudesse velar pelos destinos e necessidades da humanidade futura, que mal começava a despertar. Na Câmara do Conselho do Senhor do Mundo, muitas coisas foram decididas: em particular, a abertura de uma porta que permitisse aos membros da família humana continuar a se submeter à disciplina necessária e a fazer o esforço enorme para entrar no quinto reino, ou reino espiritual. Desse modo, as fileiras da Hierarquia poderiam ser preenchidas por membros da humanidade terrestre que se mostrassem capazes. Essa porta é chamada portal da iniciação e permanece sempre aberta aos que satisfazem às mesmas condições vigentes nesse passado remoto.

Junto ao Senhor do Mundo estão três *kumaras* ou Budas exotéricos e essas quatro grandes vidas executam seu plano por intermédio dos Senhores dos Sete Raios. Os três outros *kumaras*, esotéricos, encarnam tipos de energia que ainda não se acham em plena manifestação no nosso planeta, sendo inútil especular sobre esse mistério insondável. No entanto, o conjunto dos *Kumaras* forma o setenário perfeito da manifestação planetária cujo reflexo microcósmico se projeta por meio dos sete *ashrams* da Hierarquia planetária.

No que diz respeito à nossa evolução humana e no quadro limitado desse estudo, podemos, pois, falar de três hierarquias estreitamente associadas:

I. Primeiro Centro Planetário .... Shambhala, que atua por meio de:
1. Os sete Raios ou os sete Espíritos diante do trono.
2. Alguns grandes Intermediários.
3. A Câmara do Conselho do Senhor do Mundo.

A Hierarquia divina de Shambhala corresponde, no microcosmo humano, ao centro coronal.

II. Segundo Centro Planetário............................ Hierarquia que atua por meio de:
1. Os sete Choans Maiores e seus *ashrams*.
2. Os quarenta e nove Mestres dos *ashrams* secundários.
3. A totalidade dos *ashrams* secundários.

A Grande Loja Branca corresponde, no microcosmo humano, ao centro do coração.

III. Terceiro Centro Planetário .... Humanidade que atua por meio de:
1. Os discípulos encarnados dos sete tipos de raios.
2. O Novo Grupo dos servidores do mundo.
3. A totalidade dos educadores, humanistas e homens de boa vontade.

A Hierarquia humana corresponde, no microcosmo humano, ao centro da garganta.

Já no estado de "Mestre", este fica livre para seguir seu caminho de perfeição por uma das sete vias superiores.[21] Uma dessas vias é chamada de via terrestre e consiste em permanecer na Terra para amparar a humanidade: é o papel dos membros da Grande Loja Branca. Vale notar que os Mestres cujo caminho não é permanecer na Terra às vezes o fazem num ato de pura compaixão e sacrifício. Foi o que fez, por exemplo, o Senhor Buda e é o que fazem aqueles que tomam o nome de Bodhisattva. Seja por compaixão ou dever, os Mestres se submetem a um imenso sacrifício a fim de ficar ao lado dos filhos dos homens e assisti-los em sua evolução. Assim, lentamente, no curso dos séculos, os homens foram encaminhados e preparados para a iniciação; aprenderam a desenvolver a consciência do Eu; tornaram-se iniciados e adeptos; tomaram lugar nas fileiras da Hierarquia e sua última etapa será unir-se ao centro superior de Shambhala. Cumpre, pois, não esquecer que a Grande Loja Branca (G.L.B.) existe desde sempre e que sua atividade prossegue regularmente.

"A Hierarquia dirige os acontecimentos mundiais na medida em que a humanidade o permite (pois Ela não pode ignorar o livre-arbítrio e a livre decisão dos homens), a fim de que a consciência que se abre consiga exprimir-se por formas mundiais adequadas e pelo desenvolvimento nas esferas social, política, religiosa e econômica. Ela indica a direção; Ela projeta a luz; Ela afeta aqueles que estão em contato com Ela e, pelo afluxo de ideias e revelações, influencia nitidamente o curso dos assuntos humanos."[22]

"Em última análise, o que é a Hierarquia? Um grande corpo de Unidades de Vida, liberadas e consagradas, empenhadas em salvar o mundo, trabalhando em grupo com todas as formas e vidas de todos os reinos, e com as almas em particular. Nesse afã, a Hierarquia enfatiza unicamente o aspecto consciência de todas as formas; o meio de que se vale atualmente para salvar e servir é o mental, tal como se exprime nas pessoas humanitárias, em todos os aspirantes, em todos os discípulos (de todos os raios e graus) e em todos os iniciados. Assim, a Hierarquia pode também se expressar por meio de correntes de pensamentos e ideias, impondo graças a elas seu conceito hierárquico ao mental embrionário do grande público e pessoas comuns. Ela dirige também o trabalho educacional de todas as nações para que as massas não evoluídas possam se tornar — chegada a sua vez — o grande público inteligente."[23]

A segunda citação, que me parece importante não omitir, diz respeito à exteriorização física da Hierarquia em nosso mundo objetivo. Os mestres sempre encarnam individualmente na Terra, mas foi em grupo que a Hierarquia decidiu, dessa vez, aparecer no mundo do esforço humano. Esse acontecimento mundial é uma das causas das tribulações que atualmente afetam a humanidade, mas é também aquilo que provoca a aceleração de sua evolução e que assinalará o retorno do Cristo. Só um Mestre poderia guardar tais informações e cito então o Tibetano que traz, nesta crise mundial, um pensamento novo e um esclarecimento das causas subjacentes aos problemas da humanidade. Segundo essas novas revelações, está previsto que a exteriorização implicará um período de provações e de esforços intensos até o ano de 2025. Eis como se dará a aparição dos Mestres em nosso mundo:

"Os membros da Hierarquia, que trabalham nas etapas iniciais ou depois, quando a verdadeira exteriorização ocorrer, trabalharão como membros da família humana e não como membros proclamados do reino de Deus ou das almas, que conhecemos como Hierarquia. Aparecerão numa ou noutra função: serão políticos, homens de negócios, financistas, instrutores religiosos ou homens da igreja; serão eruditos, filósofos, professores universitários ou educadores; serão prefeitos e guardiães de todos os movimentos éticos públicos. A força espiritual de sua vida, sua sabedoria límpida e pura, o caráter sadio e o modernismo bem-vindo das medidas que tomarem em todos os setores onde decidirem agir serão tão convincentes que encontrarão poucos entraves em seus empreendimentos."[24]

Pergunta-se muitas vezes se os Mestres da quinta iniciação já estão entre nós. O Tibetano já respondeu a essa pergunta:

"Seis Mestres, cujos nomes ainda são desconhecidos do estudioso médio do ocultismo, já estão na encarnação física — um na Índia,[25] *um na Inglaterra, dois na América do Norte e um na Europa central. Outro fez um grande sacrifício assumindo um corpo russo para desempenhar o papel de mediador da paz nesse país conturbado. Alguns iniciados da terceira Iniciação assumiram corpos femininos, um deles na Índia, onde no devido tempo fará muito pela emancipação das mulheres desse país; outro tem uma missão especial a cumprir relativamente ao reino animal e aguarda também o dia de Seu regresso."*[26]

Estrutura da Grande Loja Branca

A Hierarquia é constituída por sete *ashrams* maiores, cada qual com sete sub-*ashrams*, o que perfaz 49 *ashrams*. Não devemos imaginá-los como os que existem na Índia, uma comunidade em que vive um guru rodeado de discípulos. Um *ashram* hierárquico não é de forma alguma um agrupamento de indivíduos em busca, mas antes uma fusão subjetiva de almas reunidas por um desígnio de serviço.

Os estudiosos não devem perder de vista que tudo o que é comunicado aqui se refere exclusivamente ao trabalho da Hierarquia em sua relação com o reino humano. Neste ensaio, nós nos limitaremos a mencionar os Mestres que trabalham com a humanidade. De fato, outros grupos de Mestres trabalham especialmente com o reino animal, o que requer a atividade de trabalhadores e de adeptos totalmente diferentes. Ocorre o mesmo com os que estão associados ao trabalho com os *devas* ou com as evoluções extraplanetárias. Vale lembrar, portanto, que o que descrevemos aqui não passa de uma parte muito pequena da atividade da Hierarquia.

Existem, no plano físico, comunidades, *ashrams*, igrejas e templos, todos muito conhecidos, que representam os lugares em que os aspirantes começam a se preparar para o trabalho de discípulo. Quando o grupo é sério, o aspirante se torna discípulo ao se integrar ao *ashram* interior a que pertence e que, muitas vezes, nada tem a ver com a escola onde se desenvolveu. Entretanto, antes de conseguir chegar ao coração do Mestre, terá de aprender que só se integrará a um *ashram* depois de penetrar além dos limites dos níveis de consciência puramente pessoais; depois de se tornar sensível ao raio e à qualidade do Mestre do *ashram* e, normalmente, depois de tomar consciência da alma. Assim, o *ashram* exterior ensina o futuro discípulo a se elevar aos níveis superiores da consciência da alma e propicia uma fusão mais íntima entre esta e a personalidade unificada. Em consequência, o *ashram* material é um centro onde as relações humanas são vivenciadas e a sensibilidade ao Plano[27] é aguçada e depois traduzida em serviço. É o Mestre do *ashram*, com a ajuda dos iniciados mais evoluídos do grupo, que se responsabiliza pelas relações entre Shambhala e a Hierarquia. Já num nível menos elevado, são os discípulos aceitos e os iniciados de grau inferior que são responsáveis pelas relações entre a Hierarquia e a humanidade.

Contrariamente ao que muitas vezes acontece no *ashram* exterior, o grupo do *ashram* interior não busca a realização espiritual, mas se esforça sobretudo para pôr em execução o Plano do Mestre e atender às necessidades da humanidade, esquecendo-se completamente no ato de servir. Os discípulos dos Mestres vivem quase sempre no mundo, assumindo pesadas responsabilidades. Podem ser casados e muitos realmente o são. Têm uma vida social normal, mas levam duas vidas paralelas. De um lado, assumem da melhor maneira possível suas responsabilidades no plano objetivo e, de outro, mantém o espírito centrado na vida subjetiva da alma, de modo que as inspirações vindas da alma, ou do Mestre, através de um mental sereno, sejam compreensíveis e se traduzam em iluminação e em ação. A tensão mental é enorme e implica muitas vezes algum sofrimento, amenizado por uma vida simples e equilibrada, pelo controle emocional e mental, e por um espírito desapegado e equânime.

Ser discípulo não é, pois, coisa fácil! Observemos que, para exteriorizar seu *ashram* interior no plano físico, o Tibetano selecionou cerca de cinquenta discípulos evoluídos. Em 1949, restavam apenas dezesseis, dos quais oito estavam ativos e o resto se achava à beira do fracasso.

Aqueles que criticam os gurus nem sempre estão errados, mas deveriam estudar os ensinamentos do Tibetano antes de tirar conclusões infelizes. Gostariam de saber por certo que ele insiste em dizer que nem a devoção ao Mestre e nem a dedicação incondicional farão do aspirante um membro do *ashram*. Essa qualidade será atribuída sobretudo aos que são inclusivos, aos que têm uma relação kármica antiga com o Mestre e a aptidão de manifestar certos aspectos da vida face à demanda da humanidade.

O Mestre no coração do *ashram* não é comparável ao que acontecia na era de Peixes, à maneira pela qual se representa o Mestre Jesus, rodeado dos doze apóstolos, ou ao que existe ainda em milhares de pequenos *ashrams* da Índia.

Hoje, o Mestre não atrai mais magneticamente o discípulo para lhe transmitir um ensinamento ou prepará-lo para a iniciação. O discípulo se prepara sozinho na escola da vida, pela autodisciplina, meditação e serviço. Por outro lado, o Mestre não é o único ponto focal do *ashram*: no do Tibetano, por exemplo, trabalham cinco Mestres. Ele não é de forma alguma um gênio infalível, para quem se elevam as preces de adoração, mas deve ser considerado como o Guardião do Plano, Plano que dá a nota-chave das atividades do *ashram*.

Ninguém se torna Mestre de um *ashram* por proclamação de seus pares, como nas sociedades humanas (maçons, rosa-cruzes etc.), mas porque conquistou e mereceu o direito de se comunicar diretamente com o Conselho de Shambhala, podendo assim seguir os Planos hierárquicos em seu conjunto.

Lembremo-nos de que, ao falar do *ashram* interior, situamo-lo unicamente no plano da alma (*bouddhi*), onde só entra quem já se desembaraçou da personalidade. Ao contrário do que ocorre num *ashram* terrestre, que costuma ter à frente um iniciado ou um discípulo, o Mestre encarnado não dá ordens a seus discípulos mas, em conjunto e em uníssono, numa profunda reflexão, o Plano se desenrola e cada discípulo vê, de maneira oculta, aquilo que se espera dele. Eis por que o essencial do trabalho de integração se concentra na faculdade intuitiva, pela qual o discípulo tem acesso a uma meditação ashrâmica de reflexão. Desde que possa participar dessa meditação constante, sem que sejam afetados seu serviço ou as outras vias de seu pensamento, o discípulo se torna o que é tradicionalmente chamado de *"um discípulo será sempre um discípulo"*!

No conjunto, a loja dos Mestres forma dois ramos no seio de um grupo mais vasto:

A Loja..., que compreende os iniciados acima da quinta iniciação e um grupo de *devas* ou anjos.

A Loja Azul, que compreende todos os iniciados da terceira, da quarta e da quinta iniciação.

Logo abaixo, vem um grande grupo de iniciados[28] da primeira e da segunda iniciação e em seguida os discípulos de todos os graus. Os discípulos são tidos como filiados à Loja, mas não verdadeiramente membros.

Leio com frequência coisas espantosas e inverossímeis a respeito dos Mestres encarnados e dos que permanecem desconhecidos. A propósito destes últimos, a única informação que me parece sensata é a seguinte:

"Os trabalhadores, ou adeptos, que se ocupam da evolução da família humana são em número de 63, se contarmos os três Grandes Senhores, constituindo assim os "nove vezes sete" necessários ao trabalho. Entre eles, 49 trabalham exotericamente, se assim nos podemos exprimir, e catorze eso-

tericamente, estando mais em contato com a manifestação subjetiva. Seus nomes são pouco conhecidos do público e, em muitos casos, não seria prudente revelar Sua identidade e o local onde moram, nem a esfera específica de Sua atividade."[29]

Os catorze Mestres mencionados pelo Tibetano não são ignorados nos escritos sagrados antigos, pois aparecem no *Livro de Enoque*. Como bem sabem os esotéricos, os Adeptos eram outrora assimilados simbolicamente a árvores poderosas. Encontramos, pois, nesta obra uma referência aos catorze Mestres (ou Árvores) considerados imortais em razão de sua missão desconhecida dos homens.

"Examinai bem as árvores, sua aparência e como toda a sua folhagem seca e cai, exceto catorze folhas que não caem nunca, mas esperam com a folhagem antiga a chegada da nova, após dois ou três invernos."[30]

Os *ashrams* e as escolas cuja missão é preparar os estudantes de todos os graus foram objeto de um estudo aprofundado do Tibetano e, a esse respeito, direi apenas o essencial, a saber: a escola fundamental do ocultismo não é outra senão aquela que tem suas raízes no centro sagrado de Shambhala, onde se encontra o Iniciador Único. O Tibetano ressalta que a Fraternidade de luz, tal qual representada pelos Mestres do Himalaia, tem representantes em outros lugares, que levam a bom termo seu trabalho específico sob supervisão adequada. Os teósofos eram muito inclinados a pensar que eram os únicos depositários da religião da sabedoria. Esse não é o caso nem para eles nem para ninguém. Dado que, neste ensaio, falamos mais particularmente da Escola do Himalaia, guardemos bem esta importante informação:

"A Escola da Loja do Himalaia é a que mais concerne ao Ocidente e é a única, sem exceção, que controla o trabalho e o rendimento dos estudantes ocultos no Ocidente. Ela não tolera nem trabalho similar nem trabalho simultâneo com seus alunos, não por amor a seus próprios Mestres, mas para garantir a segurança dos estudantes. O perigo espreita no caminho do estudante oculto e os adeptos da Escola da Loja do Himalaia sabem como proteger adequadamente seus alunos, desde que estes se mantenham

na periferia de suas auras comuns e não migrem para outras escolas. Todas as verdadeiras escolas ocultas exigem isso de seus alunos e todos os verdadeiros Mestres esperam deles que se abstenham de seguir ao mesmo tempo outros instrutores."[31]

Quadro da Hierarquia Planetária[32]

	A HIERARQUIA PLANETÁRIA S. Sanat Kumara, o Senhor do Mundo (O Ancião dos Dias. O Iniciador Único)	
	Os Três Kumaras (Os Três Budas da Atividade) 1 2 3	
	Os reflexos dos três Raios maiores e dos quatro Raios menores Os três Chefes de Departamento	
I. O Aspecto Vontade	II. O Aspecto Amor-Sabedoria	III. O Aspecto Inteligência
A. O Manu	B. O Bodhisattva (O Cristo. O Instrutor do Mundo)	C. O Mahachoan (O Senhor da Civilização)
b) O Mestre Júpiter	b) Um Mestre Europeu	
c) O Mestre M---	c) O Mestre K. H.	c) O Mestre Veneziano
	d) O Mestre D. K.	4. O Mestre Serápis 5. O Mestre Hilárion 6. O Mestre Jesus 7. O Mestre R----
	Quatro graus de iniciados	
	Diversos graus de discípulos	
	Pessoas na Senda da Provação	
	A Humanidade comum de todos os graus	

Os estudantes que ouvem falar dos *ashrams* pela primeira vez e desejam seguir uma disciplina espiritual, se veem diante da necessidade de escolher uma escola séria, isto é, sem as miragens que encontramos nas escolas modernas ditas tradicionais. Essa é a resposta que propomos, representando ela a opinião do autor.

Patanjali, cuja data de nascimento nunca foi oficialmente conhecida, compilou os ensinamentos que, até sua época, haviam sido transmitidos oralmente no curso dos séculos. Ele foi o primeiro a fazer dessa doutrina um ensinamento escrito para uso dos discípulos. Por isso é considerado o fundador do sistema conhecido pelo nome de raja yoga. Convém lembrar que esses textos, ou sutras, são o ensino de base da escola secreta trans-himalaiana, à qual pertence boa parte dos Mestres de Sabedoria mencionados nesta obra. Graças às técnicas do raja yoga, a discriminação entre o Eu e o não eu é atingida e a comunhão com o Espírito puro pode ser realizada. Essa é, segundo os grandes instrutores, a melhor escola que um aspirante ou discípulo ocidental possa seguir. Recordemos que tais técnicas foram incorporadas a outros sistemas, como o dos essênios de outrora e o criado pelo grande Tsong-khapa no Tibete.

As iniciações maiores

O sentido que damos geralmente ao termo "iniciação" vem do latim *initium*: começo. É o início de um trabalho que conduzirá o interessado ao conhecimento de uma arte ou de si mesmo. Podemos ser iniciados em qualquer disciplina sem que com isso nos voltemos para a natureza espiritual do homem. Nas organizações ocultas e tradicionais que conhecemos no Ocidente, como os rosa-cruzes, os teósofos, os maçons, os templários ou os cátaros, e mesmo os sufis e os cabalistas judeus, a iniciação é aquilo que torna possível a entrada de um candidato no círculo fechado do grupo escolhido. Trata-se do começo de uma nova via de disciplina física, mental e espiritual que levará o neófito das trevas para a luz. E trata-se também de um meio de desenvolver as faculdades latentes graças a uma técnica científica e reconhecida de meditação e exercícios mentais com enorme poder de despertar e transcender.

Os ritos que acompanham as revelações feitas ao neófito são muitas vezes chamados de ritos iniciáticos. No entanto, poucas organizações modernas que conhecemos podem reivindicar a autenticidade de sua tradição, que costuma resultar apenas da iniciativa pessoal do discípulo e que, por consequência, não detêm o segredo da *Palavra Perdida*. São úteis como escolas de preparação, mas não podem se dizer de forma alguma "iniciáticas". Na maioria, fala-se daquilo que se ama e do objetivo que se almeja. As pessoas se perdem no aspecto forma, em cerimônias pomposas e em títulos grandiloquentes. Eleva-se ao nível máximo o sentido do segredo e glorifica-se o ego dos antigos, que exibem o ar misterioso daqueles que sabem! Algumas organizações são voltadas para a política e para a ação social; outras se interessam principalmente por relações humanas. As cerimônias simbólicas, ainda quando verdadeiras, são esvaziadas de seu sentido profundo. Busca-se muito mais a aquisição de grau honorífico em pergaminho do que alcançar um estado de ser. Tudo isso nada tem em comum com o que chamamos de Iniciação Maior. De fato, no espírito dos Mestres, a Iniciação está associada não a uma cerimônia (mesmo que esta possa ocorrer), mas à entrada num mundo novo e mais vasto, graças à expansão da consciência do aspirante. Nele penetram as energias que caracterizam a alma, as forças do amor inteligente e da vontade espiritual. Se a meditação e a contemplação caracterizam a Iniciação oriental, a Iniciação verdadeira, após uma série ascendente de reconhecimentos inclusivos, deve fazer do discípulo um membro da Hierarquia — e isso implica o abandono de tudo quanto seja egótico e egoísta, bem como uma série dolorosa de renúncias progressivas que culminam na renúncia final, chamada "crucificação" pelos cristãos. Como salienta o Tibetano: *"Ninguém é admitido* (pelo processo da iniciação) *ao* ashram *do Cristo* (a Hierarquia) *antes de começar a pensar e a viver em termos de relação de grupo e de atividade de grupo, sendo sua tarefa descobrir o grupo de aspirantes ao qual deve se filiar e percorrer o Caminho da iniciação até a perda do sentimento pessoal."*

Repitamos: nas escolas atuais de ocultismo, a iniciação está longe do programa exigido numa escola autêntica que preceitua, antes de tudo, um trabalho extremamente árduo e constante, durante o qual, graças a uma forte disciplina que implica amor e sacrifício, o iniciado se torna aquilo que É. Podemos resumir nosso propósito dizendo que a iniciação é a compreensão íntima do princípio da universalidade. Quando ela atua, o sentimento de separação desaparece, ao menos momentaneamente. No ponto mais elevado, a iniciação é o Amor Universal que não tem relação alguma com o sentimento ou a reação afetiva, mas resulta da identificação com todos os seres. Pode-se então conhecer a verdadeira compaixão; a crítica se torna impossível e, só então, pode-se ver o germe divino latente em todas as formas.

Há muitas Iniciações maiores, mas cinco são particularmente importantes no que toca ao gênero humano e só as quatro primeiras são compreensíveis para nós.

1. A primeira iniciação ou expansão de consciência é chamada no ensinamento cristão de *O Nascimento em Belém*. É o despertar da centelha de consciência da alma que, pela primeira vez, se exprime por intermédio da natureza grosseira do homem. A pulsação espiritual está a caminho e, a partir desse instante, não cessará até começar a bater no coração de Deus. Por essa Iniciação passam todos os aspirantes sérios e todos os homens de boa vontade. Ela é atingida quando a pessoa, após inúmeras vidas instintivas, começa a fazer um esforço para se distanciar em definitivo da intemperança, sensualidade, roubo, mentira, embriaguez etc., e quando procura ansiosamente manifestar o belo, o bom e o bem.

2. A segunda iniciação é chamada de *O Batismo no Jordão*. Se a primeira se ligava à porção grosseira do elemento terra (a gruta de Belém), a segunda se associa ao elemento líquido (o Jordão), demonstrando assim a expansão da consciência num espaço mais vasto e menos material. A água simboliza a natureza emocional, a sensibilidade psíquica inferior e os desejos. As ondas da emoção e do desejo, tal como a água, arrastam o aspirante no fluxo e refluxo das oposições, impedindo-o de avançar para o centro dos pares de opostos que encontra constantemente.

   A segunda Iniciação só é atingida quando a emoção se transforma em devoção; quando essa emoção da personalidade fica sob o domínio do intelecto e da vontade, desaparecendo então, até certo ponto, sentimentos como o ciúme, o apego afetivo, a cólera, a dúvida, o medo etc. Há entre a primeira e a segunda Iniciação uma longa série de existências dolorosas: é o período mais longo da vida da alma, como aparece simbolicamente na vida de Jesus, do nascimento aos

30 anos. Hoje, muitos responsáveis por organizações esotéricas, ou que se dizem tais, são indivíduos a caminho da segunda Iniciação ou que já a atingiram. Intelectualmente privilegiados, têm boa concentração e muita energia para o trabalho. Podem se interessar por religião, mas nem por isso são espiritualizados. A vida de São Paulo, no seu começo, foi a de um iniciado da segunda Iniciação; diga-se o mesmo de Nicodemos, o discípulo leigo de Jesus.

3. A terceira Iniciação, chamada de *Transfiguração*, consiste em subordinar completamente o interesse pessoal ao interesse geral. Essa postura deve incluir e abranger os interesses do grupo que trabalha com o aspirante. As pessoas que fizeram a experiência de expansão de consciência se encontram muitas vezes no centro das atividades culturais, sociais, políticas e espirituais. Assumem responsabilidades e costumam ser o núcleo amoroso do grupo. A passagem da segunda para a terceira Iniciação é exemplificada pela experiência mística de São Paulo, quando o Cristo lhe apareceu e o *transfigurou*, pois tal é o nome desta Iniciação.

Na vida de Jesus, a transfiguração está associada ao elemento ar (montanha), para demonstrar o poder do espírito sobre a matéria. A partir desse instante, as Iniciações passam a ocorrer simbolicamente no cume dos montes. No curso da transfiguração, a alma depõe sua forma ilusória e opressiva, estendendo-se para além dos grilhões da carne. A alma transcende o corpo e se torna um instrumento passivo pelo qual o fluxo do amor espiritual se espalha no mundo dos homens.

Depois dessa Iniciação, o discípulo se dá conta de que já consegue reconhecer, com plena consciência, os membros da Grande Loja Branca com os quais está associado. Essas faculdades psíquicas aguçadas são objeto de uma atenção particular (ver H.P.B.) dos Mestres, pois, a partir desse estado de realização, a clarividência e a clariaudiência superiores podem ser utilizadas sem risco para servir ao Plano. A transfiguração permite ao iniciado fazer contato com seu instrutor particular e trabalhar conscientemente com ele. H. P. Blavatsky escreveu: *"Na Índia, o Chela de terceiro grau tem dois gurus: um é o adepto vivo, o outro é o Mahatma desencarnado e glorificado, que continua sendo o conselheiro ou instrutor dos próprios Adeptos Superiores. Raros são os Chelas aceitos que chegam a ver seu Mestre vivo, seu guru, até o dia e a hora do voto final que os ligará para sempre."*[33]

Doravante, pode haver contato com os Grandes Choans de cada um dos sete Departamentos da Hierarquia.

Nesta altura de nosso estudo, quero prevenir os aspirantes contra as pretensões de certos responsáveis por organizações que pensam (sinceramente) ser adeptos desse grau ou de um grau superior. Em nossa época, raros são os homens e mulheres que conseguem atingir tal estado de santidade. Para dar um exemplo do estado de terceiro grau, temos o caso maravilhoso de Blavatsky que, face às provações, demonstrou tanta bravura quanto amor e sabedoria. Entre outros exemplos, temos o profeta Maomé e Josué, filho de Num, como está mencionado no Antigo Testamento. Todos esses iniciados, heróis para o comum dos mortais que nós somos, mostram a que ponto foram grandes e a que ponto devemos ser modestos. No entanto, essas criaturas santas só se tornam *Arhats*[34] e rosa-cruzes depois de passar pela quarta Iniciação.

A quarta Iniciação

A quarta expansão de consciência é denominada *renúncia* ou *crucificação*. Corresponde habitualmente a uma vida de grandes sacrifícios e sofrimentos intensos. O homem que se prepara para essa Iniciação superior renuncia a tudo, quer se trate de glória, de amizades, de reputação ou mesmo da vida. O Mestre Jesus nos deu disso um exemplo magnífico quando renunciou à vida temporal em proveito da vida eterna.

A partir desse despertar da alma, o homem está quase que definitivamente integrado ao quinto reino da natureza, o do mundo divino. Torna-se, em consequência, um *"liberto vivo"*, um ser despojado de toda constrição kármica de natureza humana e, a partir daí, aparece como imortal no sentido espiritual do termo. Inteiramente livre do ciclo de reencarnações, o adepto desse grau pode, se quiser, voltar a se revestir de um veículo físico ilusório (*mayavirupa*) a fim de ajudar no progresso da humanidade.

O que mais caracteriza os adeptos da quarta Iniciação é o *sacrifício*. Muitos, com efeito, poderiam obter a quinta Iniciação (e alguns o fazem); outros, no entanto, por pura compaixão, pronunciam o voto do Bodhisattva, que consiste em permanecer no mundo dos homens até sua libertação definitiva.

O melhor exemplo de um Mestre que atingiu a quarta Iniciação é o de Jesus que, conforme a tradição oculta, nasceu no ano 105 antes da era cristã. Passou pela quarta Iniciação durante a crucificação tal como é aproximadamente descrita nos Evangelhos. Depois, o Mestre Jesus reencarnou no corpo de Apolônio de Tiana e atingiu a quinta Iniciação logo no começo da era cristã.

Notas

1. Para um estudo exaustivo desse assunto na perspectiva hindu, ler: *The Guru Tradition*, por Pujyasri Chandrasekharendra Sarasvati Swami, organizado por Bharatiya Vidya Bhavan, Bombaim — 7, 1991.
2. No Tibete, as linhagens de Panchen Lamas prendem-se ao Buda Amitabha e as dos Dalai-Lamas a seu Bodhisattva Tchenresig.
3. Literalmente, "grandes almas".
4. No entender de um instrutor contemporâneo, "*O guru é a luz que mostra [...] o caminho, mas o destino é Deus. Devemos agradecer ao guru, mas venerar a Deus. Em nossos dias, venera-se o guru, o que é absolutamente errado*".
5. Sri Sathya Sai Baba, *Gita Vahini*.
6. Dr. J. Hislop, *Conversation avec Sathya Sai Baba*, Éditions Sathya Saï France, 16, rue Fagon, 75013, Paris, p. 32.
7. *L'enseignement de Ramana Maharshi*, p. 25.
8. "Chamados também os 'Filhos da Sabedoria' ou do 'Nevoeiro do Fogo' e 'Irmãos do Sol' nos anais chineses. Fala-se de Si-dzang (Tibete) nos manuscritos da biblioteca sagrada da província de Fo-Kien, o grande centro do saber Oculto desde tempos imemoriais, muitas eras antes de Buda. Conta-se que o imperador Yu, 'o Grande' (2207 a.C.), piedoso Místico e poderoso Adepto, adquiriu sua sabedoria dos 'Grandes Mes-

tres das montanhas nevadas' de Si-dzang." (H.P.B., *La Doctrine Secrète*, vol. I, p. 261.) [*A Doutrina Secreta*, vol. I, publicado pela Editora Pensamento, São Paulo, 1980.]

9. O monte Kailash fica a oeste do planalto tibetano e os hindus o consideram a morada do deus Shiva.
10. H. P. Blavatsky, *Collected Writtings*, vol. XI, p. 245.
11. Os adeptos ocidentais existem e se mostram ativos no Ocidente. Foram numerosos na época dos rosa-cruzes, ao fim do século XVIII! Hoje, nem com a melhor boa vontade do mundo pude conhecê-los, o que não quer dizer que não estejam por aí!
12. Sri Aurobindo escreveu a respeito dele: "Antes de pelo menos cinco séculos, o mundo não estará pronto para receber outro Ramakrishna Paramhamsa."
13. *L'enseignement de Ramakrishna*, palavras reagrupadas e comentadas por Jean Herbert, Éditions Albin Michel, 1972, p. 184.
14. Uma autobiografia desse Mestre foi escrita pelo autor e sua esposa: *Dans les Pas du Seigneur*, Éditions Sathya Saï France, 19, rue Hermel 75018, Paris.
15. *Sathya Saï Nous Parle*, vol. II (1960-1962), p. 138. Traduzido do inglês por Sylvie Craxi a partir do original: *Sathya Saï Speaks*, vol. II.
16. H. P. Blavatsky, *Collected Writtings*, vol. IV, pp. 135-36.
17. *Histoire des Peuples e des Civilisations, de la Création jusqu'à nos Jours*, Éditions Nouvelles Réalités, 2002, e *Nouvelles Dimensions, les Ovnis et la Tradition*, Éditions JMG, 2004.
18. H. P. Blavatsky foi muitas vezes plagiada por ocultistas desejosos de enriquecer suas próprias organizações. Ocorreu isso com Peter Deunov, que chamou seu grupo de "Fraternidade Branca Universal" para dar a entender que se tratava daquela a que pertencem os Mestres deste planeta.
19. A Ilha Branca existiu até o último grande período glacial, que só deixou um imenso deserto inóspito onde se encontram, escondidos sob a areia, os vestígios da Cidade do Ponto.
20. Alice Bailey, *Extériorisation de la Hiérarchie*, p. 479.
21. Quem deu essa informação pela primeira vez foi o Tibetano, em 1922.
22. Alice Bailey, *Extériorisation de la Hiérarchie*, p. 466.
23. *Ibidem*, p. 473.

24. *Ibidem*, pp. 511-12.
25. Tudo leva a crer que esse é o Mestre conhecido outrora pelo nome de *Kabir*, que reencarnou mais tarde sob os traços de Shirdi Sai Baba, considerado sem sombra de dúvida um Avatar.
26. *Un Traité sur le Feu Cosmique*, p. 641.
27. O Plano é a intenção divina compreendida e manifestada pela Hierarquia. É esse Plano que os discípulos procuram captar na meditação a fim de divulgá-lo corretamente para o bem da humanidade.
28. "O iniciado é aquele que possui a lâmpada de Trismegisto, o manto de Apolônio e o cajado dos patriarcas. A lâmpada de Trismegisto é a razão iluminada pela ciência; o manto de Apolônio é a posse plena e total de si mesmo, que isola o sábio das correntes instintivas; e o cajado dos patriarcas é o socorro das forças ocultas e perpétuas da natureza." Éliphas Lévi, *Dogme et Rituel de la Haute Magie*, p. 108. [*Dogma e Ritual da Alta Magia*, publicado pela Editora Pensamento, São Paulo, 1971.]
29. Alice Bailey, *Initiation Humaine et Solaire*, p. 55.
30. *Le Livre d'Hénoch*, traduzido para o francês por François Martin, Éditions Arché, 1975, cap. III, pp. 5-6.
31. Alice Bailey, *Lettres sur la Méditation Occulte*, pp. 293-94.[*Cartas de Meditação Ocultista*, publicado pela Editora Pensamento, São Paulo,1984.]
32. Alice Bailey, *Initiation Humaine et Solaire*, p. 53.
33. H. P. Blavatsky, *La Doctrine Secrète*, vol. V, p. 312.
34. Segundo H.P.B., *arhat*, da raiz *arh*, significa "valor" ou "mérito". É o nome que se dá aos iniciados do quarto grau, aqueles que atingiram o nirvana.

2
Sobre os Mestres

"Há, na Terra, alguns seres soberanamente bons, serenos e magnânimos que, de modo tão natural quanto a primavera, exercem à sua volta uma influência benigna. Atravessaram o oceano dos nascimentos e mortes e, por pura generosidade, ajudam seus semelhantes a atravessá-lo também."

(Adi Shankara)

"Escolhe um mestre, pois sem ele a viagem será cheia de tribulações, medos e perigos. Sem escolta, tu te perderás pelo caminho que já percorreste. Não viajes sozinho pelo Caminho."

(Rumi)

A Igreja e os "santos"

A palavra mais usada no Ocidente para identificar um homem sábio é "santidade". Infelizmente, a Igreja Católica, bem pobre em matéria de santos, tudo fez para inventá-los onde não existiam. Graças aos historiadores, sabemos que muitos santos reconhecidos pela Igreja foram políticos e criminosos. Cirilo, sobrinho de Teófilo, bispo de Alexandria, assassinou a jovem Hipácia, sábia e inocente, de alma elevada e coração puro. Seu corpo foi feito em pedaços, sua carne arrancada dos ossos com conchas de ostras por ordem do tal Cirilo, que seria mais tarde canonizado!

Outro exemplo: São Domingos, fundador da célebre ordem que leva o seu nome, também estava longe do estado de santidade. Era, com efeito, conselheiro do abjeto Simão de Montfort, general do papa que participou do massacre dos infelizes e puros albigenses. Vários historiadores reconhecem hoje que muitos santos da Igreja jamais existiram. O melhor exemplo é Maria Madalena, feita santa pela imaginação do papa Gregório Magno. Essas lendas foram forjadas para atrair gente simples ao regaço da Igreja. Isso levou Jacopo de Varazze, em 1265, a escrever *Legenda Aurea*, uma recapitulação da vida de 153 santos, dos quais os poucos verdadeiros ficariam perplexos ao saber dos poderes miraculosos que lhes atribuíram. O livro de Jacopo se tornou uma referência, um modelo de verdade reproduzido na literatura, na pintura e na escultura de milhares de igrejas espalhadas pela Europa. O culto dos falsos santos e das falsas relíquias ultrapassou os limites do tolerável e levou o corajoso jesuíta Jean Ballant a reunir um grupo de pesquisadores para reencontrar, através de investigações sérias, a realidade dos fatos por trás das criações literárias dos hagiógrafos. A Igreja nem sempre aprendeu a lição: João Paulo II, chamado de "papa de Todos-os--Santos" por um jornalista, reconheceu em 2001 "1.284 beatos, dos quais 1.022 foram mártires e 266 confessores, mais 463 santos, dos quais 400 foram mártires e 63 confessores".[1] Convém precisar, no entanto, que a Igreja conta em suas fileiras com alguns santos e santas, iniciados autênticos. Citemos, ao acaso, Catarina de Ricci, Lidvina de Schiedam, Teresa de Ávila, Teresa Neumann, Martha Robin, Yvonne Aimée, Inácio de Loyola, Galgani Gemma, Francisco Xavier, Francisco de Assis, Alphonse Marie de Liguori, Santo Cura de Ars e padre Pio. A lista completa é bem longa!

Os santos no esoterismo

Vejamos o que nos diz o ensinamento oculto a propósito do estado de santidade, que comporta forçosamente diversos níveis! O primeiro é o estado de discípulo aceito, que compreende as etapas da primeira e da segunda Iniciação. Quando chega à terceira Iniciação, ele já não é mais um discípulo aceito, ainda que permaneça no grupo de um Mestre até a quarta. Eis a descrição do estado de discípulo aceito:

"*Um discípulo aceito é um discípulo que:*

1. *Admitiu a existência da Hierarquia, com a implicação de fidelidade e cooperação que essa admissão comporta.*
2. *Aceitou o fato de que todas as almas são uma só e procura, portanto, exprimir-se como alma. O serviço que se espera dele é despertar e estimular as almas com que entra em contato.*
3. *Aceitou a técnica oculta do serviço. O serviço que ele presta aos homens determina todos os seus atos e subordina sua personalidade às exigências do momento.*
4. *Aceitou o Plano traçado pelos Instrutores da raça. Procura entender a natureza desse Plano e facilitar sua manifestação."*[2]

Depois do estado de discípulo aceito, o Tibetano menciona o de *chela na linha* — aquele que obedece apenas aos desígnios da evolução superior —, descrevendo-o como *"um estado no curso do qual o discípulo aprende, em caso de urgência, como atrair a atenção do Mestre"*. Chegado a esse nível, o discípulo não tem mais, como centro de interesse, a sua "vidinha". Já não se preocupa com os insignificantes problemas pessoais e humanos. Não tem mais na consciência interesse excessivo por si mesmo e não se ocupa mais de suas aversões, de seus gostos, de suas preferências, mas trabalha para o Plano com atenção perfeita e concentração dirigida ao momento presente. Ser um desses *chelas* confere o privilégio de conhecer a palavra sagrada que invoca a presença do Mestre no interesse exclusivo do grupo. Se ele atingiu esse nível elevado, é porque se tornou capaz de assumir plenamente suas responsabilidades e a si mesmo.

Nunca mais (regra geral) afetará o grupo do Mestre com crises pessoais. O Mestre sabe disso e sempre responderá a seu apelo, certo de que este é lançado unicamente com a finalidade de melhor servir aos desígnios da Hierarquia. Os outros dois estados, *chela na aura* e *chela no coração do Mestre*, são extensões dos poderes da alma.

À procura do Mestre

Um obstáculo comum na vida do aspirante é a procura desenfreada de um Mestre. Como já dissemos e repetimos, o Mestre nunca se ocupa de detalhes, palavras ou atitudes da personalidade do noviço. Se este tomou o bom caminho, sua própria luz se intensifica e é ela que revelará ao Mestre o grau atingido. Quanto mais depressa o estudante se aperceber de que o Mestre não recompensa, não exprime sua satisfação, não deixa intervir os sentimentos no sentido em que essa palavra é em geral compreendida, mais depressa o estudante progredirá. Não buscará mais atrair o mérito de uma atenção do Mestre, mas ser um verdadeiro conhecedor e mais tarde um Mestre, libertando-se de qualquer autoridade que não seja o seu mestre interior, o seu Eu divino. O Mestre poderá então lhe apontar a direção em que deve procurar e encontrar suas respostas, colocando-o nas circunstâncias que o deixarão face a face com sua própria alma, pois esse é o único caminho que o conduzirá finalmente à alma do Mestre.

O Tibetano observa que:

"É mais interessante se informar sobre o Mestre do que sobre as qualidades exigidas para atingir o discipulado. O interesse pelo que se refere aos adeptos é mais forte do que aquele que o aspirante deveria ter pela busca e pelo exame de suas limitações e de seus defeitos, o que deve ser o seu principal objetivo. A curiosidade pelos hábitos e métodos dos Mestres, pela sua maneira de agir com os discípulos, manifesta-se mais prontamente do que uma aplicação paciente dos hábitos e métodos de trabalho à vida daquele que quér se tornar discípulo. Todas essas tendências são empecilhos e limitações. Assim, uma das primeiras condições para se comunicar com os Mestres é desviar a atenção de tudo aquilo que lhes diz respeito e voltá-la para os primeiros passos a dar, eliminando a perda de tempo, a dispersão de energia, a morosidade, enfim, tudo o que ocupa inutilmente o pensamento."

Obediência ao Mestre

Os que criticam a vida dos Mestres e tudo o que se refere à doutrina de um guru hindu, ou seja, os meios de comunicação e os jornalistas contrários às seitas, costumam enfatizar o aspecto "obediência obrigatória" na relação de um Mestre com seu discípulo, esquecendo-se de que essa obediência é um ponto essencial na Igreja Católica. Eles têm em mente inúmeras organizações ocultas oriundas de um pensamento medieval. No entanto, a obediência é vista de maneira muito diferente pelos membros da Hierarquia:

"Que obediência oculta é essa que o Mestre deve supostamente exigir? Hoje, os Mestres lidam com discípulos do tipo mental que acreditam na liberdade da vontade e da consciência humana, não admitindo que lhes seja imposto o absolutismo de uma pretensa autoridade. O intelectual não aceita que sua liberdade seja limitada e, nisso, tem toda a razão. Recusa-se a obedecer: isso, nos tempos modernos, é mais do que evidente. [...] Deve o discípulo obedecer à menor exigência do Mestre? Todas as exigências e todas as sugestões devem ser aceitas? Convém que o discípulo acate, como verdadeiro e infalível, tudo o que diz o Mestre? É um erro não acolher o ponto de vista e as declarações do Mestre?"

A essas e muitas outras perguntas o Tibetano responde:

"A obediência exigida é a obediência ao Plano. Não é a obediência ao Mestre, independentemente do que possam pensar muitas escolas ocultas do tipo mais antigo. A obediência exigida de vós é baseada na vossa crescente compreensão do Plano para a humanidade, tal como brota em vossa consciência pelos processos da meditação e por um serviço feito com determinação, baseado no amor crescente aos semelhantes.

"A obediência exigida é a da personalidade à alma — quando o reconhecimento da alma, a luz da alma e o domínio da alma se tornam cada vez mais poderosos nas reações da mente e do cérebro do discípulo."[3]

A realização do Mestre

É bem delicado tentar explicar em que se resume o estado de um ser que já atingiu o estado de iniciado ou Mestre. Como diz o Thirukkural,[4] *"Qualquer tentativa de avaliar a grandeza dos ascetas é comparável à de querer avaliar o número de mortos neste mundo"*, desde o começo. Devemos essa incompreensão à nossa própria limitação e à falta de informações por parte dos Mestres, mas também aos aspirantes zelosos demais, que muitas vezes fantasiam ou idealizam a condição do Mestre, apresentando-o de um modo errado. Temos um bom exemplo dessa deformação em *A Vida dos Mestres*, de Baird Spalding.

Esse aspirante sincero, tendo ouvido falar dos Mahatmas do Tibete, imaginou poder encontrá-los e decidiu organizar uma expedição. Para tanto, reuniu um grupo de pesquisadores, alguns dos quais chegaram a vender seus bens, convencidos de que não voltariam dessa viagem ao paraíso dos imortais. O grupo chegou a Calcutá e se instalou num hotel de onde Spalding saía todas as manhãs para estabelecer contato com os Mestres! Como sempre voltava de mãos abanando, o grupo se impacientou e ameaçou o infeliz com represálias. Mas um dia Spalding teve sua chance, pois conheceu Paul Brunton, outro escritor especializado em ensinamentos esotéricos. Este compreendeu a situação e se dispôs a apresentar o grupo de Spalding a um Mahatma. Tratava-se de Sri Ramana Maharshi. Depois de voltar para casa, Spalding usou esse incidente como ponto de partida para criar a história do seu livro, não muito mais sério do que *A Terceira Visão* de Lobsang Rampa.

Embora se use a palavra "adepto" ao falar dos Mestres ou daqueles que estão próximos dessa condição, a palavra certa seria Iniciado. No budismo, usa-se Arhat ou Bodhisattva. Os primeiros são associados ao Buda, os últimos ao Cristo (Maitreya).

Os Mestres, quando encarnados, ficaram conhecidos principalmente pelos poderes miraculosos que manifestavam (ver os Evangelhos) e pela natureza igualmente miraculosa do seu corpo, capaz de transcender a matéria. Também aí os aspirantes nos induziram ao erro, apresentando seu guru como um ser infalível e imortal. Esconderam deliberadamente suas fraquezas físicas para glorificar ainda mais aqueles que veneravam. Os seguidores de Ramana Maharshi não ousavam dizer que ele sofria de disenteria e precisava ir frequentemente ao banheiro — nem que, ao final da vida, foi atacado pelo mal de Parkinson e morreu de câncer na garganta. Os fiéis de Ramakrishna tinham vergonha de contar que, durante seus êxtases místicos, o Avatar caía ao chão e às vezes se machucava gravemente! Os discípulos de Sathya Sai Baba não ficam atrás, ocultando que ele escorregou no banheiro e fraturou o quadril. Poderíamos dizer o mesmo dos seguidores de Adi Shankara, os quais preferem ignorar que seu guru sofreu muito tempo por causa de um tumor mal situado. Um corpo é um corpo e, embora o Mestre seja capaz de se curar, tem tão pouco interesse por seu invólucro terrestre que muitas vezes prefere deixar a natureza seguir seu curso.

Cumpre reconhecer, no entanto, que o Mestre tem um corpo bem diferente do de qualquer ser humano, iniciado ou não, e isso porque a estrutura qualitativa do corpo etérico se transforma a cada Iniciação. Na quarta, o corpo do adepto é construído na matéria do primeiro éter e não do quarto, como para o comum dos mortais. Enfim, quando um homem atinge a perfeição em vida, seu corpo físico como que se dissolve, sendo imediatamente substituído pelo corpo astral, um corpo sutil que se transformou, ao longo das existências, em veículo da luz da *buddhi*, ou alma. Esse corpo pode se tornar, por um ato de vontade do Mestre, tão tangível quanto era seu corpo de carne e osso: perfeito na semelhança, na densidade e nos mínimos detalhes. Era desse corpo que falava São Paulo a respeito de Jesus, dizendo que não *"estava mais destinado a retornar à corrupção"* (*Atos dos Apóstolos*, XIII, 34).

Esse corpo substitui a antiga personalidade e não pode ser criado antes do desaparecimento do ego. A antiga estrutura permanece, mas sua vida separativa o deixou. Esse corpo se tornou um simples instrumento de serviço, desprovido de consciência própria, um receptáculo de substância animada diretamente pela vida do Espírito. É um estado de consciência não separativo que inclui tudo, motivado pela bondade, a beleza e a verdade, exprimindo-se inteligentemente enquanto Amor puro.

O corpo do Mestre encarnado não é menos mortal, estando sujeito às leis da degenerescência, da mudança e da morte, como qualquer outro. Por outro lado, se o Mestre desejar manter o corpo jovem e com boa saúde por mais tempo que de costume, ele pode — mas isso será fruto de um conhecimento que implica também um regime alimentar especial, tanto quanto um ato de vontade. Quem fala de imortalidade tem em vista o corpo físico denso, convindo então perguntar: o que é a matéria? A resposta seria: "o Espírito em seu ponto menos elevado", já que fundamentalmente o Espírito só se diferencia em um grau do não espírito, sendo a substância coeterna com o Espírito.

A substância que aqui consideramos ao falar de imortalidade não é a do corpo de um homem comum, mas a do corpo de um Mestre. É de uma pureza próxima à da luz. Espírito e matéria estão intimamente unidos e, quando falamos de imortalidade, é apenas para indicar o desejo de continuar conscientes malgrado as mudanças do corpo em perpétua transformação. Como a consciência do Mestre não é mais identificada com o corpo, considerado pura ilusão vital, ela se acha para além do mental, onde a coesão dos átomos físicos pode ser alterada à vontade. Nesse caso, a imortalidade do corpo físico denso não quer dizer mais nada e a chamada imortalidade é apenas a continuidade da consciência além do estado de vigília, de sonho e de sono sem sonhos. Esse é um ponto que Sri Aurobindo não percebeu e que alterou grandemente sua visão metafísica. De fato, Sri Aurobindo, por razões que não vêm ao caso, acreditava firmemente na realidade da imortalidade corporal e, no fim da vida, deu a entender que a conquistara. Mas morreu como todo mundo e durante três dias seus discípulos o deixaram insepulto, certos de que ele se levantaria. A putrefação do corpo, porém, os convenceu de que ele estava morto e bem morto. Puseram-no num jazigo de mármore e um dos discípulos mais próximos espalhou o boato de que ele continuava vivo, mas no plano astral — como qualquer homem normalmente constituído, devo acrescentar!

O corpo físico do Mestre também tem certas limitações que desaparecem à medida que ele vai tendo acesso às Iniciações superiores. O Tibetano explica: *"Os Mestres estão igualmente sujeitos a limitações. A ideia corrente entre todos os aspirantes é que eles representam os que atingiram a libertação, não estando sujeitos a nenhuma condição limitativa, não importa qual seja. Isso não é exato, embora — de maneira relativa e no tocante à humanidade — se saiba que efetivamente não estão mais sujeitos às limitações que eram suas enquanto seres humanos. No entanto, uma libertação atingida só faz abrir a porta para outra libertação futura e mais ampla; o círculo intransponível de nossa Vida planetária constitui, em si, uma poderosa limitação."*[5]

Na citação abaixo, um Mahatma explica essa limitação a seu discípulo leigo. A citação é longa, mas esclarece de maneira definitiva um assunto muito pouco estudado.

1. "Um adepto (o mais ou o menos evoluído) só o é **durante o exercício de seus poderes ocultos**.
2. Todas as vezes que esses poderes são necessários, a vontade soberana abre a porta ao homem **interior** (o adepto), que pode emergir e agir livremente, desde que seu carcereiro (o homem exterior) seja completamente ou parcialmente paralisado, conforme o caso o exigir; a saber, a) mentalmente e fisicamente; b) mentalmente, mas não fisicamente; c) fisicamente, mas não por inteiro mentalmente; ou d) nem uma coisa nem outra, mas com uma película akáshica interposta entre o homem **exterior** e o homem **interior**.
3. O exercício dos poderes ocultos, por menor que seja, exige então, como se vê, um certo esforço. Podemos compará-lo ao esforço muscular interno de um atleta que se prepara para empregar a força física. Não é provável que um atleta se divirta inflando as veias o tempo todo, como antes de erguer um peso; assim, também, não devemos esperar que um adepto esteja sempre com a vontade tensa e o homem interior em pleno funcionamento quando não há necessidade imediata de fazê-lo. Quando o homem interior repousa, o adepto se torna uma pessoa comum, presa aos sentidos físicos e às funções do cérebro físico. O hábito aguça as intuições de suas funções cerebrais, mas não as torna supersensoriais. O adepto interior está sempre pronto, sempre alerta, e isso basta a nossos propósitos. Nos momentos de descanso, portanto, suas faculdades também descansam. Quando me sento para comer, me visto, leio ou me entrego a qualquer outra ocupação, nem sequer penso naqueles que estão à minha volta; e certa noite Djwal Khul[6] machucou o nariz correndo no escuro e se chocando contra uma viga (porque, em vez de interpor uma "película", paralisara de maneira absurda todos os sentidos exteriores enquanto falava a um amigo distante), enquanto eu ignorava placidamente o fato. **Não pensava nele, daí minha ignorância**."[7]

O signatário dessa carta é o Mahatma Kut Humi, que participou da elaboração de *A Doutrina Secreta* de H. P. Blavatsky e é considerado um dos mais proeminentes *Choans* da Grande Loja Branca (falaremos disso, em detalhe, mais adiante). O Mestre está encarnado num corpo físico, estando assim sujeito às condições de um ser humano normal, ainda que seu domínio sobre a matéria seja total. Desloca-se frequentemente e viaja por todo o Tibete. Um dia visita o Ladakh, outro, a Caxemira. Usa cavalo como os tibetanos e, no curso de suas andanças, passa pelas mesmas provações de qualquer ser encarnado, como ele mesmo menciona numa carta: "*Enquanto aguardo, sendo humano, preciso descansar. Não durmo há mais de sessenta horas.*"[8]

O espírito de um Mestre, liberto da identificação com o corpo, lhe confere o domínio sobre os três planos da matéria e, por seu conhecimento das leis da natureza, ele faz aquilo que é necessário a seu serviço. É por causa dessa capacidade de transcender o mundo da forma, quando o comum dos mortais só percebe o mundo dos efeitos, que os fenômenos de natureza psíquica ou espiritual atraem a atenção dos aspirantes apaixonados pelo maravilhoso. Os poderes da mente e da alma, chamados *siddhis* ou realizações, são o atributo de todos os Mestres, embora repartidos de maneira diferente em cada um deles. É claro que o Mestre pode adquirir todos eles e usar apenas os que lhe forem úteis. Respeita assim a lei da economia, que é uma lei universal. Um dos *siddhis* usado por todos os adeptos é o de se deslocar transcendendo o tempo e o espaço. O Mestre pode ter consciência de um lugar distante apenas pensando nele, mas pode também ir lá em seu corpo espiritual, aparecendo sob a forma de uma imagem mental de si mesmo ou de um corpo perfeitamente materializado.

Outro poder dos iniciados e mesmo de muitos discípulos é o da materialização de objetos, não a partir do nada, como pensam os ignorantes, mas de uma substância invisível e bastante real para quem a conhece. Esse poder consiste em visualizar o objeto desejado nos menores detalhes e depois atrair uma porção dessa matéria pura conhecida pelo nome de *akasha*,[9] que será concentrada pela vontade e por uma palavra mântrica num determinado espaço, onde sua condensação produzirá uma névoa chamada de "nuvem" na Bíblia. A névoa, semelhante ao ozônio, só aguarda a vontade do Mestre para tomar forma e aparecer. Nessa nuvem, o Mestre pode também desaparecer e se tornar perfeitamente invisível.

Essa invisibilidade pode ser obtida também por feiticeiros, não a partir de seu poder criador, mas por intermédio dos elementais da natureza, como fazem no Tibete utilizando bastonetes chamados *dipching*. De resto, são esses elementais a causa das materializações nas sessões espíritas e de muitos outros fenômenos paranormais. Mas os Mestres nunca usam essas forças involutivas, intermediários privilegiados dos *Irmãos das Trevas*.

Numa obra sobre Sai Baba,[10] mostrei que esse Mestre tinha um poder de materialização a meu ver jamais igualado. Durante o seu ciclo de milagres, materializou milhões de objetos, estatuetas de ouro, pedras preciosas, fotografias, cinzas sagradas, mel a partir da areia de um rio, instrumentos cirúrgicos com que operava pacientes, alimento em grande quantidade etc. Fazia isso em qualquer situação e na presença de fiéis que nunca o deixavam. Ele não dava muita importância a tais manifestações, dizendo que eram apenas uma criação sua, sem recurso a forças inferiores da natureza.

Esses poderes não são raros na Índia e, em nossas viagens, minha esposa e eu fomos testemunhas de materializações realizadas por diferentes yogues ou Mestres.

Blavatsky, como todo iniciado, adquiriu esse dom até certo ponto. Os Mestres costumavam utilizá-lo quando tinham, por exemplo, uma correspondência volumosa a despachar — suas cartas raramente eram escritas, mas "precipitadas", para empregar o termo dos Mahatmas Morya e Kut Humi. Essas cartas eram enviadas a um discípulo leigo, Alfred Percy Sinnett, e estão compiladas na obra *Cartas dos Mahatmas para A. P. Sinnett*.

As cartas chegavam ao destinatário a milhares de quilômetros de distância do lugar onde se encontrava H.P.B., não podendo ela mesma tê-las escrito, como foi acusada de fazer. Sinnett e outras pessoas testemunharam essas materializações miraculosas, ora num trem, ora num barco, em locais onde o destinatário estava só e a carta respondia a uma interrogação mental! Em certos casos, um discípulo dos Mestres aparecia em seu corpo espiritual a fim de transmitir a mensagem. Nesse tipo de projeção, o adepto está presente, mas permanece deliberadamente invisível. Sinnett teve, por sua posição e influência, o privilégio de ser instruído e receber o maior número de cartas, o que lhe permitiu escrever o clássico *Budismo Esotérico*. Outro discípulo que recebeu cartas foi Allan Octavian Hume, que tinha certos privilégios, mas não mostrou capacidade para se tornar discípulo aceito. Algumas lhe chegavam pelo correio normal; em outras ocasiões, o iniciado que chamamos de Tibetano ou Mestre Djwal Khul assumia a responsabilidade de se projetar na Inglaterra. O Mahatma Kut Humi escreveu a propósito: *"Várias vezes D. Kh. (o Tibetano) tentou entrar em Rothney-Castle, mas sofria sempre com tanta intensidade que lhe pedi para desistir."*[11]

Nessa carta, o Mahatma K.H. revela os limites impostos ao corpo do adepto: apesar de seu estado de liberdade, encontrava as condições morais e psíquicas tão poluídas que o Mestre K.H. temia ver tal contato afetar um discípulo já em preparo para ascender a uma Iniciação superior.

Outra crença, aparentemente falsa, diz respeito à onisciência dos Mestres encarnados. Embora o Mestre seja forçosamente clarividente, não sabe tudo o que diz respeito aos conhecimentos do mundo visível. De resto, sua meta não é saber tudo, mas realizar uma sensibilidade que cresça em direção à luz e à iluminação. É por essa luz que ele vive, se movimenta e age. É também essa luz divina que ele usa para verificar o que pode vir a precisar nos mais variados ramos do conhecimento. O Tibetano, um dos Mestres mais instruídos da Grande Loja Branca, usa, para escrever seu tratado de astrologia esotérica, as competências de outro adepto particularmente dotado nessa área. Extraiu do cérebro dele tudo aquilo de que precisava.

Como seria de esperar, os Mestres são imunizados contra todas as doenças, embora seu corpo possa às vezes ser afetado por um ambiente poluído. Isso ocorre porque triunfaram inteiramente sobre o karma dos três mundos e ficaram livres deles. Também não sofrem no sentido que atribuímos a esse termo. Para o Mestre não existe sofrimento na matéria, mas outra coisa que é impossível descrever: *"O sofrimento que está oculto na compreensão e não na resistência é sentido nos meios mais elevados, atingindo o próprio Logos. Mas isso está fora de questão e é quase incompreensível para nós, ainda entravados pela matéria."*[12]

Para rematar um assunto que tem sido objeto de várias obras do Tibetano, eis sua definição de um homem que alcançou a quinta Iniciação, como foi o caso, por exemplo, de Apolônio de Tiana:

"O Mestre de Sabedoria é aquele que passou pela quinta Iniciação. Isso significa, na verdade, que sua consciência se expandiu a ponto de incluir agora o quinto reino ou reino espiritual. Ele traçou seu caminho através dos quatro reinos inferiores: mineral, vegetal, animal e humano. Graças à meditação e ao serviço, desenvolveu seu centro de consciência até incluir nele o plano do espírito.

"O Mestre de Sabedoria é aquele que passou da Sala do Ensino para a Sala da Sabedoria. Passou gradualmente pelos cinco graus e transmutou o mental inferior em inteligência pura e sem mescla, o desejo em intuição que irradia sua consciência com a luz do puro Espírito. A disciplina da meditação é a única maneira de chegar a isso.

"O Mestre de Sabedoria é aquele que decidiu permanecer em nosso planeta para ajudar seus companheiros... Todos quantos alcançaram a quinta Iniciação são Mestres de Sabedoria, mas só alguns ficaram para atuar como servidores da espécie. Assumem outra tarefa, de maior ou igual importância..."[13]

Nesse nível, o Mestre está unido ao divino e seu corpo não passa de uma simples vontade de se manifestar. Pode, a qualquer momento, aparecer ou desaparecer. Temos um bom exemplo desse domínio em Apolônio. Quando se apresentou diante de Domiciano para rebater as falsas acusações lançadas contra ele, o imperador, à falta de argumentos, acabou por abandonar a acusação: *"Eu te absolvo, disse-lhe, mas ficarás na prisão até que eu tenha contigo outra conversa particular."* Mas Apolônio replicou: *"Agradeço-te, ó príncipe. Graças aos patifes que te cercam, cidades inteiras sucumbiram, as ilhas pululam de exilados e as províncias gemem. O medo contaminou os exércitos e a desconfiança reina entre os senadores. Dá-me a liberdade, se queres; se recusas, apossa-te de meu corpo, pois minha alma está ao abrigo de tuas garras. Que digo? Até meu corpo irá te escapar. Não podes matar-me: os destinos não decretaram minha morte."*

Ditas essas palavras, suas cadeias se romperam e ele desapareceu diante da multidão perplexa, deixando Domiciano atônito. No mesmo instante reapareceu bem longe dali, em companhia dos discípulos ansiosos.

Pitágoras era famoso por exibir os mesmos poderes. Porfírio diz que ele foi visto no mesmo dia e na mesma hora em Metaponto, na Itália, e em Tauromésio, na Sicília!

Alguns estudiosos, entre os que jamais viram um iniciado avançado ou um Mestre, já testemunharam falsamente os efeitos de um encontro com um deles. Um dos melhores exemplos é o de MacGregor Mathers (1854- -1918) que, com o mago W. W. Westcott, fundou a "Ordem Hermética da Aurora Dourada". Mathers pretendia ter contatos físicos com os Superiores Desconhecidos: *"Eles me encontram fisicamente em hora e lugar fixados de antemão. A meu ver, são seres humanos que vivem na Terra, mas dotados de poderes terríveis, sobrenaturais. Meus contatos físicos com eles me mostraram como é difícil para um mortal, por mais avançado que seja em ocultismo, suportar a presença de um adepto... a prostração nervosa é terrível... acompanhada de suores frios e perda de sangue pelo nariz, pela boca e às vezes pelos ouvidos."*[14]

Se fosse assim, o Cristo e o Buda não teriam tido muitos discípulos e se o contato fosse de natureza psíquica, só poderia ser um contato com o astral inferior, onde vivem os elementais e os elementares, aqueles que chamamos de *Irmãos das Trevas*. O que Mathers descreve é um transe mediúnico e não uma comunhão espiritual. Hitler tinha toda noite esse tipo de transe! Nada disso tem relação com o que sentimos na presença de um grande Instrutor.

A Ciência dos Sete Raios e os Mestres

Raio	Aspecto	Em manifestação	Planeta Sagrado	Choan
I	Vontade ou Poder	Não está em manifestação	Vulcano	O Manu
II	Amor-Sabedoria	Em manifestação desde 1575	Júpiter	O Cristo
III	Inteligência ativa	Em manifestação desde 1425	Saturno	O Mahachoan (O Mestre Rakoczi)
IV	Harmonia	Vai se manifestar aos poucos depois de 2025	Mercúrio	O Mestre Serápis
V	Conhecimento secreto	Em manifestação desde 1775	Vênus	O Mestre Hilárion
VI	Devoção-Idealismo	Desapareceu rapidamente da manifestação em 1625	Netuno	O Mestre Jesus
VII	Ordem cerimonial	Em manifestação desde 1675	Urano	O Mestre (?)

É difícil não dizer alguma coisa a respeito da ciência dos sete raios, já que se trata de uma nova revelação da Hierarquia, impregna toda a obra teosófica, principalmente a do Tibetano, e alguns Mestres são regentes de um raio. Não temos espaço para uma descrição detalhada, mas para o leitor que ignorava sua existência, aí está pelo menos um esboço com o raio dos sete planetas sagrados incluído.

A primeira causa conhecida dos sete raios deve ser procurada nos sete sistemas solares que formam os sete chakras Cósmicos d'Aquele sobre o qual nada se pode dizer. Um desses sete sistemas solares é o nosso. Encontra-se no segundo raio e daí a importância do princípio do amor como meta de nossa evolução. São as sete subdivisões desse raio maior que chamamos de "sete raios" e que, manejados pelo nosso Logos Solar, formam a base das variações infinitas de seu sistema de mundo.

Os sete raios constituem a soma total da Consciência divina ou Mental universal. Podem ser considerados como as sete Entidades inteligentes que realizam o Plano.

Essas sete forças estão também ancoradas nas sete estrelas da Ursa Maior, masculina, e nas sete Plêiades, femininas. Os sete raios se manifestam também por meio de nossos sete planetas sagrados, cujas energias são recebidas pelos sete Espíritos postados diante do Trono de Deus (os sete *kumaras* de Shambhala) e pelos sete *ashrams* da Grande Loja Branca.

A prova de que os raios condicionam todas as formas dos reinos da natureza está nos setenários sempre presentes nas ciências e nas religiões, nas sete cores do prisma, nas sete notas da pauta musical, nas sete cidades santas da Índia e em milhares de outros exemplos. No homem, temos os sete chakras principais e as sete glândulas endócrinas.

Como as atividades dos raios são cíclicas, as formas mudam e conferem aos homens ora oportunidades, ora o fim de atividades. Os três corpos da personalidade, tanto quanto a alma e o Espírito, estão cada qual num raio diferente, o que demonstra a complexidade e a beleza da psicologia esotérica. Sobre isso há muito a dizer e de nada serviria confundir aqueles que ainda não estão familiarizados com esse conhecimento novo. Mas eram necessários alguns esclarecimentos sobre algumas citações dos Mestres, eles mesmos responsáveis por um raio específico. Três desses Mestres merecem atenção particular em vista de seu papel na evolução da humanidade:

1. O Manu (regente do primeiro raio), cuja missão consiste em orientar as raças e tudo o que se relaciona ao governo ou à política planetária.
2. O Cristo (regente do segundo raio), Instrutor do Mundo, dos homens e dos anjos, Mestre dos Mestres, a quem é confiada a direção dos destinos espirituais dos seres humanos. *"Ele permaneceu com os filhos dos homens; nunca realmente os abandonou, só o fez na aparência, e aqueles que conhecem o caminho podem encontrá-lo num corpo físico, residindo no Himalaia e trabalhando em estreita colaboração com seus dois grandes Irmãos, o Manu e o Mahachoan"* (o Tibetano).
3. O Mahachoan (regente do terceiro raio), considerado o Senhor da Civilização. Ele é a soma do aspecto inteligência. Trabalha para preservar e reforçar a relação entre o Espírito e a matéria, entre a vida

e a forma, entre o eu e o não eu, cujo efeito é aquilo que chamamos de civilização. É, segundo o Tibetano, a entidade de nossa Hierarquia planetária que preside as atividades dos quatro raios menores e do terceiro raio, síntese dos precedentes. Está em contato com a civilização, a cultura intelectual das raças e a energia inteligente. É o chefe de todos os Adeptos do mundo.

A morada dos sábios

Vimos que o *ashram* de um Mestre não se localiza no plano físico, mas isso não impede o Mestre encarnado de ter sua morada, como qualquer ser humano normalmente constituído. Ela pode ficar em plena cidade, sem que os curiosos consigam descobri-la. O mais das vezes, porém, a casa dos Mestres é isolada, longe da atividade poluidora e barulhenta de uma cidade. Num lugar assim é que ficava a morada dos Mestres Morya (M.) e Kut Humi (K.H.), onde H. P. Blavatsky foi estudar. O local não era secreto, pois aldeões tibetanos o frequentavam.

Por outro lado, há moradas totalmente secretas e invioláveis, como a de Shigatsé. Encontramos nessa região do Tibete, que tive a honra de visitar com minha esposa, a presença de um Grande Ser da Hierarquia, o Manu Vaivasvata, que, segundo o Tibetano, reuniu à sua volta alguns dos que no momento se ocupam de questões arianas na Índia, Europa e América. Sempre no dizer do Tibetano, o Mestre M. e o Mestre K.H. também vivem em Shigatsé. O Tibetano fez uma descrição bastante sucinta desse lugar, que corresponde à descrição mais detalhada de Leadbeater. Em *Initiation Humaine et Solaire*, o Tibetano confirma que habita uma pequena cabana perto do Mestre M. e do Mestre K.H., seu antigo instrutor. Mas eu nada vi em Shigatsé, cidade situada num deserto pedregoso, que se compare ao célebre vale luxuriante onde vivem os Mestres.

Que provas temos da presença dos dois grandes Mahatmas no Tibete? Bem poucas, receio eu! No entanto, a presença deles em Shigatsé é mencionada por G. Jinarajadasa nas *Cartas dos Mestres de Sabedoria*.[15] Lemos aí que um *brahmachari* de Bengala disse ter encontrado em 1882 um grupo de tibetanos chamados *koothumpas* (discípulos do guru Kut Humi) perto de

Taklakot, não muito longe do monte Kailash. Ora, em 1987 eu me achava justamente nessa região em companhia de minha esposa. Conhecemos um simpático chefe budista que sempre ia para lá em peregrinação. Perguntei-lhe, de improviso, se sabia alguma coisa sobre os *koothumpas* — e, para minha surpresa, o homem respondeu com a maior naturalidade que eles de fato moravam na região, mas nunca os tinha visto!

A fim de dar uma ideia da impossibilidade e da inutilidade de tentar localizar a morada dos sábios, façamos uma descrição dos *choans* responsáveis por um *ashram*.

Temos primeiro o Mestre Júpiter (conhecido na Índia pelo nome de **rishi Agastya**). É o mais velho dos Mestres e trabalha atualmente pela humanidade num corpo físico. Como Regente da Índia, cabe a ele a árdua tarefa de guiar esse país para longe do caos atual e realizar a síntese definitiva de suas diversas populações. Mora nas montanhas azuis (Nilgiri) do sul da Índia. Graças às informações de Elisabeth Warnon, que residiu num *ashram* próximo, consegui localizar a gruta do *rishi* numa fenda da montanha do Droog. Infelizmente, nunca tive o prazer de encontrar esse famoso Mestre. Em certa época, ele era proprietário de grandes plantações de chá no sul da Índia. Foi provavelmente nesse período que Leadbeater, tendo por guia T. Subba Row, o visitou. Leadbeater conta que, após uma longa conversa do maior interesse, tiveram a honra de almoçar com ele, brâmane como é, passando a noite e parte do dia seguinte sob seu teto. Ele nos diz também: *"Esse Mestre é mais baixo que a maior parte dos membros da Fraternidade e o único, pelo que sei, cujos cabelos começam a embranquecer. Mantém-se ereto e seus movimentos são vivos, de uma precisão militar. Possui terras e, durante a visita que lhe fiz em companhia de T. Subba Row, o vi muitas vezes se ocupar de negócios com homens que pareciam contramestres, que faziam relatórios e recebiam instruções."*[16]

Leadbeater, é claro, não revela o local exato da residência do Mestre. Por outro lado, o fato de estar em companhia de T. Subba Row é uma prova de autenticidade e nos mostra que alguns Mestres estão realmente entre nós, vivos como qualquer outro ser humano.

*A estátua do rishi Agastya (o mestre Júpiter dos teósofos).
Templo de Tanjore, Índia. Coleção do autor.*

Diversos testemunhos indicam que alguns Mestres haviam se estabelecido no sul da Índia. Fala-se às vezes daquele que era chamado de "velho Cavalheiro" e que se assinava Narayan ou Tiruvellum. Esse Mestre forneceu muitas informações a H. P. Blavatsky para o seu livro *Ísis sem Véu*.* Segundo Olcott: *"Foi esse Mestre que ditou a H.P.B. as respostas às perguntas sugeridas a um membro inglês da Sociedade pela leitura de artigos sobre o budismo esotérico publicados na* Theosophist *de setembro, outubro e novembro de 1883."* Olcott também não fala muito, mas revela que esse Mestre morava no sul da Índia perto de Arcot, não longe de Madras, sob a aparência de um proprietário rural, ao menos na época em que H.P.B. e ele o conheceram, a 30 de abril de 1882.

O Mestre **Jesus** (regente do sexto raio) vive hoje num corpo sírio e mora em algum lugar da Terra Santa. Viaja bastante e se demora com frequência em diferentes países da Europa. Os cristãos deviam, pois, parar de acreditar num homem crucificado há 2 mil anos, procurando antes se comunicar e colaborar com ele neste período difícil. Como bem se pode supor, sua missão atual consiste em abrir os caminhos da Europa e da América para a chegada do Instrutor do Mundo, com o qual colabora estreitamente. Segundo o Tibetano, por volta de 1980 o Mestre Jesus promoverá com a ajuda de seus discípulos uma "reespiritualização" das igrejas católicas e derrubará as barreiras que separam as igrejas episcopais e gregas da Igreja Romana.

"O Mestre Jesus trabalha principalmente com os cristãos que habitam os países ocidentais e se reúnem nas igrejas. Suas características são as de um grande guia, um organizador, um sábio agente de execução. Tem sob suas ordens um grupo especial de devas e mantém estreitas relações com todos os verdadeiros chefes e membros ativos das igrejas. Atua regularmente com o conselho esotérico interno dessas igrejas e as coortes de anjos violeta o auxiliam. No que toca à Igreja, executa as ordens do Cristo, poupando-Lhe muito trabalho e servindo-Lhe de intermediário. Isso parece bastante lógico, pois seu destino está ligado de perto à Igreja cristã, que constitui o ponto alto de sua missão em prol do Ocidente."[17]

---

* Publicado pela Editora Pensamento, São Paulo, 1991.

O Mestre **Hilárion** (regente do quinto raio) foi outrora o célebre Jâmblico e depois Paulo de Tarso. Está atualmente num corpo cretense e passa a maior parte do tempo no Egito.

Seu trabalho consiste em revelar, aos que buscam a verdade, o mundo subjetivo por trás do mundo da esfera material. Está prestes a aparecer no mundo para se tornar o ponto focal de energia búdica no seio do movimento espírita.

"O Mestre Hilárion se ocupa ativamente do domínio da América, estimulando a percepção intuitiva de seus habitantes. Observa de perto todos quantos possuem autênticos dons psíquicos e desenvolvem seus poderes em benefício da comunidade. Dirige e transmuta os grandes movimentos ativos empenhados em arrancar o véu que cobre o mundo invisível. Impressiona o mental daqueles cuja visão possa justificar seu esforço. Está em contato, principalmente, com equipes de pesquisas psíquicas em todo o mundo. Com a ajuda de alguns grupos de anjos, procura revelar aos pesquisadores o mundo das almas dos que desapareceram e grande parte daquilo que recentemente convenceu o mundo materialista da realidade da vida no além emanou dele."[18]

O Mestre **Serápis** (regente do quarto raio) costuma ser chamado de Egípcio. Trabalha com o mundo dos *devas* para alcançar certos objetivos, como por exemplo vitalizar os grandes movimentos artísticos do mundo todo, em especial a pintura e a arte dramática. Revitalizou outrora a Fraternidade Rosa-Cruz, que pregava a necessidade de unificar a ciência e a beleza. O lugar onde reside não pode ser divulgado.

Temos dois Mestres ingleses, um dos quais mora na Grã-Bretanha. É ele que tem nas mãos a direção efetiva da raça anglo-saxônica, planejando sua evolução e progresso futuros. Está por trás do movimento trabalhista no mundo inteiro e é a sua mão que guia a atual maré ascendente da democracia.

A propósito da reorganização do trabalho, o Tibetano explica: *"Ele começou esse trabalho na última parte do século XIX, mas deixou de interferir quando a Rússia entrou em cena privilegiando o proletariado ou os operários, com exclusão de todos os outros grupos nacionais. Foi o que engendrou a chamada "revolução operária" nos últimos anos do primeiro quartel do século XX".*[19]

Esse Mestre apoia o Mestre R. em sua tarefa de despertar e fazer progredir as massas.

Temos ainda o Mestre P., que opera sob as ordens do Mestre M. na América do Norte. Ocupa um corpo irlandês e, como no caso do Mestre Serápis, sua residência não pode ser revelada ao público.

Finalmente, o **Mestre D.K.** se prepara para reaparecer no mundo das tribulações humanas e projeta restaurar — através do canal dos seus discípulos — certos métodos ocultos e antigos de cura, além de lançar luz sobre:

A — A localização do corpo etérico.
B — O efeito da força prânica.
C — A aquisição da visão etérica.

Observemos que, no século XIX, numerosos adeptos hindus viviam nas cavernas das montanhas ao sul da Índia, principalmente em Tiruvannamalai, Tirupati e nos Nilgiris. Como vimos, nada de realmente preciso nos permite situar a morada dos Mestres e menos ainda discorrer sobre ela numa obra destinada ao grande público.

Não sou decerto o único que se debruçou sobre o mistério do *ashram* onde viviam os Mestres M., K.H. e o Tibetano, nada encontrando de positivo. **A única indicação exata do vale é um desenho**[20] "precipitado" em seda pelo próprio Tibetano e assinado com seu pseudônimo *"Gai Ken-Jamin"*. O Tibetano representou os dois Mahatmas e ele mesmo, de longe e de costas, empunhando seu grande e inseparável cajado. É evidente, para quantos admiraram o desenho, que não se trata da região de Shigatsé e sim de algum lugar no Nepal, na Caxemira ou no Sikkim. As descrições do Tibetano, de Blavatsky e de Leadbeater ou as cartas dos Mahatmas falam todas do mesmo vale. Inúmeros detalhes militam em favor de sua existência, de modo que não há como duvidar. Mas onde é esse vale?

Há alguns anos, estudante curioso buscando desesperadamente sua localização, acabei por encontrar a pista de um vale, que é resumida na obra

O vale secreto dos Mahatmas.
À esquerda, embaixo, vemos a entrada do Museu da Hierarquia. Um pouco mais acima, percebe-se o Mestre Morya a cavalo, seu meio de transporte habitual na época. O mestre Tibetano, que executou esta "precipitação" em seda, está representado na água, segurando um cajado. Ele nos dá as costas de propósito, achando que seus traços mongóis não merecem ser reproduzidos. As cores dominantes são o verde, o azul e o índigo.
O Mestre assinou a obra com seu pseudônimo: "Gai Ken-Jamin".

Wesak,[21] que bem podia ser o famoso local. Com efeito, também ele é secreto, nas imediações de uma grande represa de água fria e de um velho templo budista, numa região sagrada e relativamente inacessível. Foi descoberto por uma expedição comandada por Ian Baker e patrocinada pela National Geographic Society. O local se situa numa das gargantas do alto Tsang-Po. Essa região selvagem de Pemako é vista como muitíssimo sagrada pelos habitantes, notadamente os caçadores monpa que se consideram seus protetores há séculos. O velho monge budista encontrado pela expedição garantiu, após muita hesitação, que existia um paraíso sob a cachoeira e que ele próprio fora lá na juventude. Portanto, aquele era mesmo um local geográfico definido e de modo algum uma lenda.

Eis a descrição do vale secreto feita pelo Mestre Morya:

"Num certo sítio, que não se pode mencionar aos estrangeiros, existe um abismo e sobre ele uma frágil ponte de cipós entrelaçados, sob a qual ruge uma torrente. O membro mais corajoso de vosso Clube Alpino mal se arriscaria a cruzá-la, pois está suspensa como uma teia de aranha, parecendo já apodrecida e impraticável. Mas não é assim; e aquele que tentar a aventura — se isso lhe for permitido — e se sair bem chegará a uma garganta rodeada por uma paisagem de rara beleza e conhecerá um de nossos lugares e alguns de nós, a respeito do que não há nem menção nem relato de geógrafos europeus. A pouca distância do velho mosteiro dos lamas está a antiga torre dentro da qual gerações de bodhisattvas estiveram em gestação". [22]

Não digo que se trate do lugar mencionado mais acima, pois disso não tenho prova alguma. Disponho, porém, de muitas informações sérias para acreditar que aquele é mesmo o famoso vale, sabendo-se com quase certeza que um dos *ashrams* se localiza num vale do Nepal. Quando um *ashram* é descoberto, isso significa que ele foi abandonado definitivamente ou por algum tempo. Em todo o caso, essa localização é interessante porque não está muito longe de Darjeeling, onde H.P.B. encontrava com frequência seu instrutor.

Não obstante, cumpre admitir que nenhum *ashram* dos Mestres pode ser encontrado por acaso ou depois de uma pesquisa desenfreada. Isso está numa carta do Mahatma K. H. a M. Hume que, duvidando da realidade dos Mestres, propunha-se ir procurá-los no Tibete:

"Ele pensa realmente que, sem nossa permissão, seja ele ou um exército de pehlings[23]*, seria capaz de nos descobrir ou de trazer a notícia de que não passamos de um brilho da Lua, como se diz. Bem louco é o homem que imagina que mesmo o governo britânico seja suficientemente forte, suficientemente rico e suficientemente poderoso para ajudá-lo a executar seu plano insensato! Aqueles a quem desejamos nos dar a conhecer, encontraremos já*

na fronteira. Mas aqueles que, como ele, levantaram contra si os chohans — não nos encontrarão, ainda que venham a Lhassa com um exército."[24]

Voltando a Shigatsé, é bastante provável que esse lugar tenha sido o local privilegiado onde moravam os Mestres, já que o Mestre Morya morou outrora na aldeia de Gauri, a um dia a pé do monte Kailash, ao norte, este também muito perto de Shigatsé. Tudo o que pude ver do alto do Kailash foi o Gauri Kund, o lago onde devem se banhar os peregrinos. É verdade que, nessas regiões selvagens, uma aldeia pode desaparecer da noite para o dia. O Mestre Morya foi visto muitas vezes nesse território sagrado e também na região de Lhassa. Diga-se o mesmo do Mestre Kut Humi, chamado por H.P.B. de Kutchi de Lhassa.

Se o Tibetano foi abade de um grande mosteiro de lamas perto de Shigatsé, é quase certo que se tratava do mosteiro de Tachi Lhumpo,[25] sede dos Panchen Lamas, assim como Lhassa era a sede dos Dalai-Lamas. O Panchen Lama era o chefe espiritual de todos os lamas iniciados do Tibete e o Dalai-Lama, o dos lamas em geral. Em consequência, o Tashi Lhumpo era o portal sagrado que levava ao *ashram* interior da Hierarquia. Esse mosteiro da seita dos "barretes amarelos", que seguia as regras da Ordem de Tsong-khapa,[26] detinha ensinamentos sobre Shambhala e o Panchen era o guardião das Iniciações superiores do Kalachakra Tantra, tal como os responsáveis pelo mosteiro de Moruling de Lhassa, onde os discípulos mais avançados eram secretamente *selecionados* para entrar num dos *ashrams* dos Mahatmas.

O Tashi Lhumpo foi, pois, o centro de atividade de dez Panchen Lamas, de 1385 a 1989.

Bem antes de Alexandra David-Néel, H. P. Blavatsky cruzou o Tibete até a cidade de Shigatsé. Passou diante do Tashi Lhumpo e, o mais estranho, não entrou. Isso nos leva a pensar que o local onde se encontram os *ashrams* dos grandes Mahatmas está em alguma parte da região, talvez num oásis desconhecido por todos. Eis o que nos diz H.P.B.: *"Vivi em diferentes momentos no Pequeno e no Grande Tibete... e esses períodos combinados somam mais de sete anos. Todavia, nunca afirmei, verbalmente ou por escrito, que passei sete anos consecutivos num mosteiro. O que disse e repito é: sim, visitei*

Shigatsé, o território de Tdashoo-Hlumpo (Tashi Lhumpo) e suas imediações, embrenhando-me pelo interior e visitando lugares do Tibete jamais visitados por europeus."[27]

Embora H.P.B. não tenha se detido no mosteiro de Tashi Lhumpo, este não deixa de ser a porta de acesso ao *ashram* interior, pois foi o destino do adepto Rakoczi, que recebeu uma alta Iniciação na escola secreta dos Kelans e foi elevado à condição de Shaberon.

Numa carta, H. P. B. escreve que nenhum Mahatma era monge tibetano! Tinha por certo em mente os dois grandes instrutores responsáveis pela criação da Sociedade Teosófica.[28] Contudo, o Tibetano é a exceção, como ele mesmo revelou mais tarde. Dito isso, os Mahatmas trabalham em associação com os mosteiros de lamas, o que é confirmado nesta carta de K.H.:

"O Choan deu ordens para que o jovem Jyortimoy — um rapazinho de 14 anos, filho de Babou Nobin Banerjee, que vocês conhecem — fosse aceito como aluno em um de nossos mosteiros perto de Chamto-Dong, mais ou menos a cem milhas de Shigatsé, e sua irmã, uma virgem yogue de 18 anos, no mosteiro feminino de Palli."[29]

O fim programado do território sagrado

Em outubro de 2005, uma locomotiva entrou na cidade santa de Lhassa, Tibete. Foi o coroamento de um projeto gigantesco que permitiu a instalação de uma linha férrea de 1.140 km entre Golmud e Lhassa, a mais de 4.000 metros de altitude. Os tibetanos foram os que pagaram o mais alto tributo em termos de vidas sacrificadas, pois, como sabemos agora, nada detém as autoridades chinesas, quer se trate de violações de direitos humanos, quer da construção de enormes centrais nucleares ou barragens em detrimento do equilíbrio da natureza, da cultura ou do bem-estar das populações. Para eles só contam o enriquecimento econômico e a conquista de poder em nível mundial.

Essa ferrovia liga agora o Tibete à China, uma maneira de esta última mostrar que o Tibete faz definitivamente parte de seu território. A abertura do tráfego aos viajantes estava prevista para 2007, um ano antes dos Jogos

Olímpicos de 2008 em Pequim. Com um movimento anual avaliado em 900.000 passageiros, turistas estrangeiros e imigrantes chineses, devemos esperar uma modificação profunda do equilíbrio ecológico, demográfico e religioso daquilo que foi até hoje uma terra sagrada! O contágio da ideologia chinesa, visceralmente materialista, já alcançou Lhassa, onde prosperam em velocidade alarmante todas as formas de corrupção, do jogo à prostituição. A ferrovia pode ser uma conquista, mas é também uma séria calamidade que, de momento, parece avançar em sentido contrário ao do progresso: com efeito, os chineses pensam em ampliar a linha para oeste! Ou seja, ela vai conspurcar a região mais sagrada do planeta, onde se encontra o monte Kailash, que logo se transformará numa curiosidade turística e numa importante fonte de renda para os chineses.

Essa ferrovia que liga o Tibete à China talvez se mostre útil dentro de um século, mas por enquanto é uma ameaça ao Tibete tradicional, sem que nossos protestos modifiquem alguma coisa. A expansão chinesa está a caminho e é claro que os Mestres do Tibete anteciparam o acontecimento há muito tempo. Ignoramos que decisão possam ter tomado. Permanecerão em seus *ashrams* inacessíveis? Não sabemos. Só sabemos que essa invasão dos chineses põe fim à pureza de um lugar planetário excepcional. Mas talvez isso não seja tão grave quanto parece à primeira vista, pois os Mestres devem logo estar ativos no seio das atividades da humanidade!

Notas

1. Sylvie Barnay, *Les Saints. Des Êtres de Chair et de Ciel*, p. 150.
2. Alice Bailey, *L'État de Disciple dans le Nouvel Âge*, vol. I, pp. 111-12.
3. *Servir l'Humanité*, compilação dos ensinamentos de Alice Bailey, pp. 320-22.
4. Trata-se de uma das mais antigas obras sagradas dos tâmeis. Foi escrita pelo sábio Tiruvalluvar há cerca de 2 mil anos.
5. *Réfléchissez-y*, compilação das obras de Alice Bailey, p. 413.
6. Lembremo-nos de que Djwal Khul é aquele a quem chamamos Tibetano.
7. *Lettres des Mahatmas*, p. 209.
8. *Ibidem*, p. 29.

9. É esse "*akasha*" sombrio, vibração divina cujo atributo é o som, que, ao se iluminar, engendra o éter e em seguida o ar, o fogo, a água e a terra.
10. Michel e Gisèle Coquet, *Dans les Pas du Seigneur*, Éditions Sathya Saï France, 1997.
11. *Lettres des Mahatmas*, p. 346.
12. Alice Bailey, *Lettres sur la Méditation Occulte*, p. 54.
13. *Idem*, pp. 255-60.
14. Jean-Pierre Bayard, *La Symbolique de la Rose-Croix*, p. 126.
15. *Lettres des Maîtres de la Sagesse*, transcritas e comentadas por C. Jinarajadasa, Éditions Adyar, 1926.
16. *Les Maîtres et le Sentier*, p. 39.
17. *Extériorisation de la Hiérarchie*, p. 454.
18. *Ibidem*, p. 455.
19. *État de Disciple dans la Nouvel Âge*, vol. II, p. 566.
20. Esse desenho "precipitado" foi reproduzido em minha obra *Wesak, Mystérieuse Vallée du Tibet*, Éditions Hélios, p. 19.
21. Obra citada na nota precedente.
22. *Lettres des Mahatmas*, p. 256.
23. Literalmente: um estrangeiro de além-mar.
24. *Lettres des Mahatmas*, p. 512.
25. Escreve-se *Bkra-sis-lun-po* e pronuncia-se *Ta-shi lhün-po*.
26. "Quando nosso grande Buda, patrono de todos os Adeptos, reformador e codificador do sistema oculto, atingiu pela primeira vez o *Nirvana* na terra, tornou-se um Espírito Planetário; ou seja, seu espírito adquiriu a faculdade de percorrer, *com plena consciência*, os espaços interplanetários e, ao mesmo tempo, de continuar por vontade própria na existência terrena, com seu corpo original e individual [...] Diga-se de passagem, essa é a forma mais elevada da condição de Adepto a que o homem pode aspirar neste planeta. Contudo, é tão rara quanto os próprios Budas: o último Khobilgan que a alcançou foi Tsong-Khapa de Kokonor (século XIV), reformador do lamaísmo esotérico e do popular." (*Lettres des Mahatmas*, pp. 51-2.)
27. Noël Richard-Nafarre, *Helena P. Blavatsky ou La Réponse du Sphinx*, p. 182.
28. Com efeito, os Mestres M. e K.H. preferem aparecer sob a forma de eremitas ascetas chamados *naldjorpas*.
29. *Lettres des Mahatmas*, p. 340.

3
H. P. Blavatsky

"Ao norte, além de Kailash, abre-se o caminho dos sábios, estreito e perigoso, visto e conhecido apenas dos virtuosos. O ar é o único elemento que chega até lá, os únicos viventes os siddhas, esses seres libertados. Quando o deus Sol estende seu braço, a abóbada do arco-íris envolve a montanha sagrada."

(Mahâbharata)

"Frequenta os homens sensatos, sábios, piedosos e virtuosos. Assim como a Lua segue o caminho das estrelas, imita aquele que é sensato e bom."

(Dhammapada)

Blavatsky e os Mahatmas

É impossível falar de Iniciação, Mestres, fraternidade universal e ensinamentos ocultos sem mencionar o nome de Blavatsky (H.P.B.).

A Hierarquia, em seu conjunto, procura fazer um esforço significativo no primeiro quartel de cada século para esclarecer o mundo ocidental sobre a sabedoria do Oriente. Esse primeiro esforço da Grande Loja Branca começou em 1275 e seu mensageiro foi o monge iniciado Roger Bacon. Em 1375, esse mesmo iniciado reapareceu sob os traços de Christian Rosenkreuz. Os esforços da Hierarquia duraram assim até 1875, ano da fundação da Sociedade Teosófica.[1] Essa tentativa foi obra de dois Mahatmas, o Mestre Morya e o Mestre Kut Humi, depois de maduras reflexões.

Eles assumiram toda a responsabilidade, embora tivessem a ajuda de outros Mestres e discípulos. O único intermediário ocidental que encontraram na época com a necessária competência foi H. P. Blavatsky. O objetivo da ação era preparar e introduzir a Nova Era de Aquário. O trabalho se dividiu em três partes:

Preparatória (de 1875 a 1890), trabalho divulgado através da obra escrita de Blavatsky.

Intermediária (de 1919 a 1949), divulgada através da obra do Tibetano, transcrita por Alice Ann Bailey.

Reveladora (depois de 1975), divulgada pelos meios de comunicação, rádio, internet: numa palavra, uma difusão em escala mundial.

Nas palavras do Tibetano: *"No início do próximo século, um iniciado aparecerá a fim de levar adiante esse ensinamento. Isso se fará sob a influência da mesma 'impressão', pois minha tarefa ainda não terminou e esta série de tratados intermediários entre o conhecimento material do homem e a ciência dos iniciados tem ainda uma etapa a cumprir. Como eu já disse em outra parte, o fim de nosso século deverá ser consagrado a reconstruir o quadro da vida do homem, a restaurar a nova civilização na base da antiga, a reorganizar as estruturas do pensamento mundial, da política internacional, e a redistribuir os recursos globais de acordo com o desígnio divino. Só então será possível revelar mais coisas."*[2]

As vidas anteriores de H. P. Blavatsky

Não é por curiosidade que nos interessamos por algumas das vidas anteriores de H.P.B. e sim porque o leitor poderá avaliar melhor a continuidade do esforço de um iniciado e a permanência de seu contato com o instrutor. Aos que desejarem uma retrospectiva completa da vida de H. P. Blavatsky, recomendamos a biografia bastante completa de Noël Richard-Nafarre.[3]

A crermos no que afirmou Leadbeater, H.P.B. não era uma simples discípula sem experiência. Com efeito, ela encarnou no início do século XVII sob os traços de um austríaco, discípulo íntimo do Mestre R. Trazia então o nome de Zimski, também conhecido como padre Joseph, homem

Conde de Cagliostro (1743-1795), encarnação anterior de H. P. Blavatsky.

muito conhecido nas cortes da Europa. Mestre e discípulo fundaram várias sociedades semimaçônicas.

A última encarnação conhecida de H.P.B. só é citada, ao que sei, por uma única fonte: o Tibetano. Fazendo uma verdadeira revelação, ele explica que o fracasso de alguns iniciados pode afetar o *ashram* do Mestre: *"Por exemplo, o mal feito ao* ashram *do Mestre Morya por H.P.B. em sua encarnação anterior como Cagliostro só agora está em vias de desaparecer e suas repercussões afetaram toda a Hierarquia."*[4]

Cagliostro (1743-1795), semeando amor e sabedoria, colheu ódio e desprezo. Nasceu numa época em que a Hierarquia se mostrava bastante ativa no Ocidente graças a muitos discípulos encarnados para a ocasião. Cagliostro era dotado de poderes raros que usou a despeito de certas regras e juramentos. Foi iniciado na loja egípcia da Hierarquia e devidamente preparado para um trabalho importante na Europa. Conheceu o Mestre R. e manteve contato com outros iniciados da mesma loja, como Martinès de Pasqually, Louis-Claude de Saint-Martin, Mesmer, etc. Reuniões particulares e secretas aconteciam na presença do Mestre Rakoczi, reconhecido por todos os iniciados autênticos como o Supremo Hierofante e como inspirador de todas as escolas ocultas. No entanto, cada iniciado era livre e independente dos demais, no quadro específico por meio do qual se propunha atuar. Cada qual tinha suas ideias sobre a maneira de melhor servir e, à margem dos vínculos iniciáticos, podia haver relações difíceis entre as personalidades. Cagliostro e Louis-Claude de Saint-Martin não se entendiam, havendo porém afinidades profundas entre este último e Martinès de Pasqually. O caráter às vezes colérico de Cagliostro, assim como a capacidade de espantar o mundo com a força de seus poderes, reapareceriam em sua encarnação seguinte como H. P. Blavatsky.

Malgrado o mal feito ao *ashram* interior, Cagliostro continuou sendo um intermediário único entre seu instrutor, o Mestre Morya, e o Ocidente, agindo ao longo de toda a sua vida atribulada com amor sincero ao próximo e um espírito de pleno sacrifício pessoal. Sua missão era, entre outras coisas, regenerar as lojas maçônicas criando um Rito Egípcio com base nos ensinamentos da Loja do Egito.

Injustamente condenado, foi posto na prisão e morreu oficialmente em 1795. Mas na verdade sobreviveu e, incógnito, continuou sua missão antes de retomar um corpo em 1831.

Helena Petrovna Blavatsky (H.P.B.), 1831-1891

A alma de Cagliostro encarnou sob os traços de Blavatsky em 31 de julho de 1831 na cidade de Ekaterinoslav, sul da Rússia, atualmente território da Ucrânia. Sua família tinha um certo destaque e fazia de tudo para manter a situação e a tradição. Helena foi uma rebelde indisciplinada desde a mais tenra infância, sempre pronta a ridicularizar as convenções e os hábitos burgueses. Apesar desse gênio indomável, que se irritava à menor contrariedade, ela mostrava disposições pouco comuns para a mediunidade e já tinha dons psíquicos excepcionais. Vidente, conversava com seres invisíveis (iniciados, anjos ou elementais) e fascinava os que a cercavam. Teve a chance de receber uma ótima educação: falava várias línguas, era boa musicista e revelava talento para a literatura.

Antes de prosseguir, observemos ao leitor ávido de justiça que aquela que anunciaria tão grandes verdades não se pretendia de modo algum infalível. Eis o que ela diz e que se coaduna perfeitamente com as mais profundas convicções do autor:

"Falo com 'certeza absoluta' apenas na medida de minha crença pessoal. Os que não têm as mesmas garantias de crença, seriam crédulos e tolos de aceitar de olhos fechados... Eis aquilo em que acredito:
1. *A tradição oral ininterrupta revelada por homens divinos que viviam na infância da humanidade aos eleitos entre os seres humanos.*
2. *Que ela chegou até nós sem alteração.*
3. *Que os Mestres são perfeitamente versados na ciência baseada nesse ensinamento ininterrupto."* (Lucifer, vol. V, p. 157)

Embora Helena houvesse tido contato com seu instrutor desde muito jovem, foi em Londres, em 1850 ou 1851, que ele se apresentou fisicamente pela primeira vez. A cidade preparava a exposição universal para o ano seguinte e o Hyde Park estava em plena efervescência. Tudo aconteceu

Helena Petrovna Blavatsky (1831-1891).

numa rua de Londres onde Helena observava curiosamente uma delegação oficial[5] que acompanhava a embaixada do primeiro-ministro do Nepal, *sir* Jung Bahâdur Koonvar Ranajee (1816-1877), em visita à corte inglesa. Ele saíra de Calcutá a 7 de abril de 1850. E foi entre os membros da delegação que Blavatsky reconheceu, num príncipe rajput de elevada estatura, aquele que desde a infância a protegia. O Mestre marcou então um encontro com ela para o dia seguinte no Hyde Park. A condessa Wachtmeister, que estava em Londres na ocasião, confirmou que um dos príncipes era mesmo muito alto. Em 1878, Helena diria:

> *"Na Inglaterra, sua beleza impressionante, mas sobretudo sua extraordinária estatura e a excentricidade de não querer ser apresentado à rainha — honra cobiçada por indianos de alta prosápia que vêm a Londres expressamente para esse fim — atraíram a atenção pública e a curiosidade dos jornais. Os jornalistas da época, quando era grande a influência de Lord Byron, debateram a questão do "selvagem rajput", apelidando-o de "rajá misantropo" ou "príncipe Jamal-Sansão" e inventando por conta própria fábulas e mais fábulas durante todo o tempo que ele permaneceu na Inglaterra."*[6]

Quem era então esse aristocrata notável? Segundo o teósofo P. Manly Hall, íntimo do círculo restrito de H.P.B. em Londres, poderia ser o príncipe Ahazhulama, nome que o ligava à dinastia mongol ilustrada pelo rei Akbar, muitas vezes considerado a encarnação anterior do Mestre Morya. Segundo Helena, ele poderia pleitear o trono por direito de nascença, mas renunciou a tudo, títulos e riquezas, para viver completamente ignorado.

O acontecimento que mergulhou a Índia na famosa Revolta dos Sipaios contra os britânicos acarretou a deposição, em 1853, da família reinante de Udh, um principado territorial espremido entre o Nepal e Rajputana. Os rajputs continuaram numerosos em Udh, pois muitos deles eram ali proprietários de terras.

Madame Blavatsky nos dá disso uma indicação ao escrever: "Há 27 anos, encontrei-o em casa de um estrangeiro na Inglaterra, aonde viera acompanhando um certo príncipe indiano destronado..."[7]

Já não se trata dos anos 1850 ou 1851 e sim de seu segundo encontro, por volta de 1854. Quanto ao príncipe destronado, só pode ser Duleep Singh, nascido em Lahore a 6 de setembro de 1838, filho mais novo do marajá Ranjit Singh e último soberano sikh do Punjabe. Após muitas intrigas palacianas, subiu ao trono aos 5 anos de idade, sob a regência de sua mãe, a rani Jundan, às vezes apelidada de Messalina do Punjabe. Esperando apenas uma ocasião favorável para invadir o país, a Companhia Inglesa das Índias Orientais penetrou no Punjabe e, com a derrota dos sikhs em 1846, reduziu pela metade o reino de Duleep Singh. Ao fim da Segunda Guerra entre ingleses e sikhs, os britânicos subjugaram Lahore e puseram Duleep Singh em liberdade vigiada. No ano seguinte, com 12 anos, foi mandado à Inglaterra e apresentado à rainha Vitória, que gostou muito daquele marajá dócil. A prova de que esteve na capital inglesa em 1854 é indiscutível, pois o príncipe chegou lá no domingo de 15 de junho do mesmo ano e a rainha, aproveitando-se da presença de Duleep Singh no palácio de Buckingham, ordenou que o pintor Franz Xaver Winterhalter fizesse um retrato seu. Só em 1860 lhe deram autorização para voltar à Índia, onde reencontrou a mãe. E depois de inúmeras peripécias faleceu miseravelmente em Paris, em 1893.

O Mestre Morya, esse grande príncipe rajput, tinha então um ponto em comum com o príncipe Duleep Singh: perdera seu trono, títulos de nobreza e fortuna. Mas, à diferença de Duleep Singh, o Mestre Morya o fizera voluntariamente. Portanto, duas perguntas se impõem: por que estava ao lado de Duleep Singh? E por que até hoje ninguém descobriu sua identidade? H.P.B. diz que ele era chamado de "Selvagem Rajput" ou "Príncipe Jamal". Será isso uma pista?

Helena no Tibete

Depois de muitas aventuras, Helena visita a Índia em 1856. Quer de todos os modos encontrar aí seu instrutor, embora deseje em segredo ir também ao Tibete proibido. Chegou de fato a Darjeeling, mas não entrou no Tibete: foi detida pelo capitão Murray, que confirmaria assim a presença de Helena no Nepal entre outubro de 1855 e março de 1856.

Como lemos na obra de H.P.B.,[8] parece que seu instrutor esteve onipresente durante grande parte dessa viagem à Índia. Embora Helena se mostre vaga, o Mestre lhe aparece sob os traços do Takur Gulab Lal Sing, como disse em resposta a U. S. Solovioff, que a entrevistou.

H.P.B. tenta sem descanso entrar no Tibete. Nesse meio-tempo, se avistou com o Mestre e, se o Tibete é seu objetivo principal, tem por certo autorização para ir para o *ashram* do Mestre a fim de se submeter ao treinamento.

Durante essa expedição ao Tibete, ela se perdeu com dois de seus companheiros. Procurou um poderoso xamã e este enviou uma mensagem telepática logo recebida pelo Kutchi de Lhassa, que se supõe com muita razão ter sido o Mestre Kut Humi e que despachou imediatamente um destacamento de 25 cavaleiros ao lugar exato onde a viajante se perdera. À frente da escolta vinha um *shaberon*, um lama de elevada condição que nunca saía de seu mosteiro e era amigo íntimo do Kutchi. Como dá a entender Noël Richard-Nafarre, tratava-se do seu principal discípulo, Djwal Khul.

Ainda dessa vez, H.P.B. teve a vida salva e retornou à Índia. Foi então advertida por seu instrutor do perigo que corria permanecendo em solo politicamente instável. Com efeito, em 1857, explodiu a Revolta dos Sipaios e os estrangeiros não tinham segurança alguma no país. E de novo Helena não viaja ao acaso, pois o Mestre a envia em missão a Java. Será vista também no Japão, em Constantinopla, no Sião e na China. Neste último país, terá o imenso privilégio de meditar num dos *ashrams* secretos dos Mestres, verdadeiro oásis situado no território de Mahan, num lugar conhecido como Rung Jung, no coração de montanhas invioláveis. Esteve ali em companhia de um Grande Lama chamado Kut Te Hum — nome muito parecido com Kut Humi!

Depois da China e de duas tentativas infrutíferas para entrar no Tibete, preparou-se pela terceira vez.

Atravessando o Oriente Próximo, Helena passou pela Síria e ali encontrou alguns iniciados, entre os quais um adepto europeu chamado Illarion Smertis, cavalheiro que conhecera em 1860 e que costumava passar a maior parte do tempo em Chipre. Tinha viajado muito pelo Egito e Helena contará muitas vezes com seu apoio. Por intermédio dele, entrará em contato com os okhals, iniciados drusos de uma escola secreta cujo núcleo está associado às atividades da Grande Loja Branca. Foi depois de ler os testemunhos de Helena a respeito deles que minha esposa e eu encontramos os **okhals em Tiberíades (Israel) em 1987**. Eles permitiram que lhes fizéssemos perguntas e aprendemos coisas muito interessantes, principalmente sobre a vida de Jesus, que pareciam conhecer bem. Graças às suas informações, pude escrever uma biografia de Jesus e saber que este último nasceu no ano 105 antes da era cristã.

A relação íntima entre adeptos drusos e membros da Hierarquia é mencionada numa carta de K.H.: *"As operações egípcias de vossos bem-aventurados compatriotas acarretam tantas consequências para o grupo dos ocultistas que ainda permanecem lá e para aquilo que guardam, que dois de nossos adeptos já estão lá, tendo encontrado alguns Irmãos Drusos, e outros três estão a caminho."*[9]

O autor em presença do grande mestre dos iniciados drusos (okhals) de Israel, Sher Amin Tarhif (à esquerda). Foto tirada junto ao lago de Tiberíades por ocasião do grande congresso dos iniciados drusos, a 23 de maio de 1982. Coleção do autor.

Por fim, Helena conseguiu penetrar no Tibete proibido, a primeira europeia a fazê-lo.[10] Em 1865, dirigiu-se para Shigatsé, na região do Tsang. Embora não tenha entrado no mosteiro de Tashi Lhumpo, admitiu que ele tinha uma estreita relação com a Hierarquia. Sua viagem ao coração do Tibete, ao *ashram* secreto de seu Mestre, terminaria em 1867 e depois disso nada mais saberemos.

Findo o retiro espiritual, Helena, certamente em missão e protegida, foi para Mentana (Itália), onde combateu ao lado dos Camisas Vermelhas de Giuseppe Garibaldi para, disse ela, *"ajudar os que atiravam contra os papistas"*. Iniciou uma estreita relação com as Ordens Franco-Maçônicas, das quais Garibaldi era um Grande Mestre. Essa Ordem perpetua, ao menos na intenção, o trabalho reformador e o caráter espiritual de Alexandre de Cagliostro! Será mera coincidência? Helena foi dada por morta no campo de batalha, mas acabou sendo salva *in extremis*. Debilitada, recuperou as forças em Florença e logo partiu para Antemari, passando pela Sérvia e pelos Cárpatos, onde a esperava um adepto com o qual alcançou Constantinopla. De lá, rumou de novo para o Tibete em 1868.

Nessa época, encontrou fisicamente o Mahatma Kut Humi (K.H.).

Seria muito longo entrar aqui em detalhes, mas o *ashram* onde ela se instalou dessa vez não era decerto o de Shigatsé e sim o do famoso vale onde os dois Mahatmas vivem perto um do outro. Essa segunda estadia de Helena no Himalaia estendeu-se do fim de 1868 a 1870. Seria sua última viagem ao Tibete, embora alguns anos depois fosse a outro retiro dos Mahatmas, passando pelo Sikkim.

O espiritismo moderno

Lembremo-nos de que, no Egito, Blavatsky fizera contato com vários adeptos, entre os quais Illarion Smertis, o "adepto cipriota", como o chamava. A loja egípcia tem, segundo parece, um ramo conhecido como Fraternidade de Luxor a que pertenciam alguns dos adeptos que ela encontrou e com os quais passou a trabalhar. Um deles era o iniciado que usava o nome de John King e que muito a auxiliou no começo da aventura espírita. Conhecia-o bem, pois ela mesma o declara: *"Conheço John desde os 14 anos.*

Não ficou um dia sequer longe de mim; percorreu São Petersburgo e metade da Rússia sob o nome de Janka ou "Johnny". Viajou comigo pelo mundo inteiro. Salvou-me a vida três vezes, em Mentana, durante um naufrágio e, por fim, perto de Spétsai, quando nosso vapor foi feito em pedaços, sobrevivendo apenas dezesseis dos quatrocentos passageiros, a 21 de junho de 1871."[11]

O espiritismo existe desde a época dos atlantes, para quem constituía uma verdadeira religião, e os fenômenos espíritas sempre se manifestaram em todos os continentes por obra dos médiuns. O espiritismo moderno, porém, não é um fenômeno natural e espontâneo, mas um empreendimento intencional da Hierarquia. Há séculos que o mundo ocidental vem sendo condicionado por uma onda de materialismo sem precedentes. A Igreja romana insistia no poder temporal e a ciência perfilhava seus dogmas. Esse estado de coisas induziu o Mestre Hilárion (conhecido como Illarion Smertis) a tentar um experimento fazendo voltar à moda a ciência do contato astral.

O Mestre Hilárion confiou essa missão a um iniciado de alto grau que se dava a conhecer nas sessões espíritas pelo nome de John King.[12] Ele e outros discípulos começaram então a trabalhar em consonância com o plano astral superior, procurando fazer contato com médiuns mentalizados e psiquicamente dotados a fim de oferecer provas da continuidade da vida após a morte. O primeiro experimento contou com duas jovens, Margaret e Katie Fox, residentes em Nova York. Foi lá que, em 1848, tiveram início as manifestações responsáveis pelo nascimento do espiritismo moderno, principalmente depois da difusão do livro de Allan Kardec em 1857, intitulado *La Science des Esprits*. Os médiuns usados nem sempre eram moralmente inatacáveis e os fenômenos não eram controlados. Além disso, elaborou-se toda uma doutrina espírita a partir de manifestações que não provinham de pessoas falecidas, mas de elementais,[13] o que alterou a verdade a respeito das leis que condicionam o contato entre vivos e mortos. No plano físico, as coisas não iam melhor porque o espiritismo logo se tornou um passatempo de salão, onde só os fenômenos interessavam.

Semelhante desvio não fora previsto e o Mestre Hilárion resolveu mudar de tática. Doravante, mostraria aos ocidentais que os fenômenos espíritas, quando autênticos (postos de lado os fraudadores), nada tinham a ver com defuntos e sim com os poderes do médium e com sua influência sobre os elementais. Assim, encarregou Helena de transformar o espiritismo em espiritualismo antes de ensinar o ocultismo.

Do espiritismo ao ocultismo

Em 1874, a tarefa de Helena se definiu melhor quando ela encontrou o coronel Henry Steel Olcott, um homem que tinha ganho seus galões na Guerra de Secessão. Era especialista em agronomia e o Ministério Federal da Guerra tinha lhe dado a missão de investigar as fraudes que prejudicavam os fornecimentos ao exército. Era, portanto, um cidadão absolutamente íntegro, cuja probidade ninguém jamais questionou. Foi uma testemunha única da vida de Helena e, tendo ele também encontrado os Mahatmas, nunca encontrou nada que o fizesse pensar numa vigarice. O coronel se interessava por tudo quanto dizia respeito à religião e ao ocultismo e, depois que conheceu Helena, pôs todas as suas qualidades a serviço dos Mestres e da futura Sociedade Teosófica. Aos poucos, suas qualidades foram reconhecidas e ele foi aceito como neófito na Fraternidade de Luxor. Cartas assinadas por Tuitis Bey, um dos chefes da loja egípcia, provam essa filiação. Numa delas, em sinal de confiança, três adeptos assinaram seus nomes:

Serápis Bey (*Seção de Ellora*)
Polydore Isurenus (*Seção Salomão*)
Robert More (*Seção Zoroastro*)

Depois disso, o coronel Olcott foi devidamente aceito e esse privilégio lhe daria a oportunidade de encontrar fisicamente alguns Mahatmas do Egito e do Tibete, pois seria transferido para a seção indiana.

Lembremos aqui que a Fraternidade de Luxor, ramo da loja egípcia, nada tem a ver com uma escola surgida nos Estados Unidos com o nome de "Fraternidade Hermética de Luxor". René Guénon foi o primeiro a confundir os dois movimentos. Essa fraternidade ilegítima, fundada por volta de 1883, tinha como principal responsável um certo M. Théon. Peter Davidson é outro responsável, que às vezes se suspeita ser o próprio M. Théon. Como veremos, numerosos ocultistas ocidentais caíram na armadilha dessa falsa organização — entre eles, o célebre ocultista francês, dr. Gérard Encausse (Papus). Sobre isso, falaremos em detalhe mais à frente.

A loja egípcia da Rosa-Cruz

De provas concretas não dispomos, mas estamos quase certos de que a loja egípcia detém o segredo da Misteriosa Ordem dos Rosa-Cruzes. Na décima segunda carta enviada pelo Mestre Serápis a Olcott, lemos: *"O rosa--cruz se faz, não nasce."*[14] Sem grande risco de errar, podemos dizer que a loja egípcia e sua projeção direta, a Fraternidade de Luxor, preservam o segredo dos símbolos rosa-cruzes, símbolos que encontramos nas ordens dos templários, rosa-cruzes e maçons. Por outro lado, símbolos como a cruz, a rosa, o pelicano, o triângulo, as três pontas, etc., eram onipresentes nas missivas oriundas da Fraternidade de Luxor e podemos pensar, com razão, que essa loja detinha igualmente os processos iniciáticos e os conhecimentos daquilo que, no futuro, se manifestaria sob a forma de uma ordem, a Rosa-Cruz.

Na carta 22, o Mestre Serápis escreveu: *"O objeto perdido reencontrou seu lugar. Os queburs o tinham maliciosamente tornado invisível."* O interesse não está na anedota em si, mas no próprio objeto, que nos remete à simbologia rosacruciana, pois se trata da insígnia rosa-cruz do 18º grau, que H.P.B. possuía — e antes dela, por um estranho concurso de circunstâncias, Cagliostro![15]

O que é chamado de Rosa-Cruz não tem, no entender do Mestre Serápis, nada em comum com um grau rosacruciano ou maçônico. Trata-se antes de tudo de um estado de ser que corresponde ao quarto grau, o de "crucificado". Cagliostro, tido por iniciado de terceiro grau e então como futuro adepto rosa-cruz, conservará esse grau iniciático interior até sua encarnação seguinte, como H.P.B. Deve-se observar que ela se considerava menos elevada que o Tibetano, que havia alcançado o estado de Arhat ou quarto grau.

Isso posto, esclareçamos que a loja egípcia, cujo passado ninguém conhece, não é a Ordem da Rosa-Cruz, que é uma criação pessoal do adepto Christian Rosenkreuz e que foi constituída no século XIII. Por isso H.P.B.

pôde contradizer o que o maçon erudito Kenneth R. H. MacKenzie escreveu na *Royal Masonic Cyclopedia*, a saber, que a Fraternidade Egípcia tem uma base rosacruciana. Diz ela: "*O nome Luxor deriva originalmente da antiga cidade do Beluchistão, Lukshur, situada entre Bela e Kedje, que deu seu nome à antiga cidade egípcia.*" Não é por ostentar os símbolos e iniciações das escolas de mistérios da Ásia e do Egito que a loja egípcia pode ser identificada com as escolas tradicionais manifestadas e conhecidas no mundo como rosacrucianas, templárias ou franco-maçônicas.

A Sociedade Teosófica

Blavatsky está agora em Nova York com Olcott, num apartamento que chama de "mosteiro de lamas". Ali ela foi "adumbrada",[16] o que significa que doravante emprestaria o corpo a vários instrutores e, com a ajuda de John King, se prepararia para escrever uma obra de grande fôlego intitulada *Ísis sem Véu*. Escreveu-a sem descanso e sua erudição é inacreditável. Além disso, o coronel via um israelita erudito passar noites inteiras discutindo cabala com ela. Declarou: "*Embora ele tivesse estudado durante trinta anos as ciências secretas de sua religião, Helena lhe ensinou coisas em que nunca tinha pensado e lhe esclareceu passagens que seus mestres mais doutos não compreendiam.*"[17]

Centenas de páginas de *Ísis sem Véu* foram escritas sem recurso a nenhum livro de consulta e as inumeráveis citações contidas na obra foram verificadas pelo padre Corson na biblioteca da Universidade de Cornell. Como muitos pesquisadores antes de mim, li atentamente *Ísis sem Véu* e tenho de admitir que encontrei ali indicações que não aparecem em nenhuma das obras, das mais eruditas, que venho consultando há 45 anos. Os poderes de Helena eram tamanhos que ela se mostrava sensível à ação telepática de vários Mestres. Ela mesma explica: "*Quando me mandam escrever, sento-me e obedeço. Escrevo com a maior facilidade sobre não importa qual assunto — metafísica, psicologia, filosofia, religiões antigas, zoologia, ciências naturais, que sei eu!*"[18]

No que diz respeito a *Ísis sem Véu*, as informações viriam também de um Mestre que Olcott chama de "Velho Filósofo": um erudito desencarnado que lhe forneceria inúmeros subsídios sobre doutrinas platônicas, cabalísticas e herméticas. Esse sábio, nascido a 1º de setembro de 1687, é nada menos que a reencarnação de Henry More (1614-1687), o grande "platônico de Cambridge".

Os Mestres, cuja existência física Blavatsky reafirma, são vistos muitas vezes no corpo astral, nebuloso e fluido. No entanto, é indiscutível que se deixam ver também sob sua aparência física, no que é chamado de *mayavi-rupa*. Olcott, entre todos os discípulos, seria o último a mentir: suas qualidades críticas e seu tirocínio com respeito aos fenômenos psíquicos põem-no a salvo de qualquer forma de miragem ou ilusão. Será, no entanto, um dos poucos a constatar que o Mestre Morya não era uma fabricação de H.P.B., convencendo-se da importância de sua missão e da realidade da Hierarquia. Do que se passou naquela noite de novembro de 1877 em seu quarto fechado em Nova York, só ele é testemunha:

"Eu lia tranquilamente, ocupado apenas de meu livro... De súbito... uma coisa branca apareceu no canto do meu olho direito. Voltei-me e, espantado, deixei cair o livro. Acima de minha cabeça, dominando-me com sua elevada estatura, vi um oriental trajado de branco com um turbante raiado de cor âmbar e bordado à mão em seda amarela aveludada. Longos cabelos muito negros caíam-lhe sobre os ombros; a barba preta, separada verticalmente a partir do queixo conforme a moda rajput, tinha as extremidades retorcidas e lançadas para trás, sobre as orelhas. Os olhos brilhavam com uma chama interior, ao mesmo tempo penetrantes e bondosos, como os de um mentor ou juiz, suavizados pelo amor de um pai que observa seu filho necessitado de conselhos e orientação. Era uma figura tão imponente, tão cheia da majestade da força moral, irradiando tamanha espiritualidade e tão evidentemente superior ao comum dos mortais que me senti intimidado e dobrei o joelho, baixando a cabeça, como se faz diante de um deus ou personagem divino. Senti uma mão pousar levemente em minha cabeça enquanto uma voz doce, mas forte, me pedia para sentar. Quando ergui os olhos, a aparição tomara lugar do outro lado da mesa. Disse-me... que havia uma grande obra a empreender e que eu tinha o direito, caso quisesse, de colaborar...

Disse-me, sobre H.P.B., coisas que não posso repetir e, sobre mim, outras que não dizem respeito a mais ninguém.

"Não sei dizer por quanto tempo ficou... Finalmente, levantou-se e de novo me surpreendi com sua estatura... Súbito, pensei: 'Sim, mas e se isto for uma alucinação, uma visão sugerida por H.P.B.? Gostaria de ter uma prova tangível desta presença real aqui, algo a que possa me apegar depois de sua partida.' O Mestre sorriu mansamente, como se lesse meu pensamento, desenrolou o feshta *da cabeça, saudou-me com graça em sinal de adeus e desapareceu. Sua cadeira estava vazia, fiquei sozinho com minha emoção.*

"No entanto, o turbante bordado ficara sobre a mesa como prova indiscutível e duradoura de que eu não estivera hipnotizado nem psiquicamente iludido..."[19]

O coronel Olcott reencontraria o Mestre Morya na Índia. Trabalhando em seu escritório, vê chegar um indiano muito alto, vestido de branco. Após breve troca de palavras, H.P.B. entra e, surpresa, cai de joelhos aos pés do Mestre, com o qual terá uma conversa particular antes que ele se vá, deixando os dois amigos sob o impacto desse encontro repentino.

Em 1880, ao final de um ano de permanência de Helena e Olcott na Índia, dez lojas teosóficas tinham sido fundadas (seriam 52 dois anos mais tarde). Em setembro de 1882, tudo se complica! O estado de saúde de Helena piora e o médico não lhe dá mais que um ou dois anos de vida. Mas sua missão ainda está por terminar e o Mestre Morya intima-a a partir com um discípulo residente nos Nilgiris, um certo Gargya Deva, para o Himalaia. No outono, a doença se agrava, mas ela recebe a promessa de rever seu instrutor no Sikkim. A presença do Mestre K.H. faz com que sua alegria se torne cada vez maior. O lugar do encontro não é determinado, mas fica perto de Darjeeling! Após esse momento de júbilo intenso, Helena retoma suas peregrinações na Índia, onde consagrará alguns meses ao estudo de um povo misterioso, os todas[20] dos Nilgiris, onde mora o regente da Índia, o *rishi* Agastya.

Durante esse tempo, o coronel Olcott dava palestras em diferentes regiões da Índia na companhia de Damodar, um discípulo aceito de K.H., e de William T. Brown. Foi no Lahore, ao norte da Índia, que o Mestre K.H. reencontrou fisicamente não apenas o coronel Olcott, mas também Damodar e Brown.

Não me estenderei sobre os negócios da Sociedade Teosófica, sobre a traição de alguns de seus membros ou sobre seus êxitos: isso é o fardo comum de todas as organizações, sejam ou não reconhecidas do alto. Digamos, ainda assim, que a Sociedade se tornou suficientemente poderosa e influente para atrair às suas fileiras personalidades de destaque como o astrônomo Camille Flammarion, Charles Richet (prêmio Nobel de medicina), o professor William Crookes, o Mahatma Gandhi, Maspero e Edson. Veremos até o poeta William Buttler Yeats inspirar-se nas ideias teosóficas para lançar, a quatro mãos com George Russell, a *Renascença Literária Irlandesa*. Ambos fundarão uma loja teosófica em Dublin. Yeats chegou a afirmar que a Sociedade Teosófica fez mais pela literatura irlandesa que o Trinity College em três séculos! H.P.B. exerceu verdadeiro fascínio sobre os grandes espíritos de seu tempo, como T. S. Eliot, D. H. Lawrence, James Joyce, Henry Miller, os pintores Mondrian, Klee e Kandinsky, etc. Até Einstein tinha *A Doutrina Secreta* de Blavatsky sobre a escrivaninha.

Últimos anos

Após sua partida da Índia, Helena foi para Würzburg, perto de Nuremberg. Estava à beira da morte e solicitou a ajuda de Constance Wachtmeister. Era o ano de 1885 e daquele encontro nasceria uma profunda cumplicidade, reforçada por uma amizade sincera. Foi lá que H.P.B. escreveu sua obra-prima, *A Doutrina Secreta*. Constance seria a testemunha privilegiada da elaboração de um livro colossal, com mais de 2 mil páginas de conhecimentos ignorados até então e que fornece, pela primeira vez, a chave do sistema planetário. É obra de erudição fantástica, escrita à maneira de *Ísis sem Véu*.

De volta à Inglaterra, onde se instalou num apartamento perto do Hyde Park, Helena retomou suas atividades e passou a dirigir os trabalhos de um grupo a que deu o nome de Loja Blavatsky. Ali, instruía personalidades de destaque como o poeta Yeats e Annie Besant, que a sucederia à frente da Sociedade Teosófica.

Em julho de 1889, partiu para a França, onde amigos americanos a acolheram em Fontainebleau e onde ela escreveria *A Voz do Silêncio*.*

Infelizmente, na França, nem tudo lhe corre bem, pois o dr. Gérard Encausse, mais conhecido pelo *nomen* esotérico de Papus e que tinha sido um estudioso da teosofia, volta-se contra a Sociedade e espalha as piores acusações de impostura. Ele, mentor do ocultismo francês, vira a casaca e se põe no rasto de discípulos talentosos e sinceros, mas cheios de ambição e ilusões.

"O futuro paladino do esoterismo judaico-cristão apresentou-se espontaneamente no lugar de H.P.B. como o propagador do único budismo (escrevia boudhisme com um "d" só) verdadeiro, que descobrira graças a Augustin Chaboseau, que descobrira a autêntica Doutrina de Gautama no Museu Guimet! Essa novíssima ciência lhe permitiu enxovalhar as obras de Madame Blavatsky com sarcasmos 'eruditos', que Guénon retomará ao pé da letra."[21]

É certo que Papus foi um discípulo brilhante e um homem corajoso, mas não um alto iniciado, como se vê por sua rejeição colérica do ensino teosófico e de seus fundadores. Essa é uma atitude bem difícil de harmonizar com a filosofia do amor e da tolerância cristã pregada por seu mestre espiritual, Philippe de Lyon.[22]

Foi em Londres, a 8 de maio de 1891, que Helena Petrovna Blavatsky, atacada de hidropisia, cerrou os olhos pela última vez, deixando uma obra literária fantástica, uma visão nova do homem e do mundo para uso de pesquisadores, filósofos e ocultistas, além de uma esperança para as gerações futuras.[23]

Leadbeater pode ter ouvido rumores e ele mesmo saudou o retorno de H.P.B. Assumiu, pois, a responsabilidade de divulgar que Blavatsky, logo

---
* Nova edição publicada em 2010 pela Editora Pensamento.

após abandonar o velho invólucro, reencarnou imediatamente. Trata-se de um erro grosseiro, pois, em carta do Mestre K.H. a Annie Besant, publicada no *Lotus Bleu* de janeiro de 1988, o Mahatma escreve: "*O desejo intenso de ver Upasika[24] reencarnar logo em seguida provocou uma idealização mayávica enganosa. Upasika tem trabalho útil a fazer nos Planos Superiores e não voltará tão cedo.*" Eis outro exemplo de como se formam as crendices e de como os rumores acabam por parecer realidade.

Notas

1. O endereço da Sociedade Teosófica da França é 4 square Rapp, 75007 Paris.
2. Alice Bailey, *Les Rayons et les Initiations*, p. 205.
3. Noël Richard-Nafarre, *Helena P. Blavatsky ou la Réponse du Sphinx*.
4. Alice Bailey, *L'État de Disciple dans le Nouvel Âge*, vol. II, p. 317.
5. Sabemos a identidade dos oficiais que integraram essa delegação e parece pouco provável que o Mestre Morya tenha feito parte dela!
6. Noël Richard-Nafarre, *Helena P. Blavatsky ou la Réponse du Sphinx*, p. 81.
7. H.P.B., *Dans les Cavernes et Jungles de l'Hindoustan*, p. 223.
8. *Ibidem*.
9. *Lettres des Mahatmas*, p. 132.
10. Com exceção do abade Huc, que visitou o Tibete em 1846.
11. Ver Noël Richard-Nafarre, p. 278.
12. Esse iniciado fora outrora o célebre pirata *sir* H. Morgan, armado cavaleiro pelo rei britânico Carlos II. Mais recentemente, destacou-se como membro de uma organização rosacruciana. Pertence hoje à loja egípcia da Hierarquia, cujo chefe é o *choan* conhecido pelo nome de Serápis Bey, regente do quarto raio. Esse John não era ignorado pelos líderes da Sociedade Teosófica, pois foi ele quem pôs o coronel Olcott em contato com os Mahatmas. "*John King me apresentou quatro mestres, um copta, um representante da escola neoplatônica de Alexandria, um outro muito evoluído, espécie de Mestre dos Mestres, que era veneziano, e um filósofo inglês desaparecido do mundo, mas ainda vivo.*" (*À la Découverte de l'Occulte*, p. 28.)

13. Houve mesmo um elemental poderoso que, do plano astral, usurpou algumas vezes o nome de John King para gerar confusão!
14. *Lettres des Maîtres de Sagesse*, segunda série, p. 31.
15. Para nós não há coincidência alguma em todo esse caso. Se a tradição rosacruciana é uma emanação da loja egípcia, nada mais natural que Cagliostro, comissionado por ela, procurasse regenerar a maçonaria fundando um rito egípcio. Também é natural que o coronel Olcott, ele próprio maçon de alto grau, quisesse retomar a obra de Cagliostro e que H.P.B. recebesse, em 1877, o diploma do 12° grau, o mais elevado grau maçônico de um rito herdado de Cagliostro e conhecido como "Rito Antigo Primitivo" em sua ramificação feminina, dito "de adoção".
16. "Depois que o homem alcança certo desenvolvimento e já pode prestar serviços ao mundo, sucede que seja 'adumbrado' por um grande adepto ou — como foi o caso de H.P.B. — por um Ser superior a um adepto." (*Un Traité sur le Feu Cosmique*, p. 633.)
17. Ver Noël Richard-Nafarre, p. 339.
18. *Ibidem*, p. 345.
19. *Ibidem*, pp. 369-70.
20. Sobre esse povo, ver, de H.P.B., *Au Pays des Montagnes Bleues*, Éditions Adyar, 1975; e, do autor, *Pèlerinage au Cœur de l'Inde*, Éditions Adyar.
21. Ver Noël Richard-Nafarre, p. 542.
22. Philippe Nizier (1849-1905).
23. Segundo sua última vontade, seria cremada em Woking, perto de Londres.
24. *Upasika*: palavra sânscrita para "discípula". Foi o nome dado a H. P. Blavatsky pelos Mestres.

4
Os Mestres Morya e Koot-Humi

"Seja o que for que um Santo faça, não o faz jamais por um único ser humano nem por um único grupo de pessoas e sim pela humanidade inteira, pois todas as coisas estão unidas no mundo. Cada movimento e cada gesto de uma alma pura são sagrados, embebidos na totalidade."

(Yogue Ramsuratkumar)

"A realização do Eu é o mais precioso auxílio que podemos dar à humanidade. Por isso se diz que os santos fazem o bem mesmo quando estão ocultos em suas florestas."

(Ramana Maharshi)

O Mestre Morya (M. M.)

Antes de iniciar este capítulo, tenho que fazer uma advertência aos leitores. Quem nunca tentou identificar a personalidade exotérica dos Instrutores? Por ter sido um desses curiosos, acredito hoje que seja inútil tentar semelhante coisa, pois os Mestres fizeram de tudo para apagar as pistas. Deixando de lado estudos pouco confiáveis como os do teósofo Paul Johnson, que vê K.H. na personalidade de Takur Sing Sandhanwalia (1837-1887), responsável pelo Templo de Ouro de Amritsar, e identifica o Mestre Morya com Ranbir Sing (1832-1885), o que em nada lisonjeia o Mestre.

Neste ensaio, procuramos dizer a verdade a respeito dos Mestres e três deles merecem atenção especial.

Vimos que há sete departamentos na Grande Loja Branca, cada qual sob a supervisão de um *Choan*. Este é um homem da sexta Iniciação que representa um dos sete raios (três maiores e quatro menores). O primeiro que vamos estudar é o Mestre Morya, do departamento do primeiro raio, que é o da Vontade e do Poder.

Por influência de Leadbeater, muitos teósofos psiquicamente dotados se interessaram pelas vidas anteriores desse Mestre. Leadbeater o viu sob a forma do faraó Unas no Egito, como rei de Gulas na Creta oriental e ainda como rei de Benares no ano 4032 a.C. Outros o viram encarnado sob a aparência de Moisés, Akbar ou Omri em Israel. Infelizmente, nunca encontrei nenhuma prova formal dessas afirmações. No entanto, estamos certos de que, pela natureza de seu raio, ele simboliza o aspecto vontade e poder, situando-se na linha direta do Manu. Foi outrora, portanto, muito ativo na Índia, encabeçando grandes migrações arianas, e várias nações ostentam ainda a marca de sua influência benéfica. Talvez seja interessante notar que o nome do Mestre Morya aparece em toda a literatura sagrada da Índia.

No *Vishnu Purana*, lemos que existiu ao tempo da dinastia Surya um rei chamado Maurya (trata-se do Mestre), o qual, graças às técnicas do yoga, continua vivo até hoje. Residia numa aldeia do Himalaia chamada Kalâpa. É ele, reza o texto, que no futuro restabelecerá a raça dos katriyas (guerreiros) da dinastia solar. A noção de restabelecimento dos povos indianos aparece no *Vayu Purana* e no *Matsya Purana*, sendo que este último menciona que dez Moryas reinaram sobre toda a Índia.

A história indiana cita Chandragupta, um rei de Magadha (322-298) que fundou a dinastia dos Maurya, mas nada prova, como já ouvi dizer, que se trate do Mestre M.! Ao contrário, esse parece ser um nome genérico que representa a atuação de uma linhagem de adeptos do Departamento do Mestre Morya.

No *Mahavanso* budista, está escrito que a dinastia Maurya tinha relação com alguns soldados da linhagem dos *shakya* estreitamente associados a Gautama Buda. Atravessando o Himalaia, esses soldados descobriram um

Mestre Morya.

belo oásis situado no centro de uma floresta de figueiras. Foi ali que fundaram uma cidade chamada pelo Buda de *Morya Nagara*. Muitos estudiosos budistas põem em dúvida essa passagem. No entanto, trata-se mesmo de um outeiro onde outrora se reuniam os brâmanes iniciados (a cidade dará mais tarde nome aos moris, uma tribo rajput cujos príncipes receberão o título de Maurya). No seio dessa classe rajput principesca é que nasceu o Mestre Morya. De resto, o Tibetano confirma que ele é um príncipe rajput, e isso após inúmeras gerações. Informa-nos ainda que trabalha no Departamento do Manu e que mais tarde assumirá suas funções como responsável pela futura sexta raça.

Tendo atingido a sexta Iniciação, esse grande *Choan* tem um corpo adquirido, não por nascimento, mas pela Iniciação. Com efeito, depois da quinta Iniciação, o Mestre constrói um corpo que preserva durante um período mais longo que o normal. Blavatsky encontrou seu Mestre quando ele era ainda muito jovem e o reviu intocado pelo tempo, enquanto ela envelhecera consideravelmente.

No tocante à sua aparência física, temos o testemunho de H.P.B. e o de Olcott. O Tibetano, por sua vez, o descreve assim: *"Um homem de estatura elevada, de ar imponente, cabelos, barba e olhos escuros (...) Ele e seu irmão, o Mestre K.H., trabalham quase como se fossem um só, tal como fazem há séculos e farão no futuro, pois o Mestre K.H. ocupará o posto de Instrutor do Mundo (o Cristo) quando Aquele que o ocupa atualmente o deixar para fazer um trabalho mais elevado. (...) As casas que habitam são vizinhas e passam a maior parte do tempo na mais estreita colaboração."*[1]

Essa grande cumplicidade permite que o Mestre K.H. nos descreva aquele que parece ser seu superior hierárquico, pois diz: *"O Choan, meu Mestre, antes implacável, concedeu enfim que eu consagre até certo ponto parte de meu tempo ao progresso da Eclética."*[2]

Para o Tibetano, o Mestre podia parecer severo, se é que essa não era a expressão de seu olhar! O Mestre K.H. o confirma: *"Um homem tão rígido consigo mesmo e tão severo com as próprias imperfeições quanto indulgente com os defeitos alheios, não em palavras, mas nos mais profundos sentimentos do coração."*[3]

Entre certas características do seu personagem, ele era tido — na época — por um homem não muito hábil no inglês e que detestava escrever. E entre outros detalhes sem importância, Helena afirma que ele gostava de narguilé, a ponto de Sinnett presenteá-lo certa feita com um cachimbo.

O Tibetano nos diz que o Mestre M. instruiu um grande grupo de discípulos (avançados) e trabalha em estreita relação com várias organizações de cunho esotérico e ocultista, além de trabalhar por intermédio de políticos e estadistas do mundo inteiro. Parece, com efeito, dispor de um poder de decisão superior ao de muitos outros Mestres e ter sido o principal responsável pela criação da Sociedade Teosófica. Aliás, escreveu numa carta: *"Lem-*

brai que meu Irmão[4] e eu somos os únicos na Fraternidade empenhados na disseminação (dentro de um certo limite) das nossas doutrinas e que H. P. B. foi até agora nosso único instrumento, nossa agente mais dócil."[5] A expressão "mais dócil" foi escrita com a pontinha de humor que caracteriza o Mahatma, já que se conhece bem o caráter intempestivo de Helena. No entanto, essa imperfeição era consideravelmente amplificada por diversas causas morais e psíquicas. O Mestre K.H. esclarece: *"Seu estado é intimamente ligado ao seu treinamento oculto no Tibete e se deve ao fato de ter sido enviada sozinha ao mundo para abrir gradualmente o caminho para os outros."*[6]

Atualmente, a loja do Mestre M. e a de outros Mestres se preparam para o advento, no plano físico denso, da Hierarquia e para a nova vinda do Cristo à Terra. Outra tarefa que monopoliza a atenção do Mestre M. diz respeito à chegada dos Avatares sistêmicos, cuja força será canalizada por um triângulo de fogo e luz composto pelo Cristo, pelo Manu e por ele mesmo. De lá, essa força se derramará pela Hierarquia e em seguida pela humanidade, em proveito da evolução das unidades de consciência dos povos e das nações.

Para finalizar, citemos o Tibetano a propósito do trabalho atual do Mestre M.:

"O Mestre Morya, no momento presente, faz o papel de inspirador dos grandes governantes nacionais do mundo inteiro. Mesmo aqueles cujos ideais não coincidem com os vossos estão incorporados ao plano mundial e grande parte de seu trabalho consiste em organizar as nações individuais e juntá-las num todo homogêneo, com vistas à sua entrada na grande forma- -pensamento internacional. Quem tem visão de longo alcance e apresenta aos países agitados e desorientados a perspectiva de um todo se acha sob sua vasta inspiração. O internacionalismo é o alvo de seu esforço. Com ele trabalha o grande Anjo ou Deva do plano espiritual, designado pelo nome de Senhor Agni na obra Um Tratado sobre o Fogo Cósmico. *Ele se esforça para tocar o fogo espiritual oculto, o centro da cabeça de todos os homens de Estado intuitivos. Três grupos de anjos — os dourados, os cor de fogo e os branco-dourados — trabalham nos níveis mentais com os anjos ou devas*

menores, que vitalizam as formas-pensamento e preservam as ideias dos Guias da raça humana em benefício da humanidade."[7]

O Mestre KootHumi (Mestre K.H.)

Antes das revelações de Madame Blavatsky, ninguém, no Ocidente, ouvira falar deste segundo grande Mestre que em encarnações passadas ficou conhecido como Nagarjuna e depois **Pitágoras**.[8] Muito tempo depois da morte deste último, o grande Apolônio de Tiana apareceu proclamando-se seu discípulo e seguindo à risca sua filosofia e suas regras. Ele reconhecia que, para ele, esse Mestre era o sábio dos sábios.

*Pitágoras, encarnação anterior do Mestre K.H.
Detalhe de um busto conservado no Museu do Capitólio, Roma.*

Sabemos hoje que ele colabora de perto com seu Irmão espiritual, o Mestre M., e que contribuiu ativamente para a criação da Sociedade Teosófica. Sabemos mais sobre ele do que sobre os outros instrutores pelo fato de ter escrito, ou "precipitado", a maior parte das cartas que constituem o primeiro ensinamento oculto da Hierarquia. Essas cartas formavam, no início, um corpo de instruções pessoais transmitidas a seu discípulo leigo, A. P. Sinnett, então editor do jornal anglo-indiano mais influente da Índia, The Pioneer. A missão na qual o Mestre K.H. mergulhou por inteiro deve-se sem dúvida ao fato dele ter estudado, durante os anos 1850, em universidades europeias, principalmente Oxford, na Inglaterra. Isso explicaria seu pleno domínio do inglês e do francês. Aliás, ele parece ter tido uma predileção especial pela cultura francesa.

O Mestre K.H. frequentou igualmente a Universidade de Leipzig, onde teve um colóquio memorável com o professor Fechner. Trata-se, pois, de um homem que conhece muito bem a cultura ocidental. O Tibetano, seu discípulo, esclarece: "*Leu muito e de tudo: todos os livros da atual literatura em diferentes línguas vão direto para seu gabinete de trabalho no Himalaia*".[9]

Na época em que Blavatsky revelou a identidade dos Mahatmas, muita gente pôs suas palavras em dúvida, sobretudo a respeito do nome de Kut-Humi. Ela respondeu a esses críticos dando-nos informações interessantes:

"*Nunca encontrei o correspondente de Sinnett (o Mestre Kut Hu Mi) antes de 1868... Se o Sr. Lillie nos diz que Kut Hu Mi não é um nome tibetano, nossa resposta é: nunca pretendemos que o fosse. Todos sabem que o Mestre é do Punjabe e que sua família está estabelecida há muitos anos na Caxemira. Mas se nos vêm dizer que um especialista do Museu Britânico vasculhou o dicionário tibetano inteiro à cata das palavras 'Kut' e 'Humi', sem encontrá-las, aconselhamos: 'Comprem um dicionário melhor' ou 'Substituam-no por outro mais confiável'*"[10]

Na verdade, o nome Kut Humi é sânscrito e é encontrado no *Vishnu Purana*.[11] Se estudarmos atentamente as escrituras sagradas da Índia, notaremos que os *rishis* mencionados ali são os Mahatmas, membros da Hierarquia — os mesmos citados na história da Sociedade Teosófica. Um dos mais famosos é o *rishi* Agastya (Mestre Júpiter, regente da Índia), mas há também Tiruvalluvar, Bharadwadja, Kapila, Kasyapa, Sanat Kumara e muitos outros bastante conhecidos.

No capítulo VI do *Vishnu Purana*, aparecem os nomes dos Mestres que colaboraram na redação das escrituras sagradas. Podemos ler ali que Lokakshi, Kuthumi, Kushidi e Langali foram alunos do grande Mestre Paushyinji, por sua vez discípulo do grande Jaimini, autor dos *Sahasra Samhitas*. O tradutor esclarece em nota que Kuthumi teve um filho chamado Parasara, que compilou e ensinou seis *Samhitas*. A partir de todas essas observações não exaustivas, fica claro que os nomes de Morya e Kut Humi não brotaram da imaginação de Helena Blavatsky!

Eis como o Tibetano nos descreve Kut Humi: *"Um homem de nobre aparência, grande, de estatura menos vigorosa que o Mestre M. Tem a pele clara, cabelos e barba castanho-dourados, olhos de um maravilhoso azul-escuro que parecem verter o amor e a sabedoria das eras."*[12]

Conforme se confirmou várias vezes, o Mestre K.H. é da Caxemira, embora a família, esclarece o Tibetano, tenha vindo da Índia. Helena também afirma que ele nasceu na Caxemira, de pais katchi mas convertidos ao budismo lamaísta, e que reside a maior parte do tempo em Lhassa. Em suas cartas, o Mahatma K.H. fala de sua casa, provavelmente situada ao pé do Ladakh, mas sem fornecer detalhes. Haveria mesmo alguns discípulos nessa região do Pequeno Tibete. Na casa, que é também e sobretudo um *ashram*, ele vive com a irmã, o único membro de sua família até hoje mencionado. Segundo Sinnett, K.H., nascido no Punjabe, sentiu-se desde a infância atraído pelos estudos relacionados com o oculto. Por intermédio do pai — também ocultista — foi enviado ainda jovem ao Ocidente para aí se formar e conhecer de perto o sistema educacional. Em seguida, foi plenamente iniciado nos mais altos conhecimentos do Oriente. A propósito de seu nome, Sinnett nos informa que o recebeu no momento da Iniciação, como é costume no hinduísmo e em muitos outros sistemas. De resto, Blavatsky já advertira, os Mestres eram conhecidos por nomes diferentes daqueles com que se apresentavam: *"O personagem conhecido publicamente pelo pseudônimo de "Koot-Hoomi" é chamado por um nome muito diferente no seu círculo... Os verdadeiros nomes dos Mestres-Adeptos e das Escolas Ocultas nunca são, sob nenhum pretexto, revelados aos profanos; quanto aos dos personagens associados à teosofia moderna, só os sabem os dois principais fundadores da Sociedade Teosófica.*"[13]

Quanto ao "Lal Singh" que complementa seu nome, não passa de um apelido inventado pelo Tibetano (Mestre D.K.).

Pelas cartas assinadas por ele, pelo Tibetano e pelo Mestre M., damo-nos conta de que o Mestre K.H. se submeteu ao processo de uma Iniciação superior. Como seu discípulo, o Tibetano, alcançou a quinta Iniciação em 1875, é lógico concluir que a Iniciação em questão foi a sexta. O Tibetano nos diz também que, no momento da crucificação do Mestre Jesus, dois personagens estiveram envolvidos. Jesus, o iniciado, passou pela quarta Iniciação e o Cristo, que o *adumbrou*, pela sétima. Como o Mestre K.H. assumirá um dia o papel de Cristo ou Instrutor do mundo, não pode ter ainda o mesmo grau do Cristo, mas por outro lado, está obrigatoriamente acima de seu discípulo.

Preparação para a sexta Iniciação

Antes de passar por essa notável expansão de consciência, o Mestre K.H. já estava ativo a serviço da Sociedade Teosófica. Fazia questão de nada negligenciar para garantir o êxito desse projeto hierárquico. Por isso advertiu Sinnett, em outubro de 1881:

"Deixo ordens a meu 'Deserdado' para que supervisione tudo, na medida em que lhe permitem seus parcos recursos. Agora, devo encerrar. Só disponho de algumas horas para preparar minha viagem longa, muito longa. Espero que nos separemos bons amigos como sempre e que voltemos a nos ver melhores amigos ainda..."[14]

Em janeiro de 1882, o Mestre passou pela Iniciação, mas ainda não estava disponível e foi o Tibetano (cujo apelido era Deserdado ou Djwal Khul) quem respondeu à mensagem. Eis o início de sua carta a Sinnett:

"*Honorável Senhor:*

O Mestre despertou e me ordenou escrever. Para seu grande desgosto, em virtude de certas razões, Ele não poderá, até que se passe algum tempo, se expor aos fluxos de pensamento que brotam tão fortemente além de Himavat."[15]

Deduz-se claramente que a Iniciação fará do Mestre K.H. um *Choan*. E é a esse estado que se refere o Mestre M.: "*Nosso querido K.H. está a caminho do objetivo — o mais elevado de todos, no além como nesta esfera.*"[16]

Na carta 35,[17] o Mestre M. testemunha o resultado: "*K.H. já não está nas mesmas condições, lembrem-se disso; não é mais o* kashmiri *de outrora.*"

Para informação complementar, precisemos que a aparência atual do Mestre K.H. é a mesma de quando atingiu a quinta Iniciação.

A sexta Iniciação é também chamada a da "Decisão", pois a partir desse momento o Mestre deve escolher um dos sete Caminhos Superiores, para onde deve agora se dirigir; um desses caminhos é o do "serviço terrestre", que consiste em permanecer na Terra para ajudar a humanidade. O Tibetano nos fornece um detalhe importante ao informar que alguns Mestres estão prontos para cumprir essa etapa da escolha, mas adiam-na a fim de facilitar a exteriorização da Hierarquia e a vinda do Cristo.

O local do retiro do Mestre K.H. não é mencionado, apenas sugerido pelo Mestre M.: há ali uma velha torre em que gerações de Bodhisattvas foram gestados. Tratar-se-ia de nosso vale misterioso?

A importância hierárquica do Mestre K. H. é assim descrita por seu discípulo avançado: "*O Mestre K.H., sendo um* Choan *e um dos Mestres mais antigos (pois veio logo após o próprio Cristo), pode circular à vontade "pela corte de Shambhala". Os Mestres de minha categoria só têm contato com Shambhala em determinados períodos e um dos objetivos de nosso treinamento é buscar assiduamente uma relação mais estreita com o Cristo e, por intermédio deste, com o Senhor do Mundo.*"[18]

Uma vez *Choan*, o Mestre K.H. retomou suas atividades, de modo que seus deslocamentos nem sempre são espirituais. Ele viaja, como qualquer pessoa, a cavalo, de trem ou de navio. Permaneceu no Himalaia (Gyanzé e Kailash) até 1882 e, após sua Iniciação, foi para o Butão, em seguida para

Cingapura, Ceilão e Birmânia. Eis-nos bem longe da imagem idealizada de um Mestre em estado de perpétua meditação, perdido nas nuvens vaporosas das montanhas sagradas!

Embora o Mestre K.H. não tenha sido o instrutor de Blavatsky, foi seu colaborador constante. Instruiu-a quando ela se achava no *ashram* secreto, para onde viera também a irmã do Mestre. Além disso, foi ele quem escreveu a primeira carta aos parentes de Helena, na Rússia, na época em que ela estava num retiro em companhia de seus Mestres. Nafejda Fadeev, tia de Helena, a quem a mensagem era dirigida, contou que recebeu a carta da maneira mais estranha:

"Nossas buscas não tinham dado em nada. Estávamos a ponto de acreditar que ela estava morta quando recebi... uma carta daquele que vocês chamam, creio eu, de "Kuth Humi". Essa carta me foi entregue em casa, da maneira mais misteriosa e incompreensível, por um mensageiro de feições asiáticas, que desapareceu subitamente diante de meus olhos."

Foi também o Mestre K.H. quem lhe serviu de guia no Tibete, mostrando-lhe lugares desconhecidos e mosteiros de lamas muito famosos como o de Shu-Tukt, onde uns 30 mil monges e monjas treinam alta magia (*meipo*).

No período que precedeu sua Iniciação, o Mestre K.H. aceitou inúmeros alunos de grau mais baixo. Isso já não acontece hoje em dia! *"Mestres como K.H. e M. só se ocupam atualmente de discípulos treinados — tais são as exigências do trabalho mundial."*[19]

É o que repete constantemente o Tibetano — e isso tende a provar que os médiuns e canais de todos os tipos, que pensam receber mensagens de Morya, Rakoczi ou K.H., estão completamente iludidos. O Tibetano explica: *"A pressão exercida pelo trabalho sobre os Mestres Morya e K.H. é tal que procuramos ajudá-los como podemos nas suas tarefas. Do mesmo modo, o Mestre Hilárion ajuda o Mestre Jesus em boa parte de sua tarefa, que consiste em treinar discípulos do sexto raio."*[20]

Eis um resumo da atual missão do Mestre Kut Humi:

"O Mestre K.H., Choan do raio do ensino e que será o próximo instrutor mundial, já se mostra ativo em sua própria linha de trabalho. Esforça-se por modificar a forma-pensamento do dogma religioso, implantar nas igre-

jas a ideia da Segunda Vinda e introduzir num mundo entristecido a visão do Grande Ser confiável, o Cristo. Ele opera com os devas cor-de-rosa e os devas azuis no plano astral, contando ainda com o auxílio inestimável do grande Anjo guardião desse plano, chamado (na terminologia hindu) o Senhor Varuna. A atividade no plano astral está muito intensificada e os anjos da devoção, em quem predomina o aspecto do amor divino, atuam sobre o corpo astral de todos aqueles que estão dispostos a reforçar e a redirecionar sua aspiração espiritual e seu desejo. São os anjos que guardam os santuários de todas as igrejas, catedrais, templos e mesquitas do mundo inteiro. Atualmente, aumentam o ímpeto de sua vibração a fim de elevar a consciência do conjunto dos fiéis. O Mestre K.H. trabalha também com os prelados das grandes igrejas católicas — ortodoxa, romana e anglicana —, com os líderes das comunidades protestantes, com os pensadores de elite no domínio da educação, com (e por meio de) os chefes e organizadores eminentes de povos. Interessa-se por todos aqueles que, animados de intenção altruística, perseguem um ideal e vivem para ajudar os outros."[21]

O falso Kut Humi

A utilização dos nomes e personalidades dos Mestres tem sido constante desde as revelações de H. P. Blavatsky, assim como em outras tradições e religiões. Eis alguns exemplos.

Quando me tornei um dos responsáveis pela Organização Sathya Sai Baba em Paris, nosso grupo se viu às voltas com as miragens do astral de certos membros, que semeavam assim a confusão no espírito daqueles que buscavam a realização do Eu por meio da disciplina, do serviço e da meditação. A condição de Avatar de Sai Baba e a amplitude de seus *siddhis* eram provavelmente a causa disso. Tínhamos que estar sempre separando o verdadeiro do falso, precisando de muita cautela e paciência para apaziguar os espíritos mergulhados nos delírios mais extravagantes. Como primeiro-presidente, tive de tomar decisões penosas que nem sempre eram acolhidas com unanimidade. Toda ação rigorosa era encarada como falta de amor e confundia-se sentimento com espiritualidade. Alguns se diziam em contato telepático com Sai Baba e queriam impor sua vontade; outros faziam parte de organizações pouco sérias e infiltravam suas ideias na simplicidade dos ensinamentos de Sai Baba.

Lembro-me de um indiano chamado Sai Krishna que se trajava como este e afirmava ser seu representante. Esse *swami* (verdadeiro-falso) estava para chegar na França e alguns de nossos companheiros queriam recebê-lo, pois o homem dizia materializar a cinza sagrada. Mas Sai Baba insistira sempre: "*Muitas pessoas exploram a fé de vocês dizendo que eu me aposso de seus corpos ou falo por intermédio delas. Tratem-nas como charlatães que são, do contrário se tornarão seus cúmplices!*"[22]

Decidi escrever ao responsável indiano pela Organização, Senhor Indulal Shah, e ele me confirmou por fax tratar-se de um escroque notório que há anos vinha se aproveitando da imagem de Sai Baba para enganar e enriquecer. Fiz muito bem, pois, em não acolher esse tal Sai Krishna!

Quando da implantação do Centro Sai em Paris, conheci o Sr. L. A., que se empenhava sinceramente em divulgar a mensagem e a presença de Sai Baba. Sua ideia do instrutor era diferente da minha, pois o considerava como Deus e eu o considerava uma emanação divina (*Avatar*). Apesar de tudo, trabalhamos juntos de maneira bastante harmoniosa até o dia em que ele me revelou ter sido secretário de outro Avatar. Mostrou-me então o livrinho escrito por seu amigo, W. Chetteoui, discípulo e representante entusiasta do pseudoavatar — um malandro internacional que, no passado, se fizera passar pelo Mestre K.H. Tornara-se tristemente famoso ao fim da guerra, procurando se introduzir em organizações e movimentos de tendência oculta que tentava controlar, dizendo-se o chefe dos Mahatmas da teosofia.

O livro de Chetteoui tinha uma primeira parte que resumia a vida do Avatar passado, o sacerdote Om Chenrezi Lind, regente de Agartha, e uma segunda consagrada ao Avatar atual, Sathya Sai Baba. Essa mistura era perigosa porque estávamos em presença de um grupo bastante sectário. Fizemos o que devíamos fazer e meu amigo L. A. ficou definitivamente tranquilo. Tínhamos escapado outra vez de uma verdadeira manipulação.

Esse personagem, Om Chenrezi Lind, queria fundar seu próprio movimento. Na mensagem que divulgou em 1947, na revista *Wesak*, pretendia representar a Hierarquia e tinha um plano detalhado de governo que sonhava estabelecer para toda a humanidade. Isso gerou um mal-entendido e desacreditou a Sociedade Teosófica, acusada pela polícia do Estado (associada à Gestapo) de servir aos fins de uma Sinarquia. O falso K.H. tinha lá seus conhecimentos e não temia nada; com isso, até os incrédulos o seguiam. Quando de uma intervenção em Paris, ele ameaçou: "*Se não nos escutarem, desviarei a Terra de sua órbita!*" O delírio e o gênio se casavam harmoniosamente nesse protótipo perfeito de um *Irmão das Trevas*. Ora, o tal Chetteoui era o intermediário entre o falso K.H. e Aïvanoff,[23] que usava para sua organização o nome de Fraternidade Branca e algumas ideias desenvolvidas pelos teósofos.

Durante uma conferência em Paris, diante de milhares de curiosos embasbacados, o falso Mahatma caiu na armadilha do competente tibetólogo italiano Giuseppe Tucci. Este lhe fez perguntas em tibetano, língua que o escroque ignorava totalmente. C. Jinarajadasa, em *La Vie Théosophique* de abril de 1948, determinou com a maior clareza a posição dos teósofos frente a esse aventureiro do oculto. O artigo é longo e só citarei o final:

> "*Esse 'novo Kut Humi' está atualmente na França e se assina, à maneira francesa, 'Kout-Houmi'. Expõe, em brochuras que acabam de sair em francês, que no ano de 1912 foi criada a União Espiritual Universal por Thakus Ayananda, em Suez, e dá uma lista dos sucessivos presidentes, entre os quais encontramos sir Basil Crump..., Maurice Maeterlinck, o doutor Paul Carus e muitos outros. Anuncia que há agora um novo Maha Choan; que a equipe do governo espiritual supremo é o 'Agartha', cujo chefe é ele próprio; que logo abaixo está a 'Grande Fraternidade Branca Universal' ou Sangha, e por aí além. Atribui a si mesmo o título de 'Senhor de Shambhala' — nada mais, nada menos! Segundo informa, foi a seu pedido que Krishnamurti aceitou desmentir as ideias a ele atribuídas pelos chefes teósofos e também 'desmascarar a Sociedade Teosófica'. O sr. D. Rajagopal, que está em Londres, me esclarece que nem ele nem Krishnamurti jamais tiveram qualquer contato com o sr. Lind. Um congresso da 'Grande Fraternidade Branca Universal', sob sua presidência, foi anunciado para os dias 19 a 21 de outubro em Paris.*

"Tais bobagens não chegam a surpreender nos dias que correm; há muito disso por toda parte. Recebi do Chile cartas de um jovem que se diz a reencarnação do coronel Olcott (foto inclusa) e descreve uma senhora de certa idade que ele afirma ser H.P.B. (foto igualmente inclusa). Num segundo comunicado, queixa-se de que o proprietário do imóvel onde os dois moram vai despejá-los (por atraso de aluguel) e pede-me que vá até lá de avião para lhes salvar a pele.

"Tenho em Adyar um dossiê que chamo de 'Dossiê dos Loucos', onde classifico todos os comunicados dessa espécie — e são muitos! O mais espantoso é que vários teósofos de Paris, Roma e outros lugares se atropelam para rodear o novo Kut Humi. Talvez a melhor explicação seja a de Francis Bacon, citando Aristóteles: 'Pois assim como, no dizer de Aristóteles, as crianças começam por chamar todas as mulheres de mãe, mas depois as distinguem conformemente à verdade, assim também a experiência, quando ainda na infância, chamará de mãe todo filósofo, mas, alcançada a maturidade, saberá identificar a mãe verdadeira.'"[24]

Não pense o leitor que isso é uma história antiga! Temos inúmeras provas de que a utilização dos nomes dos Mestres é corrente em nossos dias. Façamos, pois, com que as palavras de prudência desse ilustre teósofo fiquem para sempre gravadas em nossa memória.

Notas

1. Alice Bailey, *Initiation Humaine et Solaire*, p. 57.
2. A *Simla Eclectic Theosophical Society* foi fundada por Sinnett. Era um ramo da Sociedade Teosófica. Ver *Lettres des Mahatmas*, p. 74.
3. *Ibidem*, p. 272.
4. A palavra "irmão" deve ser entendida em seu sentido iniciático. A pessoa de quem se fala é, evidentemente, o Mestre K.H.
5. *Lettres des Mahatmas*, p. 427.
6. *Ibidem*, p. 237.
7. *Extériorisation de la Hiérarchie*, pp. 453-54.
8. Não damos crédito algum à afirmação de Spencer Lewis, fundador da A.M.O.R.C., de que o faraó Tutmósis III foi a encarnação anterior do

Mestre K.H. Note-se, porém, que em sua encarnação como Pitágoras o Mestre K.H. pretendia (real ou simbolicamente) ter sido sucessivamente em vidas passadas: Etálides, Panto, Euforbo e Pirro.

9. Alice Bailey, *Initiation Humaine et Solaire*, p. 58.
10. Ver nota 2 à página 624 da biografia de Noël Richard-Nafarre.
11. *The Vishnu Purana*, traduzido por H. H. Wilson, Punthi Pustak, Calcutá, Índia, 1979.
12. Alice Bailey, *Initiation Humaine et Solaire*, p. 58.
13. H. P. Blavatsky, *Raja Yoga ou Occultisme*, p. 3.
14. *Lettres des Mahatmas*, p. 515.
15. *Ibidem*, p. 289.
16. *Ibidem*, p. 90.
17. *Lettres des Maîtres de Sagesse*, segunda série, p. 69.
18. *L'État de Disciple dans le Nouvel Âge*, vol. II, p. 536.
19. *L'État de Disciple dans le Nouvel Âge*, vol. II, p. 704.
20. *L'État de Disciple dans le Nouvel Âge*, vol. I, p. 714.
21. *Extériorisation de la Hiérarchie*, p. 454.
22. Discurso proferido em Prashanthi Nilayam em 25 de novembro de 1962.
23. Na revista *Wesak*, onde aparece a mensagem do falso K.H. editada pela Champs-Élysées, vemos uma foto de Michaël Aïvanoff sob a qual está escrito: "O Mestre da Escola Divina, Michaël Ivanoff, Embaixador do Grande Conselho dos Sábios (Aghartha) e continuador da obra do Mestre Peter Deunov." Embora Aïvanoff tenha se afastado do charlatão, não deixou de fazer seu jogo e não pode ser levado a sério quanto às suas supostas relações com a Hierarquia! Teria sido melhor para ele imitar a atitude de seu instrutor, um cátaro puro.
24. Traduzido do *Theosophist*, número de novembro de 1947, parágrafo do Editorial: "*On the Watch Tower*", de C. Jinarajadasa.

5
O Mestre Rakoczi

*"Honre em primeiro lugar os Deuses Imortais,
na ordem que lhes foi consignada pela Lei."*

(Pitágoras)

"Aquele que pode ser ele mesmo mostre-se tal qual é!"

(Paracelso)

O Mestre Rakoczi (Mestre R.)

O Mestre R. desempenhou um papel de importância nada negligenciável na elaboração da Sociedade Teosófica e dos conhecimentos que encontramos em *Ísis sem Véu*. Numa certa época, o Mestre se encontrava no sétimo raio, da ordem, da organização, do ritual, da magia, e devido à manifestação recente desse raio sua atividade foi fortemente estimulada. Encarnando várias vezes no mundo ocidental, foi escolhido para estimular a ciência e a espiritualidade nessa vasta região.

Algumas vidas anteriores do Mestre Rakoczi

Sua primeira encarnação conhecida foi como **Santo Albano**. Quando visitei a igreja a ele consagrada na Inglaterra, fiquei surpreso pelo modo como o representaram, com uma cruz ansata egípcia na mão esquerda e uma espada na direita. Segundo todas as evidências, a cruz representa a imortalidade do Espírito e a espada, a iniciação. Santo Albano nasceu em Verulam, onde se tornou governador e promoveu uma ação social, a "Confraria dos Construtores". Iniciado nos Antigos Mistérios do Egito, foi perseguido por Diocleciano e decapitado em 303 d.C.

O Mestre reencarnou logo no corpo de **Proclo** (ano 412), em Constantinopla. Estudou primeiro em Alexandria e partiu depois para Atenas, onde se tornou discípulo de Siliano. Ligou-se então a um grupo secreto que estudava as doutrinas do grande Pitágoras. Apaixonado pelas teorias de Platão, foi iniciado na teurgia. Viajou muito e foi introduzido nas Escolas de Mistérios. Aos 38 anos, sucedeu seu mestre na direção da escola de Atenas e procurou determinar a "verdade única" das religiões e tradições existentes a fim de obter uma síntese perfeita. Ao mesmo tempo místico e homem de ciência, acabará pondo a intuição acima da razão. Desencarnou em 485.

Sua verdadeira missão teve início no corpo de **Roger Bacon**, nascido em 1214 em Lichester, condado de Somerset. Foi um mestre erudito, chamado de "Doutor Admirável" na Universidade de Oxford, onde se entregou ao estudo das ciências. Dominava várias línguas, como o latim, o grego, o hebraico e o árabe, conhecimento que conservaria em vidas futuras, principalmente como Saint-Germain. Doutorou-se também em teologia. Roger Bacon estudou depois em Paris e, voltando à Inglaterra, tornou-se monge franciscano em 1240.[1]

Roger Bacon pode ser considerado o pai da ciência experimental, pois só acatava a autoridade da experimentação e repelia a submissão incondicionada tanto a Aristóteles quanto à influência das Sagradas Escrituras. Como rosa-cruz, perpetuou o tom característico da sabedoria hermética herdada do Egito antigo: um espírito científico voltado principalmente para o estudo e a observação do "*Mundus Liber*". Não se afastou desse modelo mental em suas encarnações posteriores. Sua missão era, em parte, divulgar algumas descobertas que se propôs a experimentar. Devemos a ele vários tratados de acústica e óptica. Foi um matemático excepcional que descobriu erros no calendário juliano e explicou ao papa Clemente IV a maneira de corrigi-los.

Roger Bacon (1214-1294).

Adepto da alquimia, dominava todos os segredos da química e produziu um fogo inextinguível à base de fósforo. Devemos a ele também a descoberta da pólvora de canhão. Voltando a Paris, teve suas pesquisas proibidas pelo papa Inocêncio IV e foi condenado. Por sorte, encontrou um protetor na pessoa de Guy Foulques, que se tornaria bispo de Sabina, legado papal na Inglaterra e depois papa com o nome de Clemente IV. Isso lhe permitiu escrever seus principais tratados, mas o sucessor de Clemente IV, Nicolau III, não se mostrou tão tolerante e Roger Bacon foi de novo aprisionado, dessa vez por dez longos anos. Livre, regressou a Oxford, onde desencarnou em 1294.

Christian Rosenkreuz (1378-1484)

Segundo H.P.B. e o Tibetano, o monge Roger Bacon reencarnou na Alemanha sob os traços de **Christian Rosenkreuz**. Sua história está num dos Manifestos Rosa-Cruzes intitulado *Ecos da fraternidade da mui louvável ordem da R.-C.*, publicado em Cassel em 1614.[2] Fala-se aí, em termos alegóricos, da vida do Mestre Rosa-Cruz nascido em 1378 e morto em 1484, mencionando-se também a descoberta de seu túmulo. No alto da porta secreta que dá acesso ao sepulcro, lê-se a seguinte inscrição: *"Eu me abrirei dentro de 120 anos."* Esse número, somado à data de sua morte, é igual a 1604, ano da descoberta do túmulo e aquele em que os rosa-cruzes decidiram revelar sua presença. Em 1604 foram observados também importantes fenômenos astronômicos, citados na *Confessio* e estudados com muita atenção por Johannes Kepler.

É certo que Christian Rosenkreuz organizou uma ordem secreta constituída por diversos iniciados rosa-cruzes a serviço da loja egípcia. Foi essa organização ou grupo de Irmãos Primogênitos que se espalhou por todos os países da Europa a fim de apoiar a Hierarquia em seu esforço de esclarecer o Ocidente. No entanto, os próprios rosa-cruzes não formaram associação alguma! H.P.B. explica: *"Não edificaram colégios porque, perseguidos em toda parte como feras, tão logo caíam nas mãos da Igreja cristã eram sumariamente queimados. 'A religião proibia', diz Bailey, 'o derramamento de sangue, sendo, pois, necessário contornar a máxima* Ecclesia non novit sanguinem. *Então ela queimava os condenados, pois o fogo não faz correr sangue.'"*[3]

Christian Rosenkreuz não morreu, apenas abandonou seu invólucro carnal e tomou o de **João Hunyadi** (1388-1456). Temos de admitir, considerando-se a data de seu nascimento, ou que a morte de Christian Rosenkreuz é puramente simbólica ou que o Mestre nada mais fez que "adumbrar" (do francês *adombrer*) João Hunyadi.

Foi, pois, como general húngaro que ele protegeu a Europa oriental na invasão turca. Em 1440, o rei polonês o nomeou voivoda da Transilvânia e, quatro anos depois, Hunyadi se tornou regente da Hungria durante a menoridade de Ladislau V. Morreu (1456) dos ferimentos sofridos após a luta

Christian Rosenkreuz (1378?-1484?), fundador da Ordem da Rosa-Cruz.

João Hunyadi (1388-1456).

em defesa de Belgrado contra os turcos de Maomé II, que ele repeliu até a Bulgária. Um de seus filhos, Matias Corvino, foi eleito rei da Hungria.

Annie Besant informa que o Mestre voltou à Terra sob os traços do monge Robertus antes de reencarnar sob os de Francis Bacon, em 1561. Sua atividade como Francis Bacon será decisiva para estimular e restaurar as escolas tradicionais e ocultas, sobretudo as influenciadas pela Rosa-Cruz. Annie Besant sustenta que Rosenkreuz apresentou os Mistérios sob um disfarce cristão, o que ele não era, e que a ordem conseguiu banir boa parte da ignorância da Idade Média.

Francis Bacon (1561-1626?)

O Mestre Rakoczi ora nos surge sob os traços de **Francis Bacon**. É bem nesse momento que ele marcará com seu sinete a influência crescente dos rosa-cruzes na Europa. Em cada país, os rosa-cruzes atuam em conjunto e em perfeita harmonia com o Grande Superior Desconhecido, o inspirador de todas as organizações autênticas. Francis Bacon não estava à frente de nenhuma organização em particular, apenas de um grupo de iniciados de alto nível. A esse título, era reconhecido como o Supremo Hierofante de todas as organizações que veiculavam um fundo tradicional. Afora isso, permanecia como o chefe inconteste dos rosa-cruzes.

Seu objetivo e seu método não mudaram.[4] Procura sempre incentivar a ciência positiva, ou verdadeira, que para ele consiste no conhecimento das causas. Opõe-se sistematicamente à lógica aristotélica, que estabelece um vínculo entre os princípios gerais e os fatos particulares. Rejeita o pensamento dedutivo, elaborado a partir de princípios impostos pela autoridade dos Antigos, e preceitua a *"interpretação da natureza"*, que a experiência dota de conhecimentos essenciais e renovados. Francis Bacon é o teórico da experimentação científica, da utilidade social do saber e do progresso. Esse esforço alcançou seu objetivo, após a morte do Mestre, com a fundação em 1645 do *Colégio Invisível*, cujos membros procuravam concretizar o Plano delineado por Bacon na *Nova Atlântida*. Nessa obra, ele descreve uma "Casa de Sábios" que é um modelo de instituição moderna ideal, tanto no plano espiritual quanto nos planos científico e social. Era uma síntese da-

Sir Francis Bacon (1561-1626), gravura em cobre, Biblioteca Nacional de Paris.

quilo que os rosa-cruzes do passado tentaram produzir e oferecer em cada país. O chefe dessa "Casa de Sábios" usava um turbante com uma pequena cruz vermelha, assinatura da Ordem. Era o modelo que antecipava a futura sociedade ocidental. Em 1662, Carlos II, protetor dos alquimistas, reconheceu oficialmente a academia rosa-cruz, que mais tarde tomaria o nome de *Royal Society*.

Graças ao espírito de liberdade que reinava na Inglaterra, Carlos II pôde conceder proteção duradoura aos pesquisadores científicos, enquanto, nos outros países, os soberanos se achavam sob a tutela da Igreja. Alguns países imitaram depois a Inglaterra e criaram instituições de Estado. Surgiu assim, em 1666, a Academia de Ciências da França, fundada por Colbert segundo o modelo da *Royal Society* e tardiamente aprovada por Luís XIV, em 1699.

O Mestre fez sua aparição num corpo inglês porque, naquele momento, a Inglaterra oferecia as melhores condições para um possível progresso espiritual. O Mestre tinha à sua volta iniciados da Rosa-Cruz ou rosa-cruzes para ajudá-lo na sua missão. Os nomes deles são bem conhecidos e, por isso, não precisamos mencionar todos: T. Campanella, padre Kircher, J. Kepler, J. Böhme, V. Andreae, R. Descartes etc. Um desses homens estava encarregado de uma missão paralela e complementar à de Bacon: Robert Fludd (1574-1637), cuja função era preservar o aspecto iniciático e místico do aparato rosa-cruz, além de selecionar e instruir candidatos.

Bacon escreveu muito e sua obra conhecida já é colossal. Foi o inspirador dos trabalhos de Shakespeare e de vários outros. Como chefe supremo da Rosa-Cruz, está por trás das maiores realizações da ordem, como o restabelecimento da confraria dos rosa-cruzes na Alemanha, em 1604. Foi também ele que, nesse mesmo país, incentivou as publicações da ordem por volta de 1660: *As Núpcias Químicas, Fama Fraternitatis* e *Confessio Fraternitatis*, ou Confissão da Prestigiosa Confraria da Mui Honorável Rosa-Cruz, endereçada aos cientistas da Europa. Neste último texto, os membros da fraternidade tomam a palavra para expor, em catorze capítulos curtos, os pontos de seu programa e interpelam diretamente os "eruditos europeus"! Pela primeira vez na história da humanidade, uma equipe de sábios se dirige aos homens de razão sem pedir licença ao rei ou à Igreja. E o que propõem é típico do espírito dos rosa-cruzes: declaram, sem rebuços, que irão reformar os governos da Europa, que a falsa teologia será descartada e que *"as portas do saber estão agora abertas para o mundo"*.

Essa declaração não foi a única, pois em 1622, obedecendo ao mesmo impulso, um cartaz aparecera um belo dia nos muros de Paris anunciando: *"Nós, deputados do Colégio Principal dos Irmãos da Rosa-Cruz, estamos presentes de maneira visível ou invisível nesta cidade pela graça do Altíssimo, ao qual se dirige o coração do justo. Mostramos e ensinamos a falar sem livros nem anotações, a falar em todas as línguas dos países onde desejamos estar, para tirar os homens, nossos semelhantes, do erro e da morte."*

Cumpre reconhecer que os rosa-cruzes eram depositários de ciências ainda ignoradas na época, pelo menos na Europa. O rosa-cruz alemão conhecido pelo nome de Florentinus de Valentia evoca esses fabulosos conhecimentos:

> "Em mecânica, eles têm os espelhos de Arquimedes. Em arquitetura, as sete maravilhas, os autômatos de Árquitas, de Bacon, de Albert, os espelhos, o fogo inextinguível e o moto perpétuo. Em aritmética, a ritmomaquia, a composição e o uso da roda de Pitágoras, bem como seu método para dar um nome a todas as coisas, até Deus. Em música, a da natureza e da harmonia das coisas. Em geometria, a quadratura do círculo."[5]

Visitando a **cripta da igreja de São Miguel em Saint-Alban, onde está o corpo de Bacon**, li no pedestal da estátua esta estranha inscrição: "*Sic sedebat Baconus*" ("Bacon costumava sentar-se assim") em lugar do clássico "*Hic jacet*"! Segundo Von Weber-Ebenhof, "*Bacon não morreu em 1626, ou seja, com 65 anos de idade, mas com cerca de 104. Inseguro na Inglaterra, fugiu depois de seu enterro simulado para a Holanda, refugiando-se num convento da Rosa-Cruz. Ali, em paz, pôde se dedicar ao desenvolvimento da ciência experimental que fundara.*"[6]

Seja qual for o valor dessa afirmação, ela parece estabelecer que Bacon não morreu aos 65 anos de idade, mas continuou sua missão e a se preparar para o seu regresso à cena — pois, para Francis Bacon, "*mais importante que o feito é o por fazer*".

O conde de Saint-Germain

Eis o Mestre Rakoczi encarnado na última das personalidades que o grande público conhecerá. Sua missão é na Europa e consiste em estreitar os laços entre as nações para que aprendam a viver em estado de consciência unitária. Hoje vemos como isso é difícil, mas vemos também que estamos a caminho de uma conquista prestes a se realizar, queiramos ou não. Há quem suponha, sem poder provar, que o Mestre permaneceu conscientemente ativo entre suas encarnações como Francis Bacon e como Conde de Saint-Germain, tendo nesse período recebido uma alta iniciação no Tibete. Isso bem pode ser verdade, já que tal iniciação faria dele um Mahatma,

*Túmulo de Sir Francis Bacon, igreja de São Miguel em Saint-Alban, Inglaterra.
Coleção do autor.*

Retrato do conde de Saint-Germain a partir de uma gravura em cobre de N. Thomas, Paris, 1783, feita por sua vez a partir de uma pintura a óleo atribuída ao conde Pietro dei Rotari (1707-1762), coleção da marquesa d'Ulfé. A gravura em cobre está hoje na Sala das Estampas da Biblioteca Nacional de Paris.

assegurando-lhe a continuidade de consciência e a alternativa de tomar um corpo sem passar pelo demorado processo do nascimento.

A história, porém, o fará nascer em 1696 como filho de Francisco II Rakoczi (daí seu epíteto de Mestre Rakoczi), descendente dos soberanos da Transilvânia. Mais tarde, o jovem adotaria o nome de Saint-Germain, da cidade de Sangermano, onde o pai tinha propriedades.

Desde a mais tenra idade, o Mestre esteve plenamente cônscio de sua missão. Ele já deve ter alcançado a condição de Arhat e se prepara para a de Choan, segundo o Tibetano, que faz dele o regente do sétimo raio e, após a passagem pela sexta iniciação, do terceiro (que é um poderoso raio de síntese, como sabemos). Assume então as funções de Mahachoan. E eis, pela primeira vez, a explicação oculta do motivo que ensejou essa mudança de responsabilidade:

"O afluxo de energia do Aquário é um dos fatores que permitirá ao Cristo delinear sua tarefa de Salvador e Instrutor do Mundo. Ele lhe permitirá também obter a Iniciação seguinte, que lhe é oferecida e para a qual vem se preparando há 3 mil anos, a tal ponto é elevada e específica essa Iniciação. Foi graças a essa influência que o Mestre R. envergou o manto de Mahachoan para se tornar o Senhor da Civilização, civilização que será condicionada pelo ritmo do sétimo raio."[7]

Esse Mestre excepcional será, durante mais de dois séculos, recebido em todas as cortes da Europa, que ele se prepara para unificar, concluindo assim a tarefa iniciada outrora por Apolônio de Tiana. No entanto, não pode agir sozinho, malgrado a extensão de seus poderes humanos e espirituais, e do *ashram* a que pertence. Alguns mestres virão em seu auxílio, e aqueles com que deverá contar já encarnaram de novo perto dele. Alguns foram expressamente enviados pelo Conselho dos Sábios do Tibete e do Egito, como Cagliostro ou Mesmer (1734-1815). Este último *"era membro iniciado das Fraternidades dos* **Fratres Lucis** *de Lukshor (Luxor) ou do ramo egípcio desta última. Foi o Conselho de Luxor que o escolheu — em obediência às ordens da* **Grande Fraternidade Branca** *— para agir como seu pioneiro habitual no século XVIII (...) Mesmer fundou a* **Ordem da Harmonia Universal** *em 1783,* *onde se achava que só o magnetismo animal era ensinado, mas que, na realidade, expunha os princípios de Hipócrates, os métodos das antigas **Asclépias** e dos Templos de Cura, e muitas outras ciências ocultas."*[8]

De novo, as sociedades secretas reencontram e reconhecem Saint-Germain como seu Hierofante Supremo, o único Mestre que, no Ocidente, foi publicamente ativo durante um período tão longo. Sua condição de Mestre impede que nos espantemos com suas faculdades fora do comum. Ele se destaca em todos os ramos do saber, síntese daquilo que aperfeiçoou nas encarnações mencionadas acima e das quais conserva uma lembrança perfeita. Voltaire, que o conheceu, descreve-o assim a Frederico II: *"Um homem que não morre nunca e que tudo sabe."* Poderíamos resumir seus talentos de artista e cientista citando o ministro belga Sr. de Cobenzl, que o conheceu sob o nome de Sr. de Surmont: *"É a pessoa mais estranha que conheci na vida. Possui grandes riquezas e vive com simplicidade; é de uma retidão espantosa e tem uma bondade digna de admiração. Conhece profundamente todas as artes. É poeta, músico, escritor, médico, físico, químico, mecânico, pintor — em suma, tem uma cultura geral que jamais encontrei em outro homem."* (Paul Chacornac)

O célebre Casanova, que ao mesmo tempo o invejava e admirava, escreveu: *"Sim, era difícil falar melhor que ele... Tinha um tom decidido, mas de natureza tão estudada que nunca desagradava... sobre qualquer assunto ou época, para surpresa de todos, conhecia ou inventava uma série de coisas inverossímeis, cativantes, capazes de lançar uma nova luz sobre os fatos mais misteriosos."*

Um dos muitos talentos que lhe atribuem é o de falar todas as línguas e de ser um alquimista para quem materializar diamantes é brincadeira de criança. Em virtude de sua condição de Mestre, tem pleno domínio sobre o mundo, a matéria e o próprio corpo. São vários os métodos que os Mestres encarnados empregam para preservar seu invólucro carnal jovem e saudável durante muito tempo. Quanto ao conde, usava o chamado método da "transferência", que consiste em criar um corpo adulto à própria imagem pela força da vontade e pela visualização nos planos astral e mental. Quando seu corpo morria, ele o abandonava e se projetava no que havia criado, infundindo-lhe vida com sua presença. É assim que o conde faleceu oficialmente a 27 de fevereiro de 1784 e assim mesmo participou da Convenção Maçônica de 15 de fevereiro de 1785 em Wilhemsbad, onde procurou reconciliar as diversas sociedades iniciáticas disseminadas pela Europa.

> *"Os arquivos da franco-maçonaria provam que Saint-Germain compareceu também à grande Conferência Maçônica de 1785 em Paris, onde se encontravam, entre outros, Lavater, De Saint-Martin, Mesmer, Wöllner, De Gleichen e Cagliostro."*[9]

Ele teve discípulos célebres como Jean-Jacques Rousseau e aliados como Voltaire. Convém não esquecer, existiam organizações secretas de que faziam parte quase todos os iniciados que mencionamos acima, como a dos *Fratres Lucis* (Irmãos da Luz), estabelecida em Florença em 1498. É evidente que tais organizações eram raras, pois só aceitavam membros espiritualmente avançados.

O conde está em contato permanente com os chefes de Estado ou seus representantes na Alemanha, França, Holanda, Inglaterra, Rússia, Bélgica, Itália ou Dinamarca. Suas missões são diplomáticas, mas têm sempre um alcance místico. Os iniciados que servem ao Plano são reunidos, inspirados e comissionados por ele. É o grande Iluminador e de vez em quando se torna o Instrutor, como fez na loja de orientação rosa-cruz dos filaletos, fundada em 1773. É ouvido e respeitado por políticos, reis e grandes senhores.

Uma das ações do conde de Saint-Germain, e não das menores, diz respeito à França. Ajudado por discípulos avançados, procurou operar uma mudança intelectual profunda, impor os três grandes princípios da Liberdade, Igualdade e Fraternidade, e dar novo alento às organizações secretas. Esse esforço haveria de afetar a Europa inteira por intermédio da França. Os frutos de seu trabalho fomentaram a Revolução Francesa e, não importa o que se pense, muitas coisas boas brotaram daquele mal aparente.

Do conde de Saint-Germain ao Mestre Rakoczi

Em sua obra *Iniciação Humana e Solar*, o Tibetano escreveu: *"O Mestre R. está no sétimo raio, o da ordem 'cerimonial' ou magia."* No entanto, anos mais tarde, dirá que o Mestre R. se tornou regente do terceiro raio na qualidade de *Mahachoan*. No meu entender, foi essa passagem que lhe impôs a transferência da loja do Egito para a do Tibete, onde, segundo o Tibetano, está o *ashram* do *Mahachoan*.[10] Isso explicaria ainda a misteriosa iniciação descrita em detalhe no *Ísis sem Véu*. H.P.B. evoca aí a chegada do conde de Saint-Germain ao mosteiro de Tashi Lhumpo, em Shigatsé. Diz, sem nomeá-lo, que um dos irmãos mais conhecidos dessa ordem de adeptos do Tibete era *"um peh-ling (inglês) que veio um dia do Ocidente na primeira parte deste século. Budista consumado,*[11] *após um mês apenas de preparação foi admitido entre os khe-lans. Falava todas as línguas, inclusive o tibetano, e conhecia todas as ciências, segundo a tradição. Sua santidade e os fenômenos que produzia fizeram com que fosse proclamado Shaberon depois de alguns poucos anos de residência. A lembrança dele continua viva entre os tibetanos, mas seu verdadeiro nome só é conhecido pelos shaberons."*[12]

O título de *shaberon* é, na hierarquia do budismo tibetano, inferior em apenas um grau ao de *hobilgan*,[13] dado ao Panchen Lama. Em que momento teria ocorrido essa iniciação? Talvez entre 1746 e 1756, época em que o Mestre saiu da Inglaterra e passou a viajar incógnito pelo mundo!

Seria inútil tentar saber, com precisão histórica, as datas e os acontecimentos que marcaram a trajetória do Mestre. Um tal personagem está além de qualquer classificação ou descrição de natureza puramente humana e objetiva. Compreenda então o leitor que não pretendemos ser infalíveis e confessamos honestamente nossa impotência para tirar conclusões definitivas, mesmo dos testemunhos mais conspícuos. Ainda assim, é possível traçar um esboço do fim de sua missão na Europa.

Em 1881, o Mestre K.H. escreveu a Sinnett uma carta que tem para nós um interesse muito especial:

*"Éliphas (Lévi) estudou o manuscrito rosacruciano (do qual só restam três exemplares na Europa). Esses manuscritos expõem nossas doutrinas orientais baseadas nos ensinamentos de Rosenkreuz que, voltando da Ásia, lhes deu uma roupagem semicristã para proteger seus discípulos das vinganças do clero. É necessário ter a chave da leitura e essa chave é uma ciência **persa**. Rosenkreuz ensinava oralmente. Saint-Germain registrou as boas*

doutrinas numa linguagem cifrada e seu único manuscrito cifrado está nas mãos de um amigo e protetor fiel, o bondoso Príncipe alemão de cujo palácio e em presença de quem empreendeu a viagem de volta — para a SUA CASA."[14]

As palavras do Mestre K.H. são sempre precisas e devem por isso ser levadas a sério. Em primeiro lugar, vale esclarecer que o Príncipe em questão era o *landgrave* Carlos, senhor de Hesse, que foi seu discípulo. O Mestre K.H. nos diz que Saint-Germain partiu em sua viagem de volta para casa! Ele não diz onde, mas sabemos que se trata do Tibete. A transição do conde ocorreu em Eckernfœrde, Silésia, a 27 de fevereiro de 1784. Tinha então 92 ou 93 anos e nascera, portanto, em 1691 ou 1692, uma reencarnação bastante rápida se considerarmos sua transição como Francis Bacon.

O príncipe não esteve presente junto ao leito de morte do Mestre e ficou muito triste. A data não pode, pois, ser aceita porque o Mestre K.H. nos diz que o conde partiu para casa "na presença do príncipe"! Mas, como já observamos, o conde de Saint-Germain, após essa pseudomorte, comparecerá às Convenções Maçônicas de Paris e Wilhemsbad em 1785, fato registrado por historiadores ilustres. Temos, pois, de buscar uma data ulterior para sua partida no Tibete.

Franz Gräffer, outro discípulo do conde, publicou uma conversa ocorrida entre seu irmão Rudolphe e Saint-Germain em Viena, onde se reuniam os irmãos rosa-cruzes. Isso ocorreu entre 1788 e 1790, data que seria a da partida para o Tibete conforme relata F. Gräffer nas *Pequenas Lembranças de Viena*, citando as últimas palavras do conde: *"Eu desaparecerei da Europa aí pelo final do século... Irão me rever dentro de exatamente 85 anos."*

Essas palavras foram ditas em 1790 e, como ponderaram alguns autores, seria lógico que o conde voltasse à Europa em 1875! Isso é ir um pouco longe demais, pois o Mestre fala apenas de um desaparecimento aí pelo final do século — nada de muito preciso! Em consequência, jamais saberemos a data exata da sua partida e nem a do seu retorno. Por outro lado, e levando em conta a carta de K.H., o conde poderia muito bem estar no Tibete em 1784, logo após o abandono de seu invólucro carnal, e ter começado a agir no Ocidente já em 1785."[15]

De volta à Europa, o conde retoma contato com alguns de seus discípulos. Um deles é J. M. Ragon, maçon francês nascido em Bruges em 1789. Muito jovem ainda, foi recebido na loja e no capítulo *Vrais Amis* e, de regresso a Paris, fundou a *Société des Trinosophes*. Segundo H.P.B., trazia consigo vários documentos dados pelo conde de Saint-Germain, "*graças aos quais tinha um conhecimento notável da maçonaria antiga. Morreu em Paris em 1866, deixando muitos livros que escrevera e uma grande quantidade de manuscritos que legou ao 'Grande Oriente'*".[16]

Para encerrar o assunto da vinda do Mestre Rakoczi ao Ocidente, gostaria de citar Annie Besant, cuja honestidade e integridade todos conhecem. Eis o que ela divulgou durante uma conferência: "*Alguns de vocês devem ter lido a parte das memórias do conde de Saint-Germain onde ele, deixando pela última vez a França, anuncia que regressará no começo do século XX — frase misteriosa que não se podia compreender na época, mas que para nós tem uma grande significação. No final do século XIX, com efeito, alguns o encontraram pela primeira vez. Para Madame Blavatsky, ele é sempre um amigo e ela o vê de tempos em tempos na Europa. Quando eu o conheci, disse-me que viria ainda trabalhar no mundo no século XX.*"[17]

Notas

1. Observemos aqui que foi São Francisco de Assis (1181-1226) o fundador da Ordem Franciscana. De acordo com uma certa tradição, São Francisco foi *adumbrado* pelo Cristo, como o foi Krishnamurti. É por isso que certos iniciados, tendo tentado reformar a Igreja católica de dentro para fora, decidiram entrar nessa Ordem. O último até agora foi o Padre Pio.
2. Depois do *Échos*, um texto intitulado *Confession*, apareceu em Cassel em 1615. O terceiro texto rosacruciano começou a circular em 1549 com o título: *Les Noces chimiques de Christian Rose-Croix*. Trata-se de uma condensação da iniciação rosacruciana e das regras que a tornam possível. Mas é também e sobretudo a descrição simbólica e definitiva da Iniciação pela qual passou o Mestre R. durante essa encarnação. É impossível ser positivo quanto ao grau a que ela corresponde, mas parece que se trata de uma quinta iniciação. Com efeito, entre muitos

outros detalhes, Christian Rosenkreuz, em *Noces chimiques*, se cobre com um manto de linho branco para começar sua viagem iniciática. Ora, se estudarmos a recompensa dada aos sete vencedores das Sete Igrejas do Apocalipse de São João (que representam as sete Iniciações maiores), veremos que o vencedor da Igreja de Sardes, que é a quinta, tem doravante o poder de se cobrir de branco!

3. H. P. Blavatsky, *Isis Dévoilée*, vol. I, p. 127. [*Ísis sem Véu*, publicado pela Editora Pensamento, São Paulo, 1991.]
4. As pessoas apaixonadas pelo irracional e pela espiritualidade têm tendência a acusar Francis Bacon de ter dado ênfase à observação e ao estudo, e não à intuição. Esquecem-se facilmente de que o século em que viveu esse grande sábio foi um século em que o dogma da Igreja impunha restrições à ciência, dando origem às piores superstições. É por isso que Bacon procurou sobretudo desenvolver o intelecto e a razão pura, para que pela observação do mundo visível o homem pudesse compreender as leis do invisível com mais segurança. Seu objetivo imediato era difundir a pesquisa científica, independentemente das influências do clero católico e das crenças populares.
5. *Jhesus nobis omnia*, Frankfurt, 1617, citado por Sédir. Les Rose-Croix, p. 75, Paris, 1913.
6. Fr. Wittemans, *La Vérité sur les Rose-Croix d'hier e d'aujourd'hui*, p. 85.
7. *Les Rayons e les Initiations*, p. 187.
8. H.P.B., *Glossaire Théosophique*, p. 224.
9. Dr. Eckert, *Magazin des Beweisfürer für die Verurtheilung des Freimaurerei Ordens*, 1857.
10. O Mestre R. "enquanto Senhor da Civilização está também estreitamente implicado; ele é também — e isso é muito importante — Senhor da Europa" (Alice Bailey, *État de Disciple dans Le Nouvel Âge*, vol. II. p. 566).
11. Com efeito, os discípulos do Conde de Saint-Germain o verão com frequência, no seu refúgio de Aix-en-Provence, passar dias inteiros em meditação na postura do Buda (*padmasana*).
12. *Isis Dévoilée*, vol. IV, p. 297.
13. Hobilgan, igualmente denominado *Khubilkhan* ou *Khubilhan* por H.P.B. Esse é um termo mongol equivalente ao termo tibetano *Chutuktu*, ou seja, um Bodhisattva ou um Buda portador da chama avatárica.
14. *Lettres des Mahatmas*, p. 326.

15. Se os Mestres M. e K.H. tiveram seus falsos profetas, aconteceu o mesmo com o conde de Saint-Germain, cujo nome foi usado por numerosos aventureiros. Alguns se valem indevidamente do seu ensinamento, especialmente os responsáveis pela seita **I AM**, fundada em 1930 por Guy Ballard (1878-1939) e sua mulher Edna (1886-1971). O casal dizia tirar seus conhecimentos do Conde de Saint-Germain em pessoa, cuja morada seria no Monte Shasta, na Califórnia. A seita é representada na França pela Fundação Saint-Germain e dirigida por Angela Von Bast, que se pretende, ela também, comissionada pelo conde!
16. *Glossaire Théosophique*, p. 320.
17. *Annales théosophiques, recueil trimestriel de Conférences et de Travaux originaux* (Annie Besant em Paris), Publications théosophiques, Paris, 1909.

6
O Mestre Djwal Khul

"Sou um discípulo de Pitágoras. Visto-me, não de lã, mas de linho. Minhas sandálias não são de couro, mas de junco. Sou um discípulo de Pitágoras. Minhas roupas são feitas com os produtos da terra e da água. Não como carne animal."

(Apolônio de Tiana)

*"Um coração sem amor é um coração seco,
parece um crematório.
Este corpo, como um fole, aspira o ar e o expele;
Mas não tem, como o fole, sequer um sopro de vida!"*

(Kabir)

O Mestre Djwal Khul[1] (Mestre D.K.)

O Mestre D.K., também conhecido pelo nome de Tibetano, é figura onipresente nas Cartas dos Mahatmas e na vida dos dois Mestres que acabamos de estudar: Morya (M.) e Kut Humi (K.H.). O Tibetano inspirou parte dos conhecimentos encontrados na Doutrina Secreta e está por trás da prodigiosa obra transcrita por Alice Ann Bailey. Seria difícil não lhe consagrar alguns parágrafos deste estudo.

Vidas anteriores do Tibetano

Assim como o Mestre K.H. encarnou outrora em Nagarjuna e depois em Pitágoras, o Tibetano, como seria de se esperar, assumiu importantes personalidades que tiveram influência profunda no pensamento religioso, sobretudo budista.

C. W. Leadbeater nem sempre merece crédito quando se põe a rastrear encarnações para além de um certo período, mas é testemunha privilegiada no que concerne às vidas recentes do Tibetano. E por várias razões, a principal das quais é que se beneficiou do contato direto com Helena P. Blavatsky e, diz-se, de aulas particulares com o Tibetano em pessoa.

Pelo que ele nos conta, o Tibetano foi um monge chamado Karmajyoti, discípulo direto do Senhor Buda. Mais tarde, encarnou no Ocidente sob os traços de Clínias, discípulo de Pitágoras, que fundou uma escola esotérica em Atenas. Uma informação do próprio Tibetano, o que é raro, menciona que ele é antes de mais nada um adepto da quarta raça-mãe (seu corpo tibetano) e afirma que só teve duas encarnações no mundo ocidental.

A última encarnação do Tibetano é bem conhecida, já que se trata do monge Asanga.[2]

O monge Asanga

Dessa vez, ele nasceu durante o século V d.C. no noroeste da Índia, atual Paquistão, mais exatamente em Peshawar, com o nome de Vasubandhu Kanushika. Depois de ordenado monge, passou a se chamar Asanga, mas era conhecido também como Aryasanga, "o homem sem peia". Asanga vivia atormentado porque buscava desesperadamente penetrar na doutrina do vazio (*sunyata*), o que não chegara a realizar completamente em suas vidas anteriores. Mas desta feita a providência divina lhe permitiu ser instruído por um mestre hinayanista (budismo exotérico ou pequeno veículo), mas ele não ficou satisfeito. Graças a seus poderes sobrenaturais, subiu ao céu de Tushita a fim de encontrar lá o Bodhisattva Maitreya, que lhe revelou a doutrina secreta e esotérica da *sunyata* segundo o Mahayana[3] de Nagarjuna. Transmitiu-lhe também outros conhecimentos, como a prática do *samadhi* da luz solar (*Suryaprabhasamadhi*). Asanga permaneceu por algum tempo em Kanyakubja, norte da Índia, onde atraiu grandes multidões com sua eloquência e erudição fora do comum. Em seguida, partiu para o Nepal, para um mosteiro hoje em ruínas, onde conheceu alguns Mestres da Grande Loja do Himalaia. Assumiu então a missão de pregar a terceira e última corrente budista, o Vajrayana,[4] ou veículo tântrico.

Após dois anos, voltou em 657 ao mosteiro de Kanyakubja. Consagrou mais de 25 mosteiros antes de morrer em idade bem avançada, em Rajagriha.

Não sabemos o que lhe sucedeu depois, mas, segundo todas as probabilidades, reuniu-se a seu guru (o Mestre K.H.) no Tibete.

O Mestre Djwal Khul é citado inúmeras vezes nas *Cartas dos Mahatmas* e nós as utilizaremos bastante porque são as únicas referências sérias de que dispomos. Nossa segunda fonte provém daquilo que ele diz de si mesmo na obra de Alice Bailey. Mas, como sempre, o Mestre é muito vago a seu respeito, esclarecendo apenas: *"Vivo como qualquer outro homem num corpo físico, nos confins do Tibete, e presido às vezes (do ponto de vista exotérico) um grande grupo de lamas tibetanos, quando meus outros compromissos o permitem. Por isso se espalhou o boato de que sou o abade desse mosteiro de lamas."*[5]

Em uma de suas obras, o Tibetano é mais explícito e reconhece que pertence a esse mosteiro.

Falando dos membros da Hierarquia, escreve: *"A maior parte deles, em particular os membros antigos da Hierarquia, não se misturam muito com o público nem circulam pelas ruas de nossas grandes cidades. Trabalham como eu mesmo o faço em meu retiro do Himalaia, de onde influenciei e ajudei mais pessoas do que se perambulasse todos os dias em meio ao ruído e ao caos dos negócios humanos. Tenho levado uma vida normal e, acredito, útil como superior de um grande mosteiro de lamas, mas meu trabalho principal está em outra parte, sobretudo no mundo dos homens."*[6]

Nada mais sabemos sobre esse mosteiro, que suspeitamos ser o de Tashi Lhumpo. Como o Tibetano diz que foi o seu abade principal, não acreditamos que fosse um dos Panchen Lamas, mas mais provavelmente um dos regentes que os instruíam.

Para todo Mestre, a preservação do anonimato é essencial e o nome não revela forçosamente sua verdadeira identidade. Isso ele tenta explicar a um de seus discípulos: *"Sempre conservei o anonimato e continuarei a fazê-lo, embora os membros deste grupo de discípulos saibam muito bem quem sou. Vocês me conhecem como instrutor, discípulo Tibetano e iniciado de um certo grau — mas esse grau não tem para vocês importância alguma. É o ensinamento que lhes darei que importa. Sou um iniciado nos mistérios do ser. Essa declaração contém nela mesma informações para aqueles que sabem. Vocês sabem também que me encontro num corpo humano e moro no norte da Índia. Que isso lhes baste e que a curiosidade não encubra o ensinamento"*.[7]

Entretanto, o anonimato não foi mantido e pouco depois ele se explica:

"Revelei a vocês, discípulos, meu verdadeiro nome. As duas razões que me fizeram renunciar ao anonimato foram a necessidade de fazer desaparecer em alguns de vocês qualquer motivo de conjectura e de perguntas a respeito da minha identidade e de incentivar outros a renovar e a consagrar seus esforços. A outra razão é que eu queria que reconhecessem o fato de serem discípulos aceitos, com tudo quanto esse estado implica necessariamente em termos de responsabilidade e oportunidade. Outro fator ainda me fez decidir: pôr à prova sua capacidade de guardar silêncio até que não seja mais necessário."[8]

Foram palavras de grande interesse para aqueles discípulos merecedores, mas admitimos que elas nada mais fazem além de nos induzir pessoalmente a nos consagrar à tarefa de estudar a mensagem, sem nos preocupar com o mensageiro.

Como no caso dos outros Mahatmas, a identidade do Tibetano foi posta em dúvida e se tornou objeto de uma polêmica interminável. Para alguns, o Tibetano era a expressão do Eu de Alice Bailey; para outros, um simples pseudônimo; e, para outros ainda, apenas uma compilação dos ensinamentos de Madame Blavatsky. Na verdade, admitimos modestamente que não aprendemos nada de novo a propósito desse Mestre. Quem sabe não fala e é assim que é. Mas nem por isso deixa de ser natural e sadio fazer perguntas a respeito de um homem que aborda temas sérios como Shambhala, Iniciação, ciência dos sete raios, chave do sistema solar, vida dos Mestres etc. Muitos charlatães e chefes de seitas tentaram fazer o mesmo e não é para estudar de olhos fechados. Admitamos: os que leram todas as obras e as passaram pelo crivo da experimentação (e penso fazer parte desse grupo) concluíram sem dúvida que a profundidade e a novidade dos escritos não podiam provir senão do Espírito de um Mestre. E se Alice Bailey fosse a única responsável por essa literatura, então eu lhe atribuiria um nível tal que ela poderia muito bem ser posta na categoria dos adeptos.

Além dessa literatura, que poucos aspirantes estudam, existem provas antigas da existência desse Mestre. De fato o Tibetano, como os outros Mahatmas, foi visto fisicamente por inúmeras autoridades da Sociedade Teosófica, como lemos nas *Cartas dos Mahatmas*. Lembremos ainda que o Tibetano é o discípulo mais graduado do *ashram* de seu Mestre, o Mahatma K.H., e que é onipresente nas atividades deste. Embora nem todos os teósofos o saibam, foi ele quem transmitiu a Helena boa parte dos esboços e ensinamentos que aparecem em *A Doutrina Secreta*. Seu trabalho em comum aparece nesta carta de K.H.:

"H.P.B. se desentendeu com Djwal Khul, que garante que o desagradável relatório não foi registrado nos autos por Davison, ao contrário do que ela pensa. Naturalmente, Djwal tinha razão e H.P.B. estava errada. Mas, se sua memória falhou nesse ponto, ela lhe foi muito útil quanto ao fato em si."[9]

O Tibetano está sempre procurando ajudar K.H., pois ao que se diz é o Mestre mais versado em assuntos como raios, raças e outros ramos da ciência esotérica. De quando em quando ele se une em pensamento ao Mestre K.H. e "precipita" as cartas que este desejava enviar.

O epíteto de "Deserdado", pelo qual às vezes o chamam, foi-lhe dado por seu Mestre porque, para viver perto do seu guru, construiu uma pequena cabana onde vivia de maneira austera e despojada.

Ao falar de si, o Tibetano se designava sempre como o discípulo humilde do Mestre K.H. Era pura modéstia, pois atingira o estado de Arhat, que lhe conferia o poder de utilizar o corpo espiritual para ir a qualquer lugar onde precisassem dele. Desse modo é que transportava mensagens urgentes na Europa.

Em 1875, o Tibetano passou do estado de Arhat para o de Mestre de Sabedoria, alcançando a quinta Iniciação. Em uma de suas cartas, o Mestre K.H. observa que o Tibetano, que se compraz em ser seu discípulo, na verdade deixou de sê-lo após passar por essa alta Iniciação. O Mestre K.H. deposita plena confiança nesse adepto excepcional, para dizer o mínimo. Declara, falando de suas próprias atividades no mundo, que, caso precisasse se retirar, seu posto seria preenchido pelo Mestre Morya e pelo Mestre Djwal Khul — maneira sutil de dizer que o Tibetano assumirá as funções do Mestre K.H. quando este for chamado a um cargo superior.

Algumas pessoas tiveram o privilégio de ver o Tibetano em seu corpo astral, outras o conheceram fisicamente. Se bem que esse corpo pareça material e idêntico ao de um homem encarnado, não nos enganemos! Ele é feito de luz e pode escapar às limitações do tempo e do espaço. Pode transpor milhares de quilômetros em questão de segundos ou alterar sua aparência. Na verdade, era uma característica do Tibetano mudar de aspecto conforme o discípulo que encontrava. Mas, fosse qual fosse sua aparência, trazia sempre um grande bastão. Mencionei um possível contato do Tibetano com Alexandra David-Néel,[10] onde ele aparece com o famoso bastão. No desenho do vale secreto que "precipitou", ele se representa também com o bastão.

H.P.B. foi decerto a primeira a encontrá-lo no Tibete, no *ashram* dos Mahatmas. Ela testemunha numa carta a Sinnett:

"Caro Senhor Sinnett,

"Como pode ver, estou cumprindo minha palavra. Ontem à noite, enquanto sofríamos horrivelmente com o balanço da nossa cuba de lixívia Clan, Djwal K. apareceu e me perguntou em nome de seu Mestre se eu não queria lhe mandar uma nota. Respondi que sim. Pediu-me então para arranjar papel — que eu não tinha. Ele me disse então para dar um jeito. Fui pedi-lo a um passageiro, não contando mais com Madame Holloway para me abastecer. Ah, gostaria muito que os passageiros, sempre a querelar conosco sobre a possibilidade de certos fenômenos, pudessem ver o que se pas-

sava em minha cabine, ao pé do meu beliche! Como a mão de D.K., tão real quanto uma mão viva, ia traçando as letras conforme o ditado de seu Mestre e como a carta apareceu em relevo entre a parede e minhas pernas."[11]

Em outra carta a Sinnett, Helena conta que, no *ashram* de seu Mestre no Himalaia, ela fala inglês com o Tibetano, pois, segundo diz, *"ele fala melhor essa língua que o Mahatma K.H."*.[12] Aí não temos a descrição de um espírito e sim de um Mestre plenamente encarnado no plano físico. Assim, como o Tibetano se interessava muito por Sinnett, ajudou-o a realizar uma experiência espiritual, coisa que desejava ardentemente. K.H. escreve: *"A visão foi o resultado de uma tentativa de D.K., que acompanha com enorme interesse seu progresso. Conseguiu que você saísse do corpo, mas fracassou por completo no esforço de abrir sua visão interior pelos motivos que você mesmo aventou, corretamente, na época."*[13]

Que Blavatsky tenha inventado o Tibetano em suas numerosas e apaixonantes cartas é difícil de admitir, mas possível. Mas nesse caso, nenhuma outra pessoa poderia tê-lo visto! Ora, é certo que alguns membros da Sociedade tiveram até o privilégio de um contato físico. Leadbeater foi uma dessas felizes testemunhas e, se aceitamos o seu testemunho, é porque o encontro se deu em presença de Helena:

"Vi outros membros da Grande Fraternidade em diversas ocasiões. Meu primeiro contato com um deles ocorreu num hotel do Cairo; a caminho da Índia com Madame Blavatsky e outros, paramos por algum tempo na capital egípcia. Tínhamos o hábito de nos reunir para trabalhar no quarto de Madame Blavatsky e eu estava sentado no chão recortando e colando artigos de jornal de que ela necessitava. Ela se acomodara a uma mesa próxima e meu braço esquerdo tocava a sua roupa. A porta do quarto, bem à vista, com certeza não se abriu. Mas de repente, sem o menor aviso, avistei um homem de pé entre Madame Blavatsky e eu, ao alcance de nosso toque. Tive um grande sobressalto, ficando um pouco confuso. E ela, rindo, me disse: 'Se não consegue se dominar diante de tamanha bagatela, não irá longe em ocultismo!' Fui apresentado ao visitante. Ele ainda não era um Adepto,

apenas um Arhat, o que corresponde um grau inferior. Mais tarde se tornou o Mestre Djwal Khul."[14]

Outra pessoa teve idêntico privilégio. Trata-se de Isabel Cooper Oakley:

"Cooper Oakley, um irmão hindu e eu [C. W. Leadbeater] estávamos sentados num terraço em Adyar, conversando. Na época, só fora construído o prédio do Quartel-General e por trás dele estendiam-se cerca de cinco hectares de terreno mais ou menos inculto. De repente, o Mestre Djwal Khul, principal discípulo do Mestre Kuthumi, avançou em nossa direção. Recebíamos dele frequentes ensinamentos e ele sempre se mostrava muito afável e cheio de paciência para com seus alunos. Naquele dia, falávamos sobre os raios e Cooper Oakley, bem à sua maneira, pediu-lhe: 'Mestre, poderia nos explicar a questão dos raios?'..."[15]

Eis uma última prova, que nos vem da condessa Constance Wachtmeister em carta endereçada a Sinnett com data de 13 de dezembro de 1885: *"Ontem à noite, ouviu-se de súbito um forte barulho e Djwal Khul apareceu. Explicou que pretendia escrever por minha mão. Percebi-o indistintamente ao meu lado, senti sua influência, ouvi as poucas palavras que me disse e as registrei."*[16]

Ressaltemos que, mesmo que Leadbeater tenha cometido erros no curso de suas viagens astrais, sua excepcional clarividência nunca foi questionada. Ele não só reconheceu J. Krishnamurti pela pureza de sua aura como, auxiliado por Annie Besant, fez uma série de experiências clarividentes graças às quais ambos descobriram, entre outras coisas, a existência do átomo final e dos quarks, como bem o reconheceram os físicos modernos. Seu poder de clarividência era tão grande que o próprio Tibetano utilizou suas observações[17] a fim de descrever a estrutura invisível dos chakras. O fato de Leadbeater, no turbilhão do astralismo em que estava preso, ter supostamente sofrido uma queimadura lombar devido à subida da kundalini, não impediu o Tibetano de admitir que o homem atingira um alto nível de evolução.

Como Leadbeater faz referência à aparência do Tibetano, esclareçamos que os Mestres da quinta Iniciação assumem em geral uma aparência física diferente, mas o Tibetano foi o único a conservar a antiga forma, com que passou por essa Iniciação. Leadbeater, que o viu em 1875, lhe atribui feições nitidamente tibetanas e um aspecto um pouco rude.

Sobre sua obra literária

Como sabem todos os que estudaram o conjunto das obras do Tibetano, estas são de dar vertigem. O que está escrito é a melhor prova de sua origem hierárquica, pois, contrariamente ao que costumamos ler, esse ensinamento é *novo* e *desconhecido*. Trata-se de uma tradução e de uma interpretação clara dos textos sagrados e nebulosos das grandes religiões antigas. *A Doutrina Secreta* e as dezoito obras do Tibetano formam uma massa considerável de conhecimento das leis universais, explicadas e desveladas por meio de ciências como a dos raios, da astrologia, da cura e da psicologia espiritual. Na obra maior, intitulada *Um Tratado sobre o Fogo Cósmico*, encontramos também pela primeira vez uma explicação da chave do sistema solar. A obra é de uma tal beleza, de uma tal profundidade e de uma tal simplicidade em sua complexidade, que nos assalta um sentimento de elevação e até transcendência frente a conhecimentos e ideias de tamanha qualidade — mas, ao mesmo tempo, ficamos perplexos diante de um ensinamento que, malgrado sua extensão, jamais se contradiz. Esse conhecimento do ser e do mundo não poderia ser registrado de repente, sem ter sido pensado e experimentado durante séculos. Como não existe nenhuma obra escrita sobre os temas tratados, não cabe falar de compilação por parte de Alice Bailey. Mesmo os escritos de H.P.B. não poderiam ter sido compilados a partir de outros já existentes, pois nada de completo tinha sido escrito sobre os sete raios, a iniciação, a astrologia ou a Cura esotéricas!

Vale observar também, as obras do Tibetano manifestam um poder verbal jamais percebido nas que a própria Alice Bailey escreveu. Vejamos agora como ocorreu o primeiro encontro entre Alice Bailey e o Tibetano.

Alice Bailey e o Tibetano

Em sua autobiografia inacabada, Alice Bailey conta ter conhecido o Mestre quando tinha 15 anos e morava na Escócia. Ignorava-lhe então a identidade, mas sentia-se protegida por ele. Bem mais tarde, quando participava das atividades de um círculo interior da Sociedade Teosófica, reconheceu seu instrutor num dos retratos ali expostos. Era o Mestre K.H. Mas o Tibetano foi o encarregado de entrar em contato com ela.

Em novembro de 1919, houve um primeiro contato. Ela ouviu uma nota musical dentro de si e no ar, com uma voz lhe dizendo: *"Há livros que seria bom escrever para o público. Você pode escrevê-los. Quer fazer isso?"* Alice se recusou, alegando que aquilo era psiquismo inferior, mas a voz lhe respondeu que ela tinha dons especiais para a telepatia superior e que aquilo nada tinha a ver com psiquismo inferior. Alice persistiu na recusa e a voz lhe comunicou que esperaria e voltaria em três semanas para saber a resposta.

Alice Bailey não era médium e tinha sua consciência sob controle absoluto. Estava-se longe das mensagens espíritas por meio de escrita automática![18] Finalmente, ela se deixou convencer e se submeteu a um mês de testes. Durante as sessões, ela se limitava a registrar os pensamentos depositados em seu cérebro, melhorando um pouco o inglês. Não se permitia mudar uma palavra, pois se o fizesse o Tibetano interrompia imediatamente o ditado. O que lhe foi transmitido dizia respeito aos primeiros capítulos da obra *Iniciação Humana e Solar* e, a partir de 1920, os textos foram publicados na revista *The Theosophist*, o que provocou certas reações entre os teósofos conservadores. Depois, nada mais foi publicado.

O Tibetano esclarece que esse primeiro manuscrito circulou antes de ser editado e que Leadbeater se serviu dele para escrever *Os Mestres e a Senda** — sem, é claro, citar as fontes! Dizendo isso de Leadbeater, o Mestre procurava proteger seus ensinamentos, pois o outro havia dado naquela obra uma interpretação pessoal da Hierarquia, pouco conforme à verdade. A Sociedade Teosófica não quis ajudar e Alice fundou por iniciativa própria a Escola Arcana,[19] usando o modelo do que se espera de uma escola na era de Aquário, modelo que ela define assim:

---

* Publicado pela Editora Pensamento, São Paulo, 1977. (fora de catálogo)

Alice Ann Bailey (1880-1949), a primeira mediadora do ensinamento ministrado pelo mestre Tibetano por meio da telepatia superior.

Alice Ann Bailey (1880-1949)

"Uma escola esotérica é, pois, o meio pelo qual o centro de vida do discípulo se torna o centro da alma; nem o mundo físico, nem o mundo emocional e nem o mundo mental são sua principal esfera de atividade, mas apenas seu campo de trabalho, e sua personalidade se torna aquilo através do que sua alma serve. Ele aprende a trabalhar unicamente nos níveis espirituais e sua consciência se concentra, de modo estável, na alma e no ashram do Mestre. A escola esotérica lhe ensina como chegar a isso, como estabelecer contato com a alma, como viver enquanto alma, como reconhecer um Mestre e como trabalhar no grupo de um Mestre. Aprende as técnicas pelas quais pode registrar as impressões recebidas do Mestre, abrir-se às intenções do grupo e tornar-se cada vez mais sensível ao Plano que o Mestre e o ashram se comprometeram a realizar."[20]

Além do fato das obras do Mestre D.K. terem como objetivo a difusão de um conhecimento hierárquico desconhecido na época, alguns de seus livros tinham também o propósito de pôr um freio na Guerra Mundial, como ele mesmo afirma: "*Em 1932, escrevi uma série de opúsculos com o fim de mobilizar discípulos do mundo todo sob o nome de Novo Grupo de servidores do mundo e de estimular nos homens de boa vontade um último esforço para conscientizar a humanidade da necessidade de mudança. Tentei promover uma grande limpeza mundial e incitar os homens a tomar as medidas necessárias para evitar a guerra — que a Hierarquia via se aproximar a cada dia.*"[21]

Quanto ao local de sua última residência conhecida, parece quase certo que o Mestre deixou Shigatsé ou o *ashram* secreto no momento da invasão do Tibete pelos chineses, em 1950. E, em data que ignoro, instalou-se no norte da Índia (Nepal?), como ele diz em *Discipulado na Nova Era*, volume I, página 28.

Encerraremos este capítulo citando algumas linhas a propósito da ação do Mestre D.K. no mundo:

"*Ele trabalha com os que curam; ignorado e invisível, colabora com os pesquisadores da verdade nos grandes laboratórios do mundo, com os que são definitivamente dedicados à cura e ao consolo do mundo, e com os grandes movimentos filantrópicos mundiais como a Rosa-Cruz. Ele se ocupa de certos alunos de diferentes Mestres que podem se beneficiar de suas lições e, nos últimos dez anos, tem aliviado os Mestres K.H. e M. de boa parte de seu trabalho de instrução, encarregando-se por períodos indeterminados de alguns de seus alunos e discípulos. Trabalha também com grupos de devas do éter, que são devas curadores e que colaboram com a cura de certos males físicos da humanidade.*"[22]

Notas

1. Esse nome é grafado de maneiras diferentes tanto na primeira parte (Djual, Djwhal, Gjual e até Gywal) quanto na segunda (Kool, Koul, Khul e Khool). Optamos por "Djwal Khul" ou "D.K", mas sempre que

possível o chamamos de Tibetano, respeitando ao mesmo tempo a variação ortográfica das citações.
2. Segundo alguns teósofos, a escola Yogachara teria sido fundada por outro Aryasanga, discípulo direto do Buda. Não dispomos, porém, de informações seguras para confirmar que esse primeiro Aryasanga fosse uma encarnação do Mestre D.K.
3. O Mahayana é a segunda corrente budista. Nagarjuna, segundo as escrituras sagradas do budismo, tinha sido convidado pelos nagas a descobrir seu reino subterrâneo, onde se encontravam ensinamentos secretos, sobretudo um texto sobre a doutrina do vazio (*prajnaparamita*), que serviu de base para essa nova corrente.
4. Em *Shingon, le bouddhisme tantrique japonais* (Éditions Guy Trédaniel), falamos dessa corrente budista secreta a que Asanga se ligou e que provém de uma linhagem de mestres iniciados da qual o primeiro foi Mahakashyapa.
5. Resumo de uma declaração feita pelo Tibetano e publicada em agosto de 1934; ela vem depois do prefácio de todas as obras de Alice Bailey.
6. Alice Bailey, *Extériorisation de la Hiérarchie*, p. 611.
7. Alice Bailey, *L'État de Disciple dans le Nouvel Âge*, vol. I, p. 28.
8. *Ibidem*, p. 106.
9. *Lettres des Mahatmas*, p. 516.
10. Ver *Wesak, Mystérieuse Vallée du Tibet*, pp. 53-4.
11. *Lettres des Mahatmas*, p. 544.
12. *Ibidem*, p. 557.
13. *Ibidem*, p. 391.
14. C. W. Leadbeater, *Les Maîtres et le Sentier*, pp. 10-1. [*Os Mestres e a Senda*, publicado pela Editora Pensamento, São Paulo, 1971.] (fora de catálogo)
15. *Ibidem*, pp. 234-35.
16. *The Letters of H. P. Blavatsky to A. P. Sinnett*, p. 265.
17. *La Vie Intérieure*, Éditions Angl., vol. I, pp. 447-60.
18. Sua reação é compreensível, pois ainda hoje uma das miragens que alteram a verdade do ensino esotérico envolve a recepção de mensagens inspiradas pelos Mestres. Conheço um grupo que recebe, pelo viés de mensagens espíritas, ensinamentos provenientes de Louis-Claude de Saint-Martin. O teor das mensagens é tão pobre que é preciso ser ingê-

nuo para acreditar, por um instante que seja, que se trata desse adepto! Eu soube há pouco tempo que uma guia de excursões turísticas ao monte Kailash aproveitava a ocasião para transmitir recados do Tibetano! Esses dois exemplos, entre milhares de outros, deveriam tornar mais prudentes aqueles que escutam vozes em vez de escutar a Voz.
19. O endereço da Escola Arcana é: 1, rue de Varembé, (3e), 1211, Genève 20 — Suisse.
20. Alice Bailey, *Autobiographie Inachevée*, p. 280.
21. *Extériorisation de la Hiérarchie*, p. 424.
22. Alice Bailey, *Initiation Humaine et Solaire*, p. 60.

Segunda Parte

"Seca-se a erva, e caem as flores, mas a palavra de nosso Deus subsiste eternamente."

(Isaías, 40-8)

*"Os Santos, todos eles, se enganaram:
Reverenciam Aquele que tem quatro braços,
Mas Kabir adora Aquele
Cujos braços ninguém consegue contar!"*

(Kabir)

Advertência ao leitor

Na primeira parte, vimos os pontos básicos do ensinamento dos Mestres, daquilo que consideramos "tradicional". Esse ensinamento é semelhante, no fundo, aos dos Mestres de todas as épocas, do Buda ao Cristo, passando por Zoroastro, Orfeu, Nagarjuna, Adi Shankara, Tsong-khapa, Confúcio, Kukai, Platão e também Pitágoras. Os nomes não importam, pois são todos a fonte da Sabedoria onde bebem todos os buscadores da verdade. São a "Comunhão dos Santos", a fonte de inspiração de todas as religiões que abraçam a busca de Deus e o amor ao próximo. Essa fraternidade de luz tem amparado aspirantes e discípulos do mundo inteiro, independentemente de raça, sexo ou posição social. Os Mestres revelaram as maiores descobertas científicas e são o cerne das mais belas aspirações místicas que o homem consegue exprimir.

Como o leitor que nos acompanhou de perto até aqui terá compreendido, o que acabamos de escrever não tem a pretensão de ser único e nem uma prova irrefutável da verdade. Trata-se de mera hipótese de trabalho a ser estudada seriamente por meio da razão e da intuição. Se o que o leitor leu lhe parece razoável, que continue com esta segunda parte, senão que se abstenha.

Nesta segunda parte ressaltaremos especialmente o modo como os Mestres têm trabalhado no Ocidente e sobretudo como, em certos casos, o ensinamento foi manipulado e distorcido a ponto de ficar incompreensível. Ao longo das páginas, o leitor poderá descobrir o que aconteceu ao ensino tradicional comparando-o ao que está escrito na primeira parte.

Muito nos importa, antes de tudo, propor um material de reflexão àqueles que se interessam pelo ocultismo e o misticismo, para não caírem nas redes de organizações falsamente tradicionais ou grupos sectários. Não buscaremos a condenação sistemática de todos os grupos de pessoas que, com ou sem razão, se afastaram da ortodoxia majoritária. Alguns desses grupos são religiosos, outros políticos. São fanáticos e sectários ou, ao contrário, generosos, puros e fraternos. Não convém misturá-los, pois algumas dessas seitas foram outrora condenadas, embora fossem emanações puras da Grande Loja Branca. O melhor exemplo é a seita dos essênios, que se opôs ao judaísmo oficial ortodoxo desfigurado, e na qual o Mestre Jesus foi criado e instruído.

7
O caso Krishnamurti

"Que a Doutrina seja vossa Lâmpada, que a Doutrina seja vosso refúgio. Não busqueis outro refúgio."

(Buda Gautama)

"A lâmpada do teu corpo é o olho. Portanto, se o teu olho estiver são, todo o teu corpo ficará iluminado; mas, se o teu olho estiver doente, todo o teu corpo ficará escuro."

(Jesus Cristo)

J. Krishnamurti e o retorno do Cristo

Um jovem indiano, sujo e maltrapilho, brinca com outras crianças, uma criança como milhares de outras. Mas um homem passa e se detém, fascinado pela aura esplendorosa da criança. Jiddu Krishnamurti acaba de ser descoberto e o clarividente a quem devemos esse feito é C. W. Leadbeater.

Na época, havia na Sociedade Teosófica um rumor de que o Instrutor do Mundo, o Cristo, conhecido no Oriente como Maitreya, logo estaria de volta à Terra. Leadbeater sabia muito bem disso e, quando percebeu a pureza da aura do jovem Krishnamurti, pensou sinceramente que aquela criança seria o veículo para o Cristo. Nesse exato momento foi introduzida uma dose de ilusão, que não tem em Leadbeater o principal responsável. Mas esse pensamento, difundido pela imprensa sensacionalista da época, fará de Krishnamurti o novo Instrutor do Mundo.

Vale lembrar que, pela primeira vez, buscadores sinceros, aspirantes e curiosos estavam estimulados pelos livros de H.P.B. e as obras fortemente canalizadas do astral de Leadbeater arrastavam a imaginação das massas para os cumes do Himalaia, os *ashrams* secretos e os Mahatmas imortais! Essa literatura, embora fosse de grande riqueza intelectual, apresentava os fatos à luz de um antropomorfismo um tanto exagerado e todo mundo se identificava com os discípulos aceitos, acreditando-se investido de uma missão ou se preparando para passar por uma Iniciação superior! Se Leadbeater pode ser considerado um iniciado comedido, o que ele escrevia se dirigia a pessoas do tipo devocional pouco mentalizadas, a ponto da menor informação esotérica suscitar rumores sem fundamento e extravagâncias por parte dos menos instruídos. O pior é que essa influência astral e distorcida afetará também alguns dos mais altos responsáveis pela Sociedade Teosófica.

Blavatsky sabia que a vinda do Avatar que encarnaria novamente o Cristo era um acontecimento iminente. Sabia também que essa vinda dependia de certas condições, entre elas a discrição. Portanto, uma notícia dessas não podia ser espalhada aos quatro ventos. Como escreve Pupul Jayakar, um antigo discípulo de Krishnamurti: *"Aí pelo fim do século XIX, o rumor da Vinda de um Messias ou Instrutor do Mundo corria nas comunidades ocultas. Blavatsky escrevera pouco antes de morrer, em 1891, que o verdadeiro objetivo da Sociedade Teosófica era fazer os preparativos para a vinda do Mestre do mundo."*[1]

Essa atitude se justificava perfeitamente quando comparada às afirmações do Tibetano, para quem o maior acontecimento de nossa época é, como já dissemos, a exteriorização física da Hierarquia, seguida do retorno do Cristo.

Na verdade, o erro foi menos falar abertamente dessa vinda do que antecipar um acontecimento a se realizar depois do terceiro milênio, coisa que H.P.B. e Annie Besant ignoravam. Leadbeater e Annie Besant assumiram então a responsabilidade de criar e instruir o jovem Krishnamurti para fazer

Jiddu Krishnamurti.

dele um perfeito cavalheiro. Compreende-se muito bem terem ambos suposto, de boa-fé, que aquele rapazinho se transformaria realmente no veículo permanente do Cristo, pois o corpo de Krishnamurti era às vezes objeto de reais "adumbramentos" crísticos. Até os membros da ordem não dotados de clarividência pressentiam frequentemente aquela estranha e poderosa Presença Divina. Krishnamurti jamais contaria em detalhe o que se passava nesses instantes excepcionais. E como poderia se, enquanto o Instrutor utilizava seu mental, ele mesmo permanecia inconsciente?

As pessoas se entregavam a conjecturas e, hoje, ninguém é capaz de explicar com clareza por que Krishnamurti se recusou a servir de veículo para o Cristo. Ninguém exceto o Tibetano, segundo o qual a volta do Cristo se exprimirá de início por uma escalada da consciência crística no coração dos homens, em todos os lugares, e disso o espírito de Boa Vontade será a primeira expressão. Ele declara que muitos discípulos serão "adumbrados" por Ele, como o fez outrora através do corpo de Jesus. E conclui:

"Uma das primeiras experiências que fez quando se preparava para esse tipo de atividade foi com Krishnamurti. Ela não teve êxito completo. Pessoas do tipo devoto, numerosas na Sociedade Teosófica, desvirtuaram suas instruções espirituais e aplicaram de maneira errada o poder por Ele transmitido. O experimento foi suspenso, mas ao menos se prestou a um propósito bastante útil."[2]

Annie Besant, sucessora de Madame Blavatsky, era uma mulher respeitada por todos, inclusive os inimigos da Sociedade Teosófica. Iniciada autêntica, tinha uma alma pura, erudição profunda e energia extraordinária para o trabalho. Foi a única responsável por ter mantido o ensinamento teosófico na linha dada pelos Mahatmas, e isso apesar dos erros, cometidos principalmente devido à confiança que depositava nos colaboradores. Mas era psiquicamente limitada, tendo sacrificado esse aspecto de seu desenvolvimento ao serviço dos outros. Foi exemplar na luta pela libertação da mulher indiana e teve participação tão grande quanto Gandhi na independência da Índia. Além disso, acabou por confiar tudo quanto dizia respeito ao mundo oculto a Leadbeater. Todo mundo reconhece que foi muito influenciada por ele, o que resultou em erros lamentáveis. Confessou que H.P.B. tinha anunciado a vinda próxima de um Instrutor, mas explica: *"Ela situava esse acontecimento talvez meio século mais tarde que eu. Só o tempo dirá qual de nós tem razão a respeito da data."* Sabemos agora que Blavatsky é que tinha razão!

O caso Krishnamurti

A espera pela retorno do Cristo não é em si um problema. O problema são as interpretações profundamente distorcidas dos "adumbramentos" de Krishnamurti pelo Cristo. Krishnamurti não se mostrava indiferente e a delicadeza do caso provinha do fato de ocorrer no coração da Sociedade Teosófica. Além disso, o grupo que fazia de Krishnamurti o futuro veículo do Cristo era agora uma organização paralela, surgida em 1912 com o nome de *Ordem da Estrela do Oriente*. Na época, Annie Besant acreditava firmemente que o Cristo escolhera em definitivo sua futura morada. Mas não era dessa opinião o principal interessado, o próprio Krishnamurti, que só não protestou logo de início por causa de seu profundo respeito e amor por Annie Besant, que considerava como mãe adotiva. Em 25 de outubro de 1913 houve uma primeira reunião da Ordem, formada por 29 representantes nacionais e que contava já com 15 mil membros. A Ordem se tornou muito influente e a Sociedade Teosófica corria o risco de perder sua unidade e seus objetivos. Contrariamente ao que se comentou na época, Krishnamurti nunca foi contra a Sociedade Teosófica. Prova-o esta carta escrita ao Sr. Wadia: *"A teosofia é a pedra angular de todas as religiões e esperamos que nossa sociedade (a S.T.) seja suficientemente tolerante para acolher reformadores de qualquer seita e dar-lhes asilo... Um de nossos mais caros desejos é ver nascer na Índia um movimento que simplifique e esclareça o hinduísmo à luz da teosofia."*[3]

Quando Annie Besant declarou que o Cristo tinha definitivamente escolhido o corpo de Krishnamurti e que, para preparar o acontecimento, seria preciso (por ordem do Cristo!) escolher doze apóstolos para recebê-lo, viu-se atrás de tudo isso a influência do monsenhor Wedgwood,[4] de Arundale e de Leadbeater, todos três bispos da Igreja Católica Liberal. Sendo a teosofia a essência de todas as religiões, edificar uma nova Igreja não poderia ser o desejo da Hierarquia, tanto mais que com isso se amenizava o impacto da Sociedade

Teosófica tal qual a concebera Madame Blavatsky. Foi o que constatou M.B.P. Wadia em sua carta de demissão entregue no dia 18 de julho de 1922 ao Conselho-Geral de que era membro: *"Agora existe uma igreja apostólica com todo o seu eclesiasticismo pernicioso, inclusive a sucessão apostólica conferida pelos Mestres"*. E citava esta passagem de *Ísis sem Véu*, de H.P.B.:

> *"O mundo não precisa de igrejas sectárias, quer sejam de Buda, de Jesus, de Maomé, de Swedenborg, de Calvino ou de qualquer outro. Como só existe uma verdade, ao homem basta uma Igreja: o templo de Deus dentro dele mesmo, rodeado por um muro de matéria, mas acessível a quem sabe onde encontrar o caminho."*[5]

Escreve o Tibetano: *"É falacioso acreditar que o trabalho do Cristo passe principalmente pelas igrejas e religiões mundiais. Ele trabalha necessariamente com elas quando as condições o permitem — há nelas um núcleo vivo de verdadeira espiritualidade — ou quando o apelo de suas invocações é forte o bastante para chegar até ele. O Cristo se vale de todos os canais possíveis que permitam a expansão da consciência humana e a obtenção de uma orientação segura. No entanto, seria mais exato dizer que é como Instrutor Mundial que ele trabalha constantemente e que as igrejas são apenas uma das vias de ensinamento que ele utiliza."*[6]

É perfeitamente aceito que todas as ilusões introduzidas no espírito de Annie Besant provinham dos três bispos da nova igreja, sobretudo de Wedgwood, possuído por grandiosas miragens e arrastado aos limites da loucura — sem que ninguém ainda se desse conta — por suas ambições espirituais. Annie Besant gostava muito de Wedgwood e queria a todo custo confiar nele. Em 1925, sob sua influência, ela declarou que a Igreja Católica Liberal seria o centro do ensinamento a ser ministrado pelo Cristo à humanidade quando de seu advento. Vivia tão ocupada com outros negócios importantes que não mediu a gravidade de tais afirmações nem o mal que trariam à Sociedade pela qual era responsável.

A miragem das Iniciações

Os interessados nos acontecimentos ocultos autênticos que marcaram a vida de Krishnamurti durante os primeiros anos de sua suposta missão devem ler o excelente trabalho de Mary Lutyens, *Krishnamurti: Os Anos do Despertar*.

Sabe-se que Annie Besant assumira, desde 1916, grandes responsabilidades ao fundar a *Home Rule League*. Espalhara antenas por todo o país. Uma grande campanha de propaganda foi lançada, o que a obrigou a viajar pela Índia a fim de arrancar as populações locais à letargia. Tentou atrair Gandhi para sua causa, mas em vão. Ela queria que a Índia se libertasse dos ingleses sob certas condições, enquanto Gandhi não aceitava condição nenhuma. Para Annie Besant, o movimento de resistência passiva de Gandhi era destrutivo e não atendia bem aos interesses do país. Recordemos que o Tibetano nunca apreciou a atitude de Gandhi, embora o considerasse um discípulo bastante evoluído. Tantas atividades esmagavam Annie Besant, que em consequência deixou adormecidos seus poderes psíquicos e se apegou às revelações bombásticas de Wedgwood. Isso acarretou cisões profundas e irremediáveis entre os membros da Sociedade Teosófica. Alguns seguiam a orientação de H.P.B. sem nada querer mudar, outros se aproximavam de J. Krishnamurti e dos responsáveis pela nova Igreja do Cristo. Afora essas miragens, Wedgwood era acusado de desregramento sexual, o que não melhorava muito a imagem da Sociedade Teosófica.

A propósito disso, lembremos que Leadbeater foi falsamente acusado de pedofilia — mas Krishnamurti, que jamais mentiria por nada neste mundo, assim como seus outros alunos, sempre o defenderam, afirmando ser absolutamente impossível duvidar de sua pureza e clarividência.

A leitura das biografias mais sérias sobre a história da Sociedade Teosófica revela que o principal responsável pelas miragens que infectaram toda a Sociedade era mesmo Wedgwood, principalmente pelas afirmações relativas às iniciações superiores. Antes de ir adiante, seria desejável que o leitor voltasse ao capítulo sobre os Mestres e as Iniciações para ter uma ideia dos problemas mentais de Wedgwood. Ele agia como se fosse o mensageiro, o confidente dos Mestres, e é estranho que Leadbeater só reagisse tardiamente a essa situação. Tal atitude deve ser atribuída, sem dúvida, ao respeito de Leadbeater por aquele que o havia consagrado bispo! Wedgwood contaminou bom número de responsáveis e, em particular, uma personalidade importante: Georges Arundale. Também ele perdeu a cabeça e anunciou a Annie Besant, no tom mais sério do mundo, que Oscar Köllerström, ex--discípulo de Leadbeater e agora sacerdote da Igreja Católica Liberal, acabara de passar pela terceira Iniciação, Wedgwood pela segunda e Rukmini pela primeira.

Georges Arundale acreditava firmemente ter alcançado a condição de adepto, ser discípulo aceito do Mahachoan e estar prestes a encontrar fisicamente o Mestre Rakoczi (conde de Saint-Germain) em seu castelo na Hungria. Sua alucinação chegou a um ponto tal que, durante uma conferência importante, assegurou diante dos membros perplexos ter tido o privilégio de uma audiência com o Senhor Maitreya (o Cristo)! Gozando de tamanha intimidade com os Mestres, Georges devia saber onde era o local de encontro com o Mestre Rakoczi. Mesmo assim, recebeu (astralmente) a ordem de abrir ao acaso um guia Continental e conduzir o grupo ao lugar em que seu dedo pousasse. Georges deve ter sido bem convincente: dias depois, partiu em segredo para a Hungria acompanhado de Annie Besant, Rukmini, Wedgwood e Oscar. Como o leitor sensato deve ter adivinhado, a aventura não deu em nada e isso abalou profundamente a confiança que Annie Besant depositava nele.

Seja como for, a apoteose do delírio ocorrera um mês antes, pois na noite de 25 para 26 de julho de 1925, em que Georges foi ordenado sacerdote, *"a senhorita Bright e Rajagopal passaram pela segunda Iniciação e, na manhã seguinte, Rajagopal foi ordenado diácono. Na noite de 1º de agosto, Georges e Wedgwood passaram pela terceira Iniciação e Rukmini, pela segunda"*.[7]

Se Leadbeater aceitava tamanha sucessão de iniciações, é porque as julgava possíveis. Escreveu:

> *"Sete vidas, em média, decorrem entre a primeira Iniciação e a quarta, mas, quando a vontade é suficientemente enérgica, o homem pode atingir mais depressa o objetivo (...) Não raro, duas vidas bastaram para conduzir alguém da primeira Iniciação para a do Arhat. Certas pessoas conseguiram mesmo alcançar esse objetivo numa única vida."*[8]

Esse era um erro grosseiro mas, naquela época, muitos ensinamentos relativos às Iniciações ainda não haviam sido objeto de um estudo sistemático e pormenorizado. Na verdade, e falando de um modo bem geral, setecentas vidas conduzem o homem à primeira Iniciação, setenta à terceira e sete à quarta, quando então é libertado: tal é o mistério do número 777.

Ao ser consagrado bispo por Wedgwood, Georges afirmou que Leadbeater fora informado disso pelo astral e dera seu consentimento, como era a regra — o que Leadbeater negou. Mas o delírio ainda não chegara ao ponto culminante:

"Na noite de 7 de agosto, Krishnamurti (em Ojai), Raja (na Índia), Georges e Wedgwood passaram todos pela quarta Iniciação, a do Arhat. Leadbeater e a senhora Besant já eram Arthats."[9]

Em se tratando de lucubrações, Georges e Wedgwood eram um páreo duro. Diziam-se discípulos diretos do Mahachoan. A Hierarquia indicara Wedgwood para futuro Mahachoan, Annie Besant para futuro Manu e C. W. Leadbeater para futuro Bodhisattva! Georges estava persuadido de que vivia sua última encarnação e, depois, partiria em missão pelo universo afora!

O trecho seguinte nos fará refletir e compreender melhor as palavras do Tibetano:

"Foi a falta de realidade de sua apresentação que provocou o repúdio da Sociedade Teosófica como agente da Hierarquia no momento. Outrora, antes de enfatizar a iniciação e os iniciados, e antes de considerar os discípulos em teste como iniciados de fato, a Sociedade fazia um bom trabalho. Não conseguiu, porém, reconhecer a mediocridade e não compreendeu que ninguém "recebe" a iniciação ou passa por essas crises antes de provar que é de grande utilidade e de uma capacidade intelectual bem treinada. Talvez não seja esse o caso em se tratando da primeira iniciação; mas, em se tratando da segunda, cumpre que ele tenha um histórico de vida útil e consagrado, bem como a franca determinação de entrar para a esfera do serviço mundial. (...) Os pretensos iniciados da Sociedade Teosófica, com exceção da senhora Besant, não atendiam a essas exigências."[10]

Se o leitor se reportar ao que foi dito sobre a quarta Iniciação, verá que ela corresponde ao nível atingido pelo Mestre Jesus. Poderá então medir o grau de alucinação desse grupo de líderes. Mas, entre a quarta e a quinta Iniciação, havia ainda um passo que seria dado a 14 de agosto, quando Annie Besant, sempre subjugada pelas afirmações de Georges Arundale, convocou Lady Emily, Esther Bright, Rukmini e Shiva Rao para informá-los timidamente de que ela mesma, Leadbeater, Krishnamurti, Rajagopal, Arundale, Wedgwood e Oscar tinham todos passado pela quinta e última Iniciação. Para chegar lá, Rukmini passara por três Iniciações em três meses!

Felizmente, o espírito lúcido de Krishnamurti não se deixou subjugar por esse carnaval de pretensões. Mas era-lhe impossível repudiar tais fantasias sem comprometer a credibilidade de Annie Besant. Escreveu-lhe, pois, falando de suas dúvidas com a delicadeza de sempre. Declarou não se lembrar de modo algum da última Iniciação, pois estava ocupado com seu irmão Nitya, gravemente enfermo. Leadbeater também não acreditava naquilo, embora acreditasse com toda a sinceridade que poderia passar por essa Iniciação em sua próxima vida! Isso prova que um iniciado não é imune à ignorância e à ilusão. Por fim, Krishnamurti se abriu com Leadbeater a propósito dessa história de iniciações. O fecho de sua carta mostra bem o que pensava: *"Não acredito em nada disso e não se trata de um a priori. Isso nos trará aborrecimentos e não vou ceder. Acho que é falso e saiu inteiro da imaginação de Georges. Seja como for, é uma coisa insignificante, que outros veem como uma montanha. Wedgwood distribui iniciações por toda parte... Iniciações e coisas sagradas se tornarão doravante uma piada... Acredito nelas tão piamente que choro ao vê-las arrastadas na lama."*[11]

"Adumbramento" do Cristo

Os *adumbramentos* de Krishnamurti pelo Cristo não são ilusões, como garantiu o Tibetano, além de várias outras testemunhas acima de qualquer suspeita.

Um deles ocorreu a 28 de dezembro de 1925 em Adyar, perto de Madras. Krishnamurti falava sob o grande Baniano, evocando a figura majestosa do Buda. Logo no começo do discurso, o "ele" se transformou em "eu" e

Krishnamurti concluiu a fala como se fora o Buda em pessoa. A mensagem era sublime e o ambiente, divino. O único a ver alguma coisa errada nessa maravilhosa experiência foi Wedgwood, que não suportava Krishnamurti: este considerava os rituais de sua Igreja absolutamente desnecessários para a conquista do Eu. Wedgwood procurou Annie Besant para lhe dizer que Krishnamurti estava sob a influência de um mago negro. Ao saber disso, Krishnamurti declarou que nunca mais discursaria caso acreditassem naquela tolice e Annie Besant o levou a sério.

Nos anos decorridos após esse incidente, Krishnamurti despertou para a realidade transcendental do Eu. Estava cada vez mais imerso na imensidade de sua visão, mas sem negar a realidade dos Mestres, querendo ver as coisas apenas de dentro. Questionado sobre a existência dos Mestres, não negou tê-los visto, mas explicou que o que buscava não estava fora dele, mas em si mesmo:

*"Na medida em que eu não for um com todos os Instrutores, pouco importa que eles sejam um só; pouco importa que sri Krishna, o Cristo, o **Senhor Maitreya** sejam um. Enquanto eu os vir fora de mim como um quadro, como imagens objetivas, eu serei distinto, afastado do centro."*

Krishnamurti tinha agora uma visão védica da realidade, o que o fazia considerar todas as religiões (leia-se aí "seus ritos") como inúteis para quem busca sinceramente o divino. *"Quem gostaria de aderir à luz de uma vela quando o sol está brilhando?"* perguntava a seus opositores. Era implacável e não suportava nenhum compromisso: *"Se quereis descobrir a Verdade, é preciso pôr de lado o hinduísmo, o budismo, todas as religiões, e buscar unicamente, inteiramente por vós mesmos, pois a Verdade é uma terra sem caminho."*[12]

Krishnamurti estava agora no campo oposto ao dos bispos da Igreja Católica Liberal e negava formalmente que essa igreja fosse o núcleo das futuras atividades do Cristo. Não renegava os Mestres, ao contrário, mas sabia melhor que ninguém que eles sabem atrair aquele que está pronto, enquanto aqueles que se julgam prontos e passam a vida procurando um contato perdem seu tempo. Ele mesmo venera os Mestres, pois diz: *"O objetivo da*

O Bodhisattva Maitreya, futuro sucessor do Buda Gautama. É o nome dado ao Cristo pelos budistas e ocultistas. Mosteiro de Thiksey, Ladakh. Coleção do autor.

evolução é nos tornar semelhantes aos Mestres, que são a apoteose, a perfeição do ser humano... Como eu já disse, os Mestres são uma realidade — ao menos para mim."[13]

Para ser fiel às suas concepções e a si mesmo, Krishnamurti resolveu dissolver a Ordem da Estrela do Oriente, a 3 de agosto de 1926.

Ao fim dessa grande aventura messiânica de Krishnamurti, e não mais sob a influência do véu de *maya* dos membros da Igreja Católica Liberal,

Annie Besant, por ocasião de um congresso em Genebra no mês de julho de 1930, abordou corajosamente o assunto delicado dos Mestres:

"Digo-lhes hoje essas coisas porque foram feitas aos Mestres certas alusões suscetíveis de levantar dúvidas a respeito deles. Julguei de bom alvitre lhes dizer que sou um daqueles que sabem que eles existem e que, em certa época, desenvolvi faculdades pelas quais podia vê-los, ouvi-los e recordá-los. O único motivo de não mais usar essas faculdades é o fato de meu cérebro não conseguir render ao máximo no trabalho físico e exterior deste mundo e ao mesmo tempo preservar as impressões de outros mundos."

Annie Besant informava, da maneira mais simples possível e com o espírito de verdade que a caracterizava, não estar mais em contato com os Instrutores da Hierarquia, como acreditavam os membros da Sociedade Teosófica. Admitia modestamente não ser o Arhat infalível das afirmações de Georges Arundale e Wedgwood. Morreu em paz no dia 20 de setembro de 1933 e Leadbeater só lhe sobreviveu seis meses. Lamentavelmente, Georges sucedeu a Annie Besant, provocando o afastamento dos membros mais eminentes da Sociedade. Morreu em 1945, após uma demorada enfermidade. Em seu lugar ficou Jinarajadasa, que tudo fez para remediar os erros passados, mas em vão. Deixou a Sociedade em 1952, um ano antes de morrer. Quanto a Wedgwood, foi acometido — o que não é uma surpresa — de uma grave doença mental e morreu em 1951.

Notas

1. Pupul Jayakar, *Krishnamurti, a Biography*, Harper/Row, San Francisco, 1986, p. 22.
2. Alice Bailey, *L'État de Disciple dans le Nouvel Âge*, vol. II, p. 165.
3. Ludowic Réhault, *L'Instructeur du Monde, Krishnamurti*, p. 51.
4. James Ingall Wedgwood, nascido em 1883, era atraído pelas ordens religiosas. Não conseguindo ser ministro da Igreja Anglicana, acolheu-se ao regaço da Igreja Católica Antiga da Holanda. Wedgwood, ordenado sacerdote em 1913, foi sagrado bispo em 1916 por Willoughby, embora permanecesse membro da Sociedade Teosófica. Ainda em 1916, os ritos

da igreja mudaram, graças sobretudo aos dons de clarividência de Leadbeater, e ela foi reorganizada com o nome de Igreja Católica Liberal. Leadbeater tornou-se o bispo regional da Austrália na nova igreja, doravante livre e independente de toda autoridade suprema. Tendo sido consagrado diácono dessa Igreja pelo monsenhor André Lhote, bispo regional da França, só posso falar bem dos rituais e mesmo de uma parte da liturgia. Continuo persuadido, porém, de que essa igreja — como todas as outras e ainda que encabece as mais próximas da verdade cristã — ainda me parece ser da era de Peixes e precisar de reforma em alguns aspectos de sua teologia católica.

5. *L'Instructeur du Monde, Krishnamurti*, pp. 155-56.
6. *Extériorisation de la Hiérarchie*, p. 428.
7. Mary Lutyens, *Krishnamurti, les Années de l'Éveil*, p. 242.
8. Annie Besant e C. W. Leadbeater, *La Voie de l'Occultiste*, seção II, p. 202.
9. Mary Lutyens, *Krishnamurti, les Années de l'Éveil*, p. 243.
10. Alice Bailey, *Les Rayons et les Initiations*, pp. 545-46.
11. Mary Lutyens, *Krishnamurti, les Années de l'Éveil*, p. 260.
12. *Bulletin Int. de L'E.*, maio de 1930.
13. *Bulletin de l'Ordre de l'Étoile d'Orient*, julho de 1926.

8
Rosa-cruzes e rosacrucianos

"Aquele que for purificado e iniciado viverá com os Deuses; mas aquele que baixar ao Hades sem a acolhida dos Mistérios será mergulhado no oceano de lama..."

(Platão)

"Os arcanos, quando revelados, se corrompem; e, profanados, a graça os abandona. Não atireis, pois, margaridas aos porcos nem prepareis para o asno um leito de rosas."

(As Núpcias Químicas de Christian Rosenkreuz)

Os rosa-cruzes

Como vimos, o termo Rosa-Cruz designa o grau de Arhat ou de Bodhisattva, aquele que passou pela crucificação. Trata-se de um termo ocidental adaptado pela Loja Egípcia. É incontestável que os símbolos das Escolas de Mistérios do Egito, como o triângulo, a cruz, o Sol e a águia, fazem parte do acervo simbólico encontrado em todas as outras escolas de mistérios do mundo. Vemo-los também na América, na Índia e na Grécia, por toda parte onde uma civilização se desenvolveu. São bem conhecidos os que foram iniciados nesses mistérios: chamam-se Jesus, Amônio Sacas, Plotino, Porfírio, Platão, Pitágoras, Jâmblico e Apolônio de Tiana. Todos beberam a água da Sabedoria na fonte única; e as sociedades esotéricas modernas, como as dos rosacrucianos e maçons, foram instruídas na ciência teosófica dos neoplatônicos dos primeiros séculos da era cristã. Com muita razão, Michel Maïer escreveu em seu *Silentium post Clamores* que os rosa-cruzes são os sucessores dos colégios de brâmanes hindus, dos egípcios, dos eumólpidas de Elêusis, dos mistérios da Samotrácia, dos magos da Pérsia, dos gimnossofistas da Etiópia, dos pitagóricos e dos árabes.

Após a queda de Mênfis, o Egito começou a perder aos poucos as chaves da Sabedoria Imemorial. Esses mistérios foram, no entanto, preservados em colégios iniciáticos e comunidades do deserto. Voltaremos a encontrá-los entre os essênios, os ofitas, os terapeutas, os ebionitas e os drusos. São os símbolos e rituais dessas escolas, considerados puro paganismo pela Igreja, que ajudarão a formar desde o início os rituais e cerimônias do catolicismo romano e da maçonaria. A separação entre os ritos da Igreja, que pretendia ser original e única, e os dos cultos pagãos (que diríamos iniciáticos) ocorreu por determinação de Constantino, ajudado nisso pelos Pais da Igreja de Roma. Pode-se dizer que, de um modo geral os símbolos, os ritos e os graus iniciáticos emanam todos de uma só fonte: a Loja Egípcia.

Parte das atividades da Loja Egípcia diz respeito diretamente ao mundo ocidental. Os Mestres do quarto grau, encarregados dessa atividade, eram (e serão ainda?) conhecidos pelo nome de Rosa-Cruz, e isso há muito tempo, embora eu ignore a data exata.

A escola iniciática assumiu pela primeira vez o nome de Ordem da Rosa-Cruz no século XIII e foi organizada, como já vimos, por um membro superior da Hierarquia que, para essa missão, se fez chamar Christian Rosenkreuz.

Nenhuma organização oculta ou iniciática terá sido tão admirada quanto a Ordem da Rosa-Cruz e nenhuma suscitou tanto a imaginação, o mistério e o sentimento de inacessibilidade. Se os rosa-cruzes foram a base de algumas escolas parecidas, como o *Templo de Salomão* fundado em 1646 por R. Elias Ashmole, nenhum deles jamais alegou pertencer à Loja Suprema do Egito. Isso porque os rosa-cruzes fizeram um voto de silêncio a respeito dessa Loja, assim como dos segredos e conhecimentos que possuem devido à sua condição.

Na verdade, sabemos muito pouco sobre os rosa-cruzes, salvo que apareceram na história do Ocidente com um objetivo, o de combater a superstição, o papado e o clero, além de transformar o materialismo em espiritualismo, e tudo isso usando, não a religião, mas a ciência, unindo num todo inseparável a razão e a intuição. Para alcançar seus fins, a Loja Egípcia enviava regularmente emissários de alto nível para reformar e transformar as nações europeias, cada qual levando consigo, na ocasião, uma nova descoberta científica. Alguns adeptos da Rosa-Cruz, de tendência mais mística, se infiltraram em grupos de ocultistas, trazendo com eles uma luz maior.

Não dá para contar o número de discípulos instruídos que pretendiam (e pretendem ainda!) lançar luz, de maneira sensata, sobre os misteriosos rosa-cruzes. Temos um ótimo exemplo disso na pessoa de Fulcanelli. Ele foi sem dúvida um conhecedor da alquimia e um hermetista de talento, além de um discípulo elevado, mas certamente não um adepto, como insistem seus partidários. A prova está no que escreveu em *As Mansões Filosofais*: "*Os rosa-cruzes não se conhecem. Não têm local de reunião, nem sede social, nem templo, nem ritual, nem sinal exotérico de reconhecimento. Estiveram e estão ainda isolados, trabalhando dispersos pelo mundo, pesquisadores cosmopolitas na acepção mais estrita do termo.*"

Na verdade, é o contrário! Os rosa-cruzes, unidos que são no seio do ramo egípcio, conhecem-se perfeitamente. Podem ter locais de reunião, têm rituais específicos e, se trabalham dispersos pelo mundo, não estão decerto isolados! Dou esse exemplo para mostrar como é fácil fazer de um grande discípulo um Mestre consumado, de modo a tomar seus escritos por verdades infalíveis.

Nosso compromisso com a verdade nos obriga a reconhecer que falar dos rosa-cruzes não vai além de uma abordagem superficial da verdade, pois nada foi jamais revelado pelos rosa-cruzes sobre os rosa-cruzes. Nosso estudo pecará forçosamente pela generalização, mas a síntese dos ensinamentos autênticos colhidos a respeito desses Mestres ativos no Ocidente talvez nos permita dar uma imagem bem próxima daquilo que são na realidade.

A lei dos ciclos

É incontestável que os eventos sociais, políticos ou religiosos que ocorrem objetivamente no mundo são muitas vezes os efeitos da energia e dos ciclos subjetivos de natureza astronômica ou astrológica, estando também ligados à aparição dos raios. A lei dos raios não pode ser negligenciada, mesmo que ainda não nos seja familiar. Várias datas relativas às atividades da Hierarquia e dos rosa-cruzes no Ocidente podem ser associadas à atividade dos raios. Por exemplo, o fato de o segundo raio, Amor-Sabedoria, se manifestar depois de 1575 permitiu que algumas almas evoluídas desse raio encarnassem. Deu-se o mesmo com certas almas do terceiro raio, que está em manifestação desde 1425. Em contrapartida, notamos o desaparecimento do sexto raio, que representa a devoção, hoje substituído pelo poderoso sétimo raio, que representa a magia ritual, ativo desde 1675. Essa data representa uma grande oportunidade para o regente do sétimo raio, o Mestre Rakoczi. Alguns discípulos rosacrucianos perceberam intuitivamente essa realidade, como Simon Studion, que dava imensa importância ao período que vai de 1560 a 1620.

Segundo o Tibetano, o surgimento de iniciados ou adeptos com diferentes graus de evolução tem sido constante desde o ano 1400 para fazer face a crises menores e a múltiplos conflitos nacionais. Discípulos como Lutero, Leonardo da Vinci ou Abraham Lincoln moldaram os acontecimentos em campos específicos da vida humana.[1]

Do ponto de vista da iniciação, 1400 é uma data importante porque, antes, as condições exigidas para a iniciação implicavam o contato consciente com a alma, e a abordagem era sobretudo devocional, emocional e voluntária. Depois de 1400, o candidato devia controlar perfeitamente as emoções, associar em si amor e sabedoria, e ter imperativamente despertado o senso da consciência do Eu. O trabalho hierárquico começou e logo se observaram grandes e positivas mudanças entre os pensadores. A dualidade Oriente-Ocidente perdeu força e foi introduzida uma nova visão de não separatividade nos sistemas religiosos e filosóficos.

Em 1500, a Hierarquia se reuniu em conclave com o objetivo de apressar a integração da ordem universal e de produzir, na consciência dos seres sensíveis à sua alma, um espírito de síntese capaz de conduzir à unidade. Os Mestres tinham vários outros objetivos em mira, como a convocação de aspirantes e noviços a fim de que, no devido tempo, os discípulos elevados pudessem dispor de um número satisfatório de auxiliares para o desempenho de suas missões. Mas, infelizmente, os Mestres constataram que o cérebro desses futuros discípulos era estranhamente insensível aos contatos superiores. Eram cheios de aspiração, estavam prontos a servir e dispunham até de um bom equipamento intelectual — mas não tinham nenhuma sensibilidade telepática à vibração hierárquica e ao Plano. Durante esse conclave, os Irmãos Primogênitos, vendo com antecedência o advento da era de Aquário com suas energias específicas e suas espantosas possibilidades de progresso, traçaram novos planos para que a humanidade pudesse aproveitar plenamente esse longo período de 2.160 anos. Foi o que ensejou o aparecimento de trabalhadores bem equipados e de grupos de discípulos que, com sua atividade, moldaram em profundidade o espírito das nações no curso dos quatro últimos séculos. Um desses grupos estava associado à cultura, outros à política, à religião e à ciência.

"Durante os três últimos séculos, cada grupo que surgiu desempenhou seu papel e hoje colhemos os bons frutos de sua ação. Entre os grupos da cultura temos, por exemplo, os grandes poetas elisabetanos e os músicos alemães do século XIX. Temos também grupos de artistas, responsáveis pelas famosas escolas que são a glória da Europa. Dois grupos ilustres, um da cultura, outro da política, também tiveram o seu papel, produzindo a Renascença e a Revolução Francesa respectivamente."[2]

Como o leitor já sabe, a Hierarquia dispõe de numerosos *ashrams* pelo mundo todo mas, para não me estender, tratarei aqui apenas da atividade dos sábios no Ocidente, que atraiu e continua atraindo muita atenção. Foram eles que inspiraram grandes projetos como a Sociedade das Nações e a União Europeia. É nesse contexto de profunda agitação[3] e mudança que se situa a intervenção dos rosa-cruzes e sobretudo de seus discípulos.

A maneira de trabalhar dos Mestres nem sempre é bem compreendida. Eis um exemplo dado pelo Tibetano que nos mostra a unidade de ação entre os Mestres de diferentes *ashrams*. Trata-se da criação da Sociedade das Nações:

"Antes de assumir um trabalho especial, o Mestre Serápis tentou disseminar uma certa ideia construtiva para ajudar a humanidade. Imaginou uma

união mundial na esfera da política, suscetível de operar como um vínculo inteligente entre as nações e de preservar a paz internacional. Apresentou a proposta aos adeptos reunidos em conclave e julgou-se que realmente era necessário fazer alguma coisa. O Mestre Jesus prontificou-se a apresentar a ideia a seu grupo de discípulos quando trabalhava no Ocidente. Um desses discípulos dos planos interiores se apropriou da sugestão e a transmitiu — ou a "precipitou" — até ela ser registrada pelo cérebro do coronel House. Este, inconsciente da fonte da ideia — fonte que ignorava totalmente — transmitiu-a por sua vez a um aspirante do sexto raio chamado Woodrow Wilson. Então, nutrida por uma abundância de ideias análogas que já se encontravam no mental de muitos indivíduos, ela foi apresentada ao mundo."[4]

Desde 1400, a Hierarquia vem fazendo um esforço especial para enviar emissários, mas esse esforço começou de fato no século XII, período em que a Hierarquia decidiu despertar o Ocidente. A missão não era nova e consistia, num primeiro momento, em unir pequenas nações naquilo que é hoje a Europa, como foi o caso dos Estados Unidos. Cumpria antes de tudo circunscrever o corpo vital, ou etérico, da futura Europa e o primeiro a delimitar as fronteiras foi **o grande Apolônio de Tiana**. Elaborou um arquétipo inicial a partir de sua percepção do Plano tal qual existia no mental do Manu. A França, pela natureza de seus dois signos astrológicos e de seus raios, tendo por muito tempo governado subjetivamente a Europa, foi uma nação-chave desse ponto de vista. Um trabalho idêntico ao de Apolônio foi realizado pelos arquitetos iniciados na Itália, pois o Império Romano foi no passado distante o grande construtor de estradas na Europa. Ora, sabemos que as estradas seguem as correntes de forças vitais planetárias e que essas correntes vitalizam e condicionam os países e suas populações.

A Ordem do Templo trabalhou também pela criação de uma entidade europeia. Teve igualmente a missão de inaugurar um ciclo específico de atividade, que daí por diante se reproduziria no último quartel de cada século.

Inútil descrever essa Ordem tão conhecida. Emanação pura da Loja do Egito, foi exotericamente fundada em 1118 pelo cavaleiro Hugues de Payens e Geoffroi de Saint Omer. Seu objetivo não declarado era a reeducação do Ocidente em termos de conhecimentos filosóficos, a fim de libertar o espírito

*Apolônio de Tiana. Encarnação do Mestre Jesus durante a qual alcançou a quinta Iniciação.
Detalhe de um busto antigo ora no Museu Nacional de Nápoles.*

do povo dos dogmas impostos por uma Igreja católica dogmática, sectária e todo-poderosa, assim como de um retorno à Iniciação primitiva. Um dos segredos iniciáticos revelados ao cavaleiro templário que se mostrasse digno era o conhecimento da verdadeira história de Jesus,[5] já revelado a Hugues de Payens por Teocleto, então Grande Pontífice da seita nazarena.

"*O Templo foi a última organização secreta europeia que, enquanto corporação, tinha um resto dos mistérios do Oriente. Em verdade, havia no último século (e talvez ainda haja) alguns "irmãos" isolados e fiéis que trabalhavam secretamente sob a direção de confrades orientais. Mas aqueles, quando entravam para sociedades europeias, faziam-no invariavelmente com um objetivo que ignorava a fraternidade mas que lhe era favorável. Foi por intermédio deles que os maçons modernos aprenderam tudo o que sabem de importante."*[6]

Finalmente, a Ordem foi sacrificada pelo rei francês Filipe, o Belo, e pelo papa Clemente V, tanto um quanto o outro, ávidos por surrupiar suas riquezas e destruir seu poder. Após uma série de acusações falsas, o último Grão-Mestre da Ordem do Templo, Jacques de Molay, foi queimado vivo a 19 de março de 1313, na Ilha de la Cité, em Paris. A Ordem do Templo vitalizara e encetara a construção de uma Europa econômica, mas não teve tempo de torná-la espiritual.

Por fim Napoleão, que os historiadores nem sempre compreendem bem, foi comissionado pelos adeptos da Confraria egípcia. Tentou unir as nações europeias na esfera do pensamento político, mas fracassou em parte. Ainda assim, a Europa nascera. Ela agora existia de fato e foi seu regente em pessoa, o Mestre R., que tomou a decisão de tornar essa Europa inteligente na esfera intelectual e espiritual por meio da educação, do desenvolvimento da arte e da ciência. Desse modo, deu-lhe não apenas vida, mas consciência. A Europa tem doravante uma personalidade e se prepara para viver a vida da alma no futuro!

Voltando à Ordem do Templo, lembremos que após a morte do último grão-mestre, os iniciados sobreviventes mais avançados se retiraram para o Oriente,[7] enquanto seus discípulos se filiaram a diferentes confrarias. Sucedeu então que alguns discípulos iniciados tomaram pessoalmente a iniciativa de criar um grupo para retomar o ideal templário, sabendo muito bem que nenhuma organização recebera uma Carta que a tornasse uma ramificação reconhecida da antiga Ordem. Os adeptos haviam reintegrado a loja egípcia — e a Ordem, como tal, foi definitivamente dissolvida.

A esse respeito, vale lembrar que os cavaleiros de São João, tal como os da Soberana Ordem Militar de Malta, se aproveitaram à larga das riquezas do Templo e gozaram do favor papal — prova, se tal fosse necessário, de que nunca fizeram nada por inspiração templária. Inútil acrescentar que organizações como os Irmãos Hospitalários Teutônicos, a Ordem de Cristo ou a Ordem de Calatrava em Portugal, a maçonaria escocesa da Estrita Observância ou as mais recentes, como a de Fabré-Palaprat, não podem alegar filiação à Ordem do Templo original. Os ensinamentos dos ritos secretos dos templários foram reintegrados à Grande Loja e o que as centenas de pseudo-organizações templárias apresentam são apenas rituais de natureza exotérica e eclesiástica que, em seu tempo, faziam parte de cerimônias assistidas até mesmo por prelados católicos. A Ordem nada tem a ver com as tentativas de ressurgência feitas no século XVII, mera invencionice dos jesuítas cuja ação perniciosa afetou não apenas o ideal templário, mas também a franco-maçonaria e as raízes da Igreja católica.

Após o fracasso relativo da Ordem do Templo, o Santo Irmão[8] que, na Hierarquia, é conhecido como Mestre Rakoczi decidiu reaparecer sob os traços de Rosenkreuz em 1378. Ele se valerá muito da influência do terceiro raio, o da inteligência ativa, que surgiria em 1425. Essa influência foi usada com vistas a aprimorar a razão e o tirocínio das massas ocidentais, o que implicava estabelecer um sistema de educação livre da autoridade da Igreja e acessível a todos os europeus. A tentativa deu certo e os filósofos se transformaram em cientistas, enquanto inúmeros religiosos passaram a se dedicar à alquimia. As descobertas eram agora a expressão, não de uma crença dogmática, mas de uma experimentação das leis da natureza com ênfase no aspecto metafísico. O ideal dos rosa-cruzes e o seu sistema educacional se espalharam pela Europa e as perseguições da Igreja mostram a que ponto ela temia perder o controle das massas populares, nada ou pouco educadas.

A fim de alcançar seus objetivos, a Loja convocou inúmeros discípulos, cientistas esclarecidos, para reencarnar várias vezes seguidas e realizar assim certas descobertas que fizessem avançar a ciência. Assim foi que o cardeal Nicolau de Cusa (1401-1464) assumiu o corpo de Copérnico (1473-1534), cujas ideias conhecemos. Ele e outros fizeram avançar a ciência e as artes a passos de gigante. Na Europa, os rosa-cruzes agiam por intermédio de seus discípulos rosacrucianos. Conhecemos alguns, como Raimundo Lúlio (1236-1316), que se tornou monge franciscano. Depois de uma peregrinação, ele se recolheu a um longo período de silêncio e estudo que resultou numa obra essencial, *Ars Generatis sive Magna*, de onde se extraiu o método de ensino denominado "doutrina luliana", que Giordano Bruno retomou mais tarde. Escrevia quase sempre sob o véu do segredo e da alegoria, já que não era prudente saber muito na época! Arnaldo de Vilanova (1238-1314) é outro exemplo de adepto rosacruciano que ensinou a ciência experimental. Estudou todos os ramos científicos, da teologia à medicina, passando pela química. Fez incontáveis descobertas importantes, falava diversas línguas e viajou por muitos países. Dirigiu a Faculdade de Medicina de Montpellier, depois a de Paris, mas foi condenado como herege por causa de suas ideias livres demais com relação às da Igreja. Morreu num naufrágio.

Podemos mencionar ainda Cornelio Agrippa (1480-1535), nascido em Colônia. Foi um homem tão notável quanto seus Irmãos, não apenas como escritor e filósofo, mas também como médico, tornando-se médico particular de Francisco I em 1524, e também como historiógrafo do imperador Carlos V. Sua missão no seio da Rosa-Cruz é discreta, mas fizeram dele *Imperator* de uma escola parisiense conhecida pelo nome de Associação da Comunidade dos Sábios.

Muitos discípulos ignoravam sua condição de iniciados, mas colaboravam em todos os ramos da ciência. O Tibetano escreve: *"Ficará claro que as descobertas científicas revolucionárias feitas ao longo dos séculos, como a formulação da Lei da Gravitação, a circulação do sangue, a verificação da natureza do vapor, a descoberta pelo homem da forma de fenômenos elétricos que ele pode reproduzir e a descoberta mais recente do rádio são em seu próprio departamento, o do Mahachoan, análogas ao esforço feito durante o último quartel de cada século para estimular a evolução do homem graças à revelação suplementar de alguma parte de* A Doutrina Secreta. *Newton, Copérnico, Galileu, Harvey e os Curie são, cada qual em sua linha de força, arautos do mesmo nível de H.P.B. Todos revolucionaram o pensamento de sua época; todos deram grande impulso à capacidade humana de interpretar as leis da natureza e entender os processos cósmicos. Só as pessoas de visão estreita não percebem a unidade dos diversos impulsos de força que emanam da Loja Um."*[9]

Essa lista de nomes não é exaustiva. Poderíamos mencionar também Marc-Antoine Bragadini, Thaumas Charnock, John Cremer, Thaumas Vaughan, Giovanni Pico Della Mirandola e seu filho Cornelio Agrippa, Guillome Postel, Arnaldo de Vilanova, Emanuel Swedenborg, René Descartes, Kepler e Giordano Bruno. Este morreu na fogueira em 1600, em Roma, condenado pela Igreja por haver defendido as teses de Copérnico, ensinado que a Terra não é o centro do universo, que existem vários sistemas solares, e que Deus e o universo se confundem. Aos 44 anos, já escrevera quarenta livros em que se encontra uma ciência de posse exclusiva dos rosa-cruzes ou seus discípulos, como a gravitação e a relatividade.

Todos esses homens eram iniciados rosacrucianos, mas não necessariamente rosa-cruzes! Quem, de resto, poderia fazer alguma distinção? Em contrapartida, temos a identidade de um autêntico alto iniciado rosacruciano que se tornou rosa-cruz e cuja missão era reunir um grande número de discípulos rosacrucianos avançados para preparar o novo esforço hierárquico inaugurado pela vinda próxima de Francis Bacon (o Mestre R.). Trata-se de Paracelso!

Phillipus Aureolus Theophrastus Bombastus von Hohenheim (1493--1541) ou **Paracelso**, como se faria chamar mais tarde, nasceu na Suíça. Há muito a dizer sobre sua vida exterior conhecida, mas nós nos limitaremos a falar do que os historiadores ignoram. Paracelso, como muitos outros Irmãos da Ordem secreta, dissimulou as leis que descobrira e o aspecto esotérico de seu ensinamento sob roupagens diversas, como podemos observar em suas obras. Nas cartas, escrevia *sutratur* em vez de "tártaro" e *mutrin* em vez de "nitro". Depois de estudar na Universidade de Basileia, foi notado e rapidamente aceito como aluno pelo abade de Sponheim, Johann Trithemius — o professor Agrippa! Como os outros rosa-cruzes, Paracelso impulsionou as ciências em várias direções e suas descobertas são inestimáveis. Famoso como médico e cirurgião, foi o primeiro a descobrir os princípios da homeopatia (que só agora começa a ser redescoberta segundo suas ideias originais). Sua influência espiritual e seus escritos despertaram e atraíram iniciados ansiosos por entrar em ação. Citemos, entre os mais conhecidos, Heinrich Khunrath, J. B. Van Helmont, Michel Maïer e Jacob

Philippus Aureolus Theophrastus Bompast, mais conhecido como Paracelso (1493-1541).

Böhme, que inspirou a Newton suas ideias sobre a gravitação e outros segredos da natureza.

Blavatsky, bem-informada a seu respeito, nos fornece uma informação importante sobre sua Iniciação como rosa-cruz. Falando da *"palavra perdida"*, ela escreve:

"Só um número limitado de chefes templários e alguns rosa-cruzes do século XVII, que haviam permanecido em estreito contato com os alquimistas e os

iniciados árabes, podiam realmente se gabar de possuí-la. Do século VII ao XV, ninguém poderia alegar conhecê-la na Europa; e, embora tenha havido alquimistas antes de Paracelso, este foi o primeiro a passar pela verdadeira iniciação, a cerimônia última que confere ao adepto a faculdade de se aproximar da "sarça ardente" sobre um chão de brasas..."[10]

Observemos de passagem, que foi no mundo árabe, notadamente em Fez, que Christian Rosenkreuz teria ido buscar conhecimento; e que as palavras de H.P.B. são confirmadas pelo alquimista rosacruciano Thomas Vaughan no prefácio à sua tradução inglesa de *Fama* e de *Confessio*:

"Eles [os rosa-cruzes] receberam sua ciência dos árabes, entre os quais se conservara como monumento e legado dos filhos do Oriente... Fato digno de nota, os Magos que visitaram Jesus vieram do Oriente. Foi dessa fonte viva, oriental, que os Irmãos da Rosa-Cruz tiraram suas águas salutares."

Paracelso profetizara a vinda de *Elias Artista*, o gênio que foi superior dos rosa-cruzes e que os escritores se esforçam por explicar. Existem sete chaves de explicação e uma delas nos revela uma relação possível entre o advento desse Elias Artista e o do sétimo raio em 1675. O sétimo raio é também chamado de *Revelador da Beleza* ou *Raio da Magia e do Ritual*. Essa aparição, por sua própria natureza, implicava a exteriorização do ideal rosacruciano. Elias simboliza o ressurgimento de uma alma elevada no corpo de João. Vemos aí o ressurgimento dos rosa-cruzes num novo ciclo de atividade, sem passar pela morte, demonstrando assim a continuidade do esforço da Loja. Quanto à palavra Artista, evoca o poder do sétimo raio, o raio da magia e do ritual.

Não obstante, para aqueles que pensam ter transcendido o ritual, eis alguns esclarecimentos do Tibetano:

"A Grande Fraternidade Branca tem seus rituais, mas são rituais que têm por objetivo implantar e promover diversos aspectos do Plano, bem como as diferentes atividades cíclicas desse Plano. Quando os rituais existem, mas seu significado inerente permanece oculto e não realizado, a consequência é um espírito de morte, de inutilidade, uma ausência de interesse pelas *formas e cerimônias. Quando, porém, se demonstra que as cerimônias e o ritual organizados dão testemunho de um conjunto de forças e impulsos, a ideia é construtiva em seus efeitos, a cooperação com o Plano se torna possível e a finalidade de todo o serviço divino começa a aparecer. Todo serviço é governado pelo ritual."*[11]

Pelo que acaba de ser dito, Elias Artista pode ser considerado uma profecia de Paracelso que anuncia, primeiro, o aparecimento iminente do sétimo raio e, em seguida, o de seu regente, o supremo Hierofante dos Rosa-Cruzes, o Mestre Rakoczi, que apareceria sob os traços de Francis Bacon.

A maçonaria

Mostramos que os símbolos ou as histórias simbólicas a respeito da origem das organizações ocultas provêm de uma única fonte, a Loja do Egito. Sabemos que os grupos de ocultistas e místicos sempre estiveram presentes no Ocidente. Face à intolerância da Igreja na Idade Média, numerosos discípulos avançados se associaram às atividades dos mestres-construtores. Estes, resguardando as regras e segredos de seu ofício, constituíam por isso mesmo comunidades espiritualmente avançadas, cujos membros favoreciam a liberdade de pensamento e cuja disciplina era associada a cada entidade da profissão. No Oriente, os mestres-construtores sempre foram iniciados. Assumiam a missão delicada de estabelecer, no Templo, um laço simbólico e oculto entre microcosmo e macrocosmo, entre alto e baixo, entre homem e Deus, pois o Templo era o cadinho onde se realizavam a iluminação e a transfiguração. A Cripta funcionava como local de iniciação, não de simples recolhimento. Quanto às esculturas e pinturas, eram livros abertos para quem lhes conhecia os arcanos.

Ocorria o mesmo no Ocidente, embora aqui os conhecimentos não fossem tão profundos quanto no Oriente. Mas buscava-se também a transcendência e preservavam-se algumas chaves ocultas essenciais. Em certa época, os Mestres da Loja do Egito decidiram intervir no Ocidente a fim de elevar o Espírito humano, profundamente centrado nas coisas materiais do mundo. Era preciso encontrar algo para ocupar as massas e lhes trazer um ideal de

Elias Ashmole (1617-1692), por John Riley, Museu Ashmole.

vida. Assim, os mestres-construtores foram convocados para edificar catedrais onde isso fosse possível. Os alquimistas se encarregaram dos vitrais, os geômetras e matemáticos trabalharam com os espaços e a maneira de conduzir os sons. Os astrólogos eram tão importantes quanto os artistas e todos trabalharam na mais profunda harmonia. Os Companheiros sabiam que, ao construir um edifício sagrado, era o próprio templo interior que edificavam.

Se aqui falamos da Maçonaria é porque um acontecimento importante vai ocorrer, coincidindo com a atividade de um dos últimos rosa-cruzes.

Como já foi dito, alguns deles tiveram por missão se infiltrar em grupos de buscadores sinceros a fim de introduzir novos conhecimentos. Foi o que fez **Elias Ashmole**.

Esse irmão rosa-cruz, nascido a 23 de maio de 1617, era um verdadeiro estudioso que dominava a física, as matemáticas, a medicina e, sobretudo, a alquimia. Ashmole foi membro da Royal Society e discípulo do Mestre R. Na qualidade de estudioso, fundou um museu em Oxford: a Casa de Salomão. Pelo bem de sua missão, entrou para a Companhia dos Maçons Operativos de Londres em 1646 a fim de instruir candidatos honestos e apaixonados por uma verdade maior.

No entanto, trinta anos após sua morte, houve a fusão das quatro únicas lojas do sul da Inglaterra. Isso ocorreu a 24 de junho de 1717 na Taverna do Pommier, Charles Street, Covent Garden, Londres. Os responsáveis escolheram Antony Sager para Primeiro Grande Mestre dos Maçons! Como escreve Madame Blavatsky: *"Malgrado sua extrema juventude, essa grande loja sempre exigiu que todo o corpo da fraternidade, no mundo inteiro, reconhecesse sua supremacia."*[12]

Esse acontecimento foi decisivo e marca o nascimento da Franco-maçonaria moderna, uma maçonaria que, de operativa, se tornou especulativa. Na origem, era fundamentalmente anticlerical mas, depois desse evento, foi infiltrada por jesuítas, que constituíram um núcleo oculto que a maior parte dos fiéis ignorava. O iniciado maçon e rosacruciano Charles Sotheran escreveu uma carta a Madame Blavatsky para mostrar até que ponto os jesuítas alteraram e inventaram ritos, como o Rito Escocês Antigo e Aceito, que nunca foi reconhecido pelas Lojas Azuis e que, na origem, era obra de um jesuíta, o cavaleiro de Ramsay.

Malgrado essa alteração do espírito maçônico original, o autor reconhece que, embora a Maçonaria seja humana e por consequência falível, nenhuma instituição fez tanto quanto ela: *"No último século, os Estados Unidos se libertaram da tirania da mãe-pátria, bem mais do que se poderia supor, pela ação das sociedades secretas. Washington, Lafayette, Franklin, Jefferson e Hamilton eram maçons. E, no século XIX, foi o Grão-Mestre Garibaldi, 33°, que realizou a unificação da Itália, agindo de acordo com o espírito dos irmãos fiéis e com os princípios maçons, ou carbonários, de "liberdade, igualdade, fraternidade, humanidade, independência, unidade", ensinados há muitos anos pelo irmão Giuseppe Mazzini."*[13]

A missão de Cagliostro

Estudando as vidas anteriores de H. P. Blavatsky, vimos que sua última encarnação foi como Cagliostro (1743-1795). Ora, esse iniciado era discípulo íntimo do conde de Saint-Germain e um enviado da Loja Egípcia. Adepto excepcional, tinha dons de clarividência e cura, além de um conhecimento profundo da alquimia. Curava e instruía gratuitamente, e reuniu inúmeros discípulos. Seu saber podia ser considerado prodigioso. Cagliostro era um adepto do terceiro grau, que está logo abaixo da condição de rosa-cruz. Isso fazia dele um mensageiro de alto nível da Loja e um homem com uma rica experiência do Ocidente, da qual muito precisou naquele período de intolerância. Convém lembrar que Pio VI, uma vez eleito papa, julgou que era seu dever lutar contra a Tradição Primordial, chamada de "heresia" pela Igreja, e sobretudo contra os rosa-cruzes e os maçons.

Parte da missão de Cagliostro consistia em instruir e orientar os homens rumo a uma luz mais intensa, ou seja, abrir-lhes o portal da Iniciação autêntica. Para tanto, ele fez valer seus maravilhosos poderes e atraiu milhares de almas em toda a Europa. Esse foi seu primeiro erro, pois é imposto ao discípulo da terceira Iniciação uma reserva extrema no uso de poderes espirituais.

Ele revelou sua condição de missionário da Rosa-Cruz nas palavras que pronunciou diante do Parlamento, quando de seu processo. Eis um trecho:

"Assim como o vento sul, como a luz resplandecente do meio-dia, que caracteriza a plena consciência das coisas e a comunhão ativa com Deus, caminho em direção ao norte, à bruma e ao frio, espalhando por onde passo fragmentos de mim mesmo, me superando, me diminuindo a cada etapa, mas deixando-lhes um pouco de claridade, um pouco de calor, um pouco de força — até que me detenha e me fixe definitivamente, ao termo de minha carreira, lá onde a rosa floresce sobre a cruz. Sou Cagliostro."[14]

Cagliostro é absolutamente explícito. Como iniciado do terceiro grau, ainda não está definitivamente fixo ao termo de sua carreira (espiritual), que verá a rosa florir sobre a cruz e fará dele um rosa-cruz da quarta Iniciação.

A Maçonaria moderna, nascida em 1717, alcançou entre 1773 e 1775 uma extensão considerável e sua influência na Europa era tanta que, segundo as estatísticas, no início do século XIX havia 137.675 lojas no mundo! É natural, nessas circunstâncias, que houvesse revoltas e interpretações diferentes da Verdade. Reconhece-se hoje que a essência da Maçonaria se alterou quando os maçons passaram a enfatizar a forma (os rituais) em detrimento do conteúdo (a doutrina). Faltava o básico, uma autoridade capaz de pôr ordem no Grande Oriente intelectual e político, assim como nas intrigas dos jesuítas. Assim, as coisas não iam bem e, para tapar todas essas lacunas, Cagliostro interveio, obedecendo às ordens do Mestre Rakoczi, a fim de dar novo alento à Maçonaria. Com esse objetivo, criou o *Rito de Mênfis* e tomou o título de *Grão-Copta*.

Como outros iniciados de seu nível, Cagliostro sofreu as consequências de alguns dos seus erros: foi injustamente condenado por heresia em 1791 e encarcerado na prisão do castelo de Sant'Angelo, de onde desapareceu sem deixar pistas em 1795, para retomar em segredo sua missão de mensageiro da Grande Loja. Vale lembrar (se o fato é verdadeiro) que foi na cela romana de Cagliostro que se descobriu a obra intitulada *A Santíssima Trinosofia*, atribuída ao conde de Saint-Germain e conservada hoje na biblioteca de Troyes!

As sociedades rosacrucianas na Europa

Em geral, os que se interessam pelas sociedades secretas do século XVIII supõem que os rosa-cruzes estivessem por trás da atuação dessas sociedades. Mas ninguém jamais os viu, talvez porque tenham guardado silêncio depois de sua volta ao Oriente. No entanto, seu impacto fora considerável e contavam-se aos milhares os aspirantes interessados nos segredos da alquimia, nas Iniciações e em tudo quanto se referisse ao mundo maravilhoso da magia e do hermetismo, da cabala e da astrologia. Eis-nos, pois, num período em que numerosos discípulos, buscadores e aventureiros se sentiram tentados a constituir um grupo e lhe dar o nome de Rosa-Cruz. Esses homens eram instruídos e haviam pertencido a organizações de tendência neotemplária, maçônica ou rosacruciana — em suma, pessoas o mais das vezes ambiciosas e bem equipadas intelectualmente. No entanto, nenhum desses grupos conseguiu provar que era dirigido ou inspirado por adeptos da Rosa-Cruz. O século XVIII assistirá, assim, a uma proliferação incrível de novas seitas que se diziam rosacrucianas, mas cujas iniciações e conhecimentos vinham sobretudo da Franco-maçonaria, da Cabala e da Alquimia operativa.

Em 1865, Robert Wentworth Little criou, na Inglaterra, a Societas Rosicruciana in Anglia (S.R.I.A.). Nomes importantes como Kenneth R. H. Mackenzie, Hargrave Jennings, William W. Westcott e o espírita Stainton Moses fizeram parte dela. Kenneth R. H. Mackenzie saiu em 1875, argumentando que os ensinamentos eram elementares e sem relação com os verdadeiros postulados rosacrucianos — o que é verdade, pois tudo que vem da S.R.I.A. é maçônico. Em Londres, instalou-se em 1866 um ramo com o nome de Metropolitan College, do qual Éliphas Lévi se tornou membro em 1873. Outro foi reorganizado nos Estados Unidos com o nome de Societas Rosicruciana in United States (S.R.I.U.S.), que teve entre seus membros Clark Gould, falecido em 1909. Na França, foram implantadas raízes da S.R.I.A. em Paris, em 1880. Por instigação de três de seus membros, Woodman, Mathers e Wynn Westcott, foi fundada no seio da S.R.I.A. a Ordem Hermética da Aurora Dourada. Entre seus membros, citaremos o poeta W. B. Yeats, Allan Bennett, Aleister Crowley e Samuel "MacGregor" Mathers. A Golden Dawn se tornou muito influente sob a direção do mago negro A. Crowley. A organização tinha alguns vínculos com a Alta Irmandade de Luxor, que logo se opôs à Sociedade Teosófica.

Pascal Beverly Randolph (1825-1875) entrou para ela em 1840 e, em 1868, fundou a própria organização, a Irmandade Eulis, reconhecendo que se tratava de uma iniciativa inteiramente pessoal. Randolph, como outros aventureiros do oculto, escreveu muita coisa falsa e malsã a respeito dos rosacrucianos, que pouco conhecia. Tinha penetrado no meio rosacruciano através do general norte-americano Ethan Hitchcock, que não passava do animador de um grupo entusiasmado pelos estudos da Rosa-Cruz e cujo Centro, em Washington, tinha o nome de Rosicrucian Club. Em 1920, o dr. R. Swinburne Clymer retomou as atividades de Randolph dizendo-se seu "sucessor"! O livro que publicou, *The Book of Rosicruciae*, é uma mixórdia indiscriminada de informações verdadeiras e fantasias sem fundamento. Notemos que os irmãos Clymer e Lewis (fundador da A.M.O.R.C.) foram inimigos irreconciliáveis.

O dr. Franz Hartmann, teósofo e membro da O.T.O., fundou também uma ordem, a da Rosa-Cruz Esotérica. Em 1889, Stanislas de Guaïta criou a Ordem Cabalística da Rosa-Cruz e Sâr Merodack Joséphin Péladan a Ordem Rosa-Cruz do Templo e do Graal. Até os teósofos entraram na dança com a Ordem do Templo da Rosa-Cruz, criada por Annie Besant, sempre mal-aconselhada por Wedgwood.

Em 1906, Théodore Reuss (1855-1924) fundou a Ordo Templi Orientis (O.T.O.). Estivera antes ligado a ocultistas alemães e, depois do encontro com o inglês Westcott, obteve autorização para estabelecer um ramo da S.R.I.A. na Alemanha. Nesse país, tornou-se Grão-Mestre do Rito de Mênfis e *Misraïm*. Conheceu também o dr. Karl Kellner (1850-1905), que tentava montar uma Academia Internacional de Ritos Diversos. Após sua morte, foi Papus quem retomou a ideia, que ficou conhecida como F.U.D.O.S.I. A organização de Reuss estava associada não só a um movimento político extremista alemão, mas também a práticas sexuais bem distanciadas do ideal rosacruciano.

Em 1909, foi criada a ordem rosacruciana A.M.O.R.C. por Spencer Lewis. Este tinha contato com Reuss, a ponto de alguns autores pensarem que a viagem de Lewis a Toulouse fosse na verdade uma viagem à Inglaterra para encontrar Théodore Reuss, do qual recebeu iniciação e patente, tal como o mago negro Crowley. Este fundará, em 1909, um grupo rosacruciano chamado O Equinócio.

As sociedades secretas servem às vezes de pretexto para verdadeiras vigarices. Foi o caso de Walter Heilmann, que se fazia passar por secretário de uma sociedade rosacruciana fictícia e que coletava subscrições enviando impressionantes diplomas falsos acompanhados de instruções esotéricas chamadas "*Cartas do Mestre*". Na verdade, essas cartas não passavam de traduções de conferências do conhecido ocultista Rudolf Steiner, feitas por seu discípulo Max Heindel (1865-1919). Quando este emigrou para os Estados Unidos, estudou teosofia num ramo cismático e, após uma pseudoiniciação pelos Irmãos da Rosa-Cruz, escreveu *Conceito Rosacruz do Cosmos*, um tratado de teosofia clássica cristianizado, e fundou a Fraternidade Rosacruz em 1909.

Por volta de 1902, Rudolf Steiner era um estudioso da teosofia de H.P.B. Depois de assistir a uma palestra de Annie Besant em Londres, voltou mudado para a Alemanha, com a pretensão de ser um clarividente dos grandes Mistérios da Vida. Steiner, como muitos outros, sentia-se atraído pelo ideal rosa-cruz e tentou formar um grupo. Começou por se tornar maçon e entrou para a ordem de Théodore Reuss, diretor da seção alemã da O.T.O., uma sociedade secreta bem distanciada da Tradição pura. Steiner foi seu representante na qualidade de grão-mestre geral da Ordem de Mênfis-Misraïm. A sua imaginação e o seu gosto pelo poder, num contexto teatral que amava e manipulava à vontade, favoreceram a pretensão de se tornar representante da Rosa-Cruz. Como Steiner era um homem muito culto, que pretendia possuir os dons da dupla visão, todas as suas afirmações a respeito do rosacrucianismo eram tidas por verdadeiras. Mas uma leitura séria de suas conferências sobre esse assunto[15] (e sobre outros) nos esclarece quanto às suas pretensões. Steiner era muito dotado em certos domínios mas, no domínio do ocultismo, a imaginação e a fantasia o afastavam da realidade. Ele nos diz à página 33 da compilação de suas conferências que o estudo das verdades rosa-cruzes "*conduz à visão dos mundos suprassensíveis, do mundo astral e do mundo espiritual ou devacânico*". Observemos desde logo que o plano astral é o plano das paixões humanas assim como o das ilusões, e que esse plano é o primeiro com que trabalham os neófitos. As Verdades da Rosa-Cruz começam depois dele — felizmente! Quanto ao plano devacânico, é o de outra ilusão, pois se trata do plano mental por onde passam os homens logo antes de reencarnar. As verdades dos rosa-cruzes nada têm a ver com esse plano, que nada tem de espiritual!

À página 45, lemos que existem três vias. A primeira é a dos indianos (deveria ter dito hindus): a via oriental do yoga. Steiner tropeça como aqueles que falam sem saber, pois o yoga é um termo genérico para um grande número de vias. Seguem-se a via cristã-gnóstica e a dos rosa-cruzes. Trata-se evidentemente de uma interpretação muito pessoal de Steiner. Na verdade, estamos acostumados a afirmações extravagantes, como quando ele diz que a obra da Rosa-Cruz "*chegou até nossos dias e durará por toda a eternidade*".

Tal como Spencer Lewis da A.M.O.R.C., Steiner nos dá sua versão da história de Christian Rosenkreuz. Há aí um pouco de tudo, ao sabor de sua fantasia, beirando o ridículo como quando afirma que o Buda foi enviado por Christian Rosa-Cruz a Marte e que, "*em 1604, fez por Marte algo comparável ao que o Mistério do Gólgota fez pela Terra*".[16]

Como vários instrutores de seu tempo, Steiner foi responsável por induzir aspirantes a penetrar no astral em busca de uma pseudoiniciação rosa--cruz, que não mereceriam jamais no plano físico, onde se pagam as dívidas e se ganham as recompensas. Steiner fundou ainda um círculo interno em sua estrutura antroposófica e os iniciados recebiam dele uma rosa-cruz de ouro. Quanto ao ritual, era apenas uma compilação tomada de empréstimo à Maçonaria e ao livro de Éliphas Lévi, *Dogma e Ritual da Alta Magia*.*

R. Steiner não tem nenhuma consideração pela realidade daquilo que ensina: quer apenas subjugar o auditório, maravilhá-lo e torná-lo fiel a seu pensamento, que tem como original. Com esse fim não hesita em abordar o tema das vidas passadas, que parece dominar com grande facilidade, afirmando que Tomás de Aquino é a reencarnação de Aristóteles, que J. W. Goethe é a de Platão e Moisés, que Rodolfo de Habsburgo é a de Nero etc. Em outra conferência, ele se diz a reencarnação de Aristóteles e sua assistente, a dra. Ita Wogman (1876-1943), a de Alexandre, o Grande. Steiner se via até na pele de Gilgamesh, 3 mil anos antes de nossa era.

Como bem salientou José Dupré em sua obra bastante completa, os trabalhos de Steiner estão cheios de contradições. Steiner, enamorado de um cristianismo revisto por ele mesmo, já que descobriu um Quinto Evan-

---

* Publicado pela Editora Pensamento, São Paulo, 1971.

gelho, oferece uma versão da vida de Jesus até então desconhecida — e não sem motivo! Escreve o autor:

> *"Para explicar concretamente o desaparecimento do corpo de Jesus, Steiner, em sua primeira conferência de 1911, nos diz que esse corpo se "volatilizou" literalmente da noite para o dia. Na segunda conferência, de 1912, aventa um processo bem diverso: em menos de um dia, o corpo se transformou em pó (com os elementos minerais representando cerca de 15% do total), mas um tremor de terra, que abriu uma fenda no sepulcro e a fechou logo depois, foi necessário para absorver os restos pulverulentos. Na terceira conferência, de 1913, Steiner se poupa das complicações da "redução ao pó" — dificilmente possível em menos de um dia para um corpo composto de 60% de água — já que um tremor de terra pode muito bem absorver um corpo inteiro..."*[17]

Admiradores e simpatizantes de Steiner, como Édouard Schuré (1841-1929), que o tornou conhecido através de sua obra *Les Grands Initiés*, se afastaram dele, decepcionados com o que se tornara e com o que ensinava. Steiner nunca hesitou em criticar aqueles que antes admirava, como os grandes responsáveis pela Sociedade Teosófica e o grande clarividente Emmanuel Swedenborg. Inútil fazer uma análise de suas outras conferências. Elas são do mesmo teor de sua história rosacruciana e devem incitar o leitor a mostrar uma grande prudência.

Vou me abster de falar sobre organizações recentes com pretensões antigas, como os Irmãos Primogênitos da Rosa-Cruz, de Roger Caro, a Fraternidade dos Polares, de Mario Fillo, ou a Rosa-Cruz Áurea (*Lectorium Rosicrucianum*), de J. Leene!

A Fraternidade Hermética de Luxor

Talvez não seja inútil falar dessa ordem que, além de ser uma iniciativa puramente humana sem segundo-plano tradicional, ainda se opôs à Sociedade Teosófica com a maior virulência. O grupo ficou conhecido pelo nome norte-americano, Hermetic Brotherhood of Luxor (H. B. of L.). Vale a pena contar sua história porque ela nos mostra o fracasso de um iniciado, o que não é comum. O adepto em questão é o famoso Swami Dayananda Saraswati, fundador de um movimento de reforma védico chamado Arya Samâj. A autenticidade de sua realização, aliás, nunca foi posta em dúvida, como o confirma o Mestre K. H.:

> "Se minha palavra de honra tem algum valor para vocês, saibam que D. Swami foi mesmo um yogue iniciado, um chela de alto nível em Badrinath, dotado há alguns anos de grandes poderes e de um conhecimento que depois perdeu; que H.P.B. lhes disse só a verdade; e que H. C.[18] foi um dos chelas do Swami, mas preferiu seguir o "caminho da esquerda.""[19]

Nessa época, os Mestres depositavam grandes esperanças no yogue, embora vissem despontar em sua aura a vibração da ambição e do extremismo. Era um Lutero indiano, mais forte na vontade do que no amor, aquele que Tagore considerou "o grande pioneiro da Índia moderna".[20]

Após anos de disciplina rigorosíssima junto a seu guru, Dandi Virjananda, lançou um movimento de reformas profundas que tomou o nome de Arya Samâj. Em maio de 1878, H.P.B. e o coronel Olcott, supondo que seus interesses comuns convergiam para o mesmo fim, aceitaram uma fusão das duas organizações. O intermediário dessa fusão foi um dos discípulos de Dayananda, um certo Hurrychund Chintamon (H.C.), responsável pela Arya Samâj em Bombaim. Na ocasião, Olcott enviou o equivalente a 600 mil rupias à Arya Samâj, mas H.C. roubou esse dinheiro e as duas organizações se separaram. Dayananda mudou de personalidade, tornando-se intolerante e brutal. Contaminado pelo cólera, terminou sua vida na miséria. No entanto, a seita sobreviveu e fez coisas muito boas na Índia através da criação de escolas e hospitais.

Quanto ao discípulo mal-intencionado, o hindu Hurrychund Chintamon, fugiu e tentou fundar uma organização esotérica copiada da Confraria de Luxor, à qual pertenciam H.P.B. e Olcott. Como diz C. Jinarajadasa: *"Tratava-se de uma organização ilegítima fundada em 1883. Os papéis que lhe dizem respeito, nos anais de Adyar, dizem que seu principal agente nos Estados Unidos era um tal 'Sr. Théon, grão-mestre temporário do Círculo Exterior'. Outro, caso não seja o mesmo, era Peter Davidson que, em suas instruções secretas, assinava-se 'o Grão-Mestre provincial da Seção Norte'. O Fundador da 'H. B. of L.' parece ter sido um hindu, Hurrychund Chintamon, ao menos segundo uma nota dos arquivos.*"[21]

Esse H.C. parece ser o mesmo homem que roubou o dinheiro da Arya Samâj. No entanto, o fundador conhecido da ordem é Louis-Maximilien Bimstein (1847-1927), dito Max Théon ou Aïa Aziz. Em 1870, ele se instalou na Inglaterra, tomando para colaboradores Davidson e um certo D'alton, aliás T. H. Burgoyne, que parece ter usado vários nomes e, em 1883, acabou na prisão por trapaça. Não foi sua estreia, pois "*em 1875, quando tentou lançar o movimento teosófico, H.P.B. mandou imprimir no seu papel de cartas um timbre específico, símbolo da Confraria de Luxor. Esse timbre foi imitado e modificado por Davidson para uso da "H. B. of L."*"[22]

Como se vê, essa organização recente nada tinha de tradicional e menos ainda de ético no que dizia respeito a seus responsáveis. Ela nada tem a ver com os rosa-cruzes, ao contrário do que escreve um tanto apressadamente Jean-Claude Frère:

"*H. B. of L.: eis a sigla que designa habitualmente a Hermetic Brotherhood of Luxor, surgida em Boston no início do século XIX e em grande parte responsável pela difusão do complexo movimento esotérico englobado no termo 'rosacrucianismo'.*"[23]

Conhecendo hoje a natureza dessa organização, ninguém se espantará ao saber que, em 1840, P. B. Randolph foi um de seus membros e assumiu ali uma posição elevada. De resto, parte das lições de Randolph foi integrada aos conhecimentos pretensamente secretos da escola, que eram enviados aos membros (à maneira das monografias da organização rosacruciana A.M.O.R.C.). Essas lições lembravam as que compunham o fundo da Eulis Brotherhood, que Randolph criou após a guerra e era fortemente centrada na magia sexual.

A esse respeito, quero fazer um breve aparte a respeito da sexualidade nas escolas esotéricas autênticas. Éliphas Lévi nos lembra: "*Pitágoras era um homem livre, sóbrio e casto; Apolônio de Tiana e Juliano César foram pessoas de uma austeridade impressionante; Paracelso deixava dúvidas quanto ao* seu sexo, tanto se mostrava estranho às fraquezas amorosas; Raimundo Lúlio levou os rigores da vida ao ascetismo mais exaltado..."

A castidade foi uma das condições impostas aos primeiros rosa-cruzes quando do ressurgimento da Ordem em 1604, conforme se lê nos *Ecos da Fraternidade*: "*Ao todo oito membros, todos celibatários que fizeram o voto de virgindade.*"[24] Temos até o rosa-cruz Robert Fludd, que se qualificava de *virgo immaculata*.

Com efeito, a castidade sempre foi uma das regras essenciais para todos os adeptos, principalmente os rosa-cruzes. É, pois, um erro monumental afirmar que seu método comportava ritos sexuais. Alguns historiadores chegaram a essa conclusão por atribuir a Randolph uma condição de iniciado, coisa que nunca foi. O melhor exemplo desse afastamento da verdade é dado por Christopher Mc Intosh em seu livro *La Rose-Croix Dévoilée*:

"*É curioso que Randolph, tendo descoberto independentemente a magia sexual, tenha chegado à conclusão de que ela era a verdadeira base do fenômeno rosacruciano. Conforme já demonstrei, há indícios do interesse dos primeiros rosacrucianos pela sexualidade como força mágica, e do fato de terem feito uma descrição simbólica da sexualidade em seus tratados.*"[25]

Gostaria que o leitor se desse conta de como é fácil, mesmo para um discípulo inteligente e instruído, ser "fisgado" por uma tal seita. O próprio Papus[26] se tornou membro da H. B. of Luxor — ele e outros discípulos talentosos como Sédir, Augustin Chaboseau, Marc Haven e, sobretudo, François-Charles Barlet, que dirigia a Ordem. Philippe Encausse, filho de Papus, reconheceu em sua obra *Science Occulte* que, a partir de 1885, o pai se tornou um dos agentes mais ativos dessa sociedade justamente na esfera onde devia ter mais influência na França. Na obra coletiva *Sciences Occultes*, organizada por Jolivet Castelot, Papus explica num dos capítulos: "*A palavra de ordem transmitida de centro em centro pelos rosa-cruzes (e que chegou à H. B. of L.) era basear a propaganda na ciência, divulgando algumas adaptações até então reservadas a uns poucos colégios iniciáticos. Uma missão foi enviada aos Estados Unidos para criar a grande corrente do espiritismo provocando abertamente os fenômenos.*"

Papus adota aí as teses dos responsáveis pela seita, que tinham simplesmente plagiado os ensinamentos teosóficos. Como muitos outros, o grande mago Papus foi enganado a ponto de acreditar que aquela escola não apenas era séria, mas também uma emanação da Rosa-Cruz. Estava tão convencido disso que a Ordem constituiu uma espécie de círculo interno do martinismo, círculo que foi depois substituído pela Ordem Cabalística da Rosa-Cruz.

Em 1886, Max Théon deixou a ordem e se instalou em Tlemcen na Argélia, onde tentou em vão fundar outra escola. Nessa cidade entrou em contato com aquela que seria um dia a associada de Sri Aurobindo, Mirra Alfassa, mais conhecida pelo pseudônimo de "A Mãe". De resto, as ideias de Max Théon parecem ter uma certa influência sobre o pensamento de Sri Aurobindo!

Para encerrar o assunto dessa seita sempre ativa, saiba o leitor que a Hermetic Brotherhood of Luxor não tem absolutamente nada em comum com a Fraternidade de Luxor, ramo da Grande Loja do Egito, que é oriunda de um centro na Ásia e à qual pertenceram o coronel Olcott e Madame Blavatsky.

É isso que podemos dizer de algumas organizações importantes e que se dizem rosacrucianas. Poderíamos falar também dos grupos templários e maçons que introduziram um grau rosacruciano em seus sistemas, mas isso nos levaria longe de nosso assunto. Todas essas escolas podem ter sido úteis ou perigosas, sectárias ou fraternas, negras ou autênticas — mas não é menos verdade que atraíram a atenção de buscadores à cata dos conhecimentos escondidos pela Igreja desde a época do imperador Constantino. No entanto, mesmo que essas escolas canalizassem as energias para ideais elevados, elas não tinham as chaves de uma possível transcendência e não podiam preparar os iniciados para os graus superiores do despertar da alma. Isso é confirmado pelo Mestre K.H. a propósito de um grupo de buscadores pertencentes à Societas Rosicruciana in Anglia, de que Bulwer Lytton foi o chefe. A análise do Mestre é interessante, pois vale para a maior parte das organizações com pretensão oculta que acabamos de citar. O Mahatma fala a seu discípulo leigo Hume para lhe mostrar a dificuldade de criar uma escola tradicional nas condições poluídas de uma capital:

> *"Uma organização nos moldes da que você e o Sr. Sinnett conceberam é impensável entre os europeus e tornou-se quase impossível até mesmo na Índia — a menos que se esteja preparado para galgar alturas de dezoito a vinte mil pés[27] em meio às geleiras do Himalaia. Na Europa, a maior e mais promissora dessas escolas, a última tentativa desse tipo, fracassou flagrantemente há cerca de vinte anos, em Londres. Era a escola secreta para o ensino prático da magia, fundada com o nome de um clube por uma dezena de entusiastas sob a direção do pai do Lorde Lytton. Com esse objetivo, ele tinha reunido alguns dos estudiosos mais entusiasmados, mais empreendedores e, ao mesmo tempo, mais avançados em mesmerismo e "magia cerimonial": Éliphas Lévi, Regazzoni, o copta Zergvan Bey etc. Contudo, na atmosfera pestilenta de Londres, o "Clube" teve um fim prematuro. Visitei-o algumas vezes e percebi desde o começo que não havia nem haveria nada lá."*[28]

Observando as condições de poluição moral e vital em que se encontram as escolas modernas com pretensão oculta, é fácil entender por que tantos discípulos sinceros se queixam da insignificância dos resultados obtidos. É também por esse motivo que escolas como a Sociedade Teosófica insistiam mais na postura espiritual que nos exercícios de yoga ou seus equivalentes ocidentais. Escolas de ocultismo são raras e, como vimos, ainda não estão organizadas e continuam desconhecidas do mundo.

Tomaremos agora o exemplo de uma das escolas rosacrucianas mencionadas antes para mostrar como é importante mostrar discernimento e juízo antes de nos filiar às atividades de um grupo. Essa escola não é nem melhor nem pior que as outras, mas, como a conheci de dentro na qualidade de conferencista oficial, pude perceber-lhe as vantagens e as limitações. Acrescentarei que, quando falo de uma escola, falo do fundo doutrinal e dos responsáveis, nunca dos membros que, como eu, são humildes estudantes. A escola em questão é a ordem rosacruciana A.M.O.R.C.

Notas

1. Alguns deles não tinham consciência de seu papel e de sua condição de iniciados, mas sabiam que tinham grandes poderes. Foi o caso do yogue hindu reencarnado no corpo de Wolf Messing, nascido perto de Varsóvia em 1899 e que conheceu grandes pensadores como Einstein e Freud, que atestaram seus poderes psíquicos excepcionais. Voltando à Índia em 1927, encontrou o Mahatma Gandhi, numerosos yogues e até um jovem chamado Sathya Sai Baba, que confirmou o encontro.
2. Alice Bailey, *Traité sur la Magie Blanche*, p. 359.
3. Não nos esqueçamos da época terrível da primeira guerra europeia, entre 1618 e 1648.
4. Alice Bailey, *La Télépathie et le Corps Éthérique*, pp. 18-9.
5. É o que tentamos estabelecer numa tese intitulada *La Vie de Jésus Démystifiée, pour une Naissance de Jésus en 105 avant Notre Ère*, Éditions Nouvelles Réalités, 2003.
6. H.P.B., *Isis Dévoilée*, vol. IV, p. 41. [*Ísis sem Véu*, publicado pela Editora Pensamento, São Paulo, 1991.]
7. Um deles, um príncipe, herdou os conhecimentos do Templo e reuniu um grupo secreto que se perpetuou por séculos. Os membros tinham o hábito, diz-nos H.P.B., de se reunir a cada treze anos em Malta, para lembrar a morte de Jacques de Molay.
8. Quando o conde de Saint-Germain estabeleceu residência na Alemanha em 1777, tomou o nome de Welldone ou Weldon. A um embaixador de Frederico II, confidenciou ter-se chamado outrora Saint-Germain, nome que significava apenas "Santo Irmão" (*Sanctus Germanus*).
9. Alice Bailey, *Un Traité sur le Feu Cosmique*, p. 875.
10. *Isis Dévoilée*, vol. IV, p. 8.
11. Alice Bailey, *Traité sur les Sept Rayons*, vol. I, pp. 354-55.
12. *Isis Dévoilée*, vol. IV, p. 9.
13. *Ibidem*, p. 53.
14. *Rituel de la Maçonnerie Égyptienne*, anotado pelo dr. Marc Haven, Éditions des Cahiers Astrologiques, p. 15.
15. *Christian Rose-Croix et Sa Mission*, Éditions Anthroposophiques Romandes. Conferências proferidas entre 1904 e 1912.
16. *Ibidem*, 130.

17. José Dupré, *Rudolf Steiner, l'Anthroposophie et la Liberté*, Éditions La Clavellerie, 2004.
18. Hurrychund Chintamon.
19. *Lettres des Mahatmas*, p. 359.
20. Dele, escreverá Romain Rolland: "Foi o herói da Ilíada ou do Gita com a força atlética de Hércules, sempre pronto a se insurgir contra qualquer força de pensamento que não fosse a sua, a única verdadeira. Teve tanto sucesso que em cinco anos o norte da Índia estava totalmente mudado. Tinha um conhecimento sem igual do sânscrito e dos Vedas e a veemência brilhante de suas palavras fazia fracassar seus adversários."
21. *Lettres des Maîtres de Sagesse*, segunda série, p. 9.
22. *Ibidem*, p. 10.
23. *Vie et Mystères des Rose-Croix*, p. 198.
24. *La Bible des Rose-Croix*, p. 9.
25. *La Rose-Croix Dévoilée*, p. 176.
26. Papus achava o americano Peter Davidson "*um dos mais notáveis adeptos ocidentais*".
27. As medidas, em pés ingleses, correspondem a 5.000 e 6.000 m. (Nota do autor.)
28. *Lettres des Mahatmas*, p. 245.

9
A A.M.O.R.C.

*"Aquele cujo mental não está perturbado pelo sofrimento,
é sem desejo ardente pelos prazeres.
Está livre do apego, do temor e da cólera.
Chamam-no um sábio de mental muito estável."*
(Krishna no *Bhagavad Gita*)

*"Quem incendeia sua casa liberta-a,
Mas quem a quer salvar a perde.
Vi uma grande maravilha:
Quem morre enquanto vive pode matar a morte."*
(Kabir)

A ordem rosacruciana A.M.O.R.C.

Não é minha intenção polemizar contra uma organização que trouxe sua pedra ao edifício da evolução e que, no fim das contas, nada mais é do que um agrupamento de almas em marcha para onde haja mais luz. Quero apenas mostrar a que ponto os desvios de uma organização tão poderosa em número podem acarretar perda de tempo, ilusão e sofrimento. Escolhi esse exemplo porque se trata de uma escola sem raízes autênticas, que soube utilizar o ensino de outras tradições e se apropriar da personalidade dos Mahatmas, em particular o Mestre K.H., do qual fez seu Hierofante. Essa organização poderia, sem pretender estar ligada à Tradição Primordial, realizar um trabalho educativo bom e útil; mas infelizmente pecou pela desastrosa tendência de fazer do mistério um atrativo, acabando por se envolver com o mundo do materialismo e dos fenômenos. Recomendo àqueles que duvidarem dos meus propósitos a leitura atenta de duas obras às quais recorri o tempo todo.[1]

Foi o americano Harvey Spencer Lewis que criou essa organização rosacruciana (A.M.O.R.C.[2]). Era sem dúvida um gênio da organização e seus talentos poderiam ter sido aproveitados em qualquer empresa multinacional. Sua genialidade consistiu em fundar uma escola cuja pretensão maior era ser o renascimento da Ordem da Rosa-Cruz primitiva, a única no mundo a representar a Ordem suprema e, não bastasse isso, a manter estreito contato com os membros mais elevados da Hierarquia. Mais genial ainda foi elaborar um histórico de sua ordem em *Perguntas e Respostas Rosacruzes — Com a História Completa da Ordem Rosacruz AMORC* — que, no entanto, não resiste ao estudo aprofundado de um historiador. Lewis era um homem instruído, eloquente, dono de uma ótima memória e muito dado à leitura. Além disso, bom escritor e com talento tanto para as artes quanto para alguns ramos da ciência. Não se podia negar que fosse um discípulo, mas com uma ambição desmesurada. Para levar a cabo o empreendimento, Lewis se inspirou no que havia em outras escolas e, a fim de provar a validade de sua afiliação, acabou por recorrer à ordem rosacruciana francesa.

O que espanta em sua obra é a leviandade com que divulga, num livro para o público, informações ocultas desconhecidas na época, mesmo nas escolas mais sérias, e sem jamais fornecer a menor prova. Como conferencista da organização, eu tinha o dever de esclarecer certas questões delicadas cujas respostas ignorava — e que estariam supostamente nos arquivos da Ordem, nos Estados Unidos. Dirigi-me, pois, ao filho de Spencer Lewis, Ralph, *Imperator* da A.M.O.R.C. após a morte do pai. Ele não me forneceu nenhuma informação, alegando vários pretextos, principalmente quando pedi para ver certos documentos essênios de que Lewis fala várias vezes em seus livros sobre a vida de Jesus. Por fim, fui posto na lista negra e nunca mais recebi nenhuma carta em resposta às minhas perguntas.

Eis um exemplo das afirmações de Lewis que a A.M.O.R.C. jamais conseguiu provar e sabe-se bem por quê!

Segundo Lewis, em certa época os pesquisadores egípcios se reuniam no palácio do faraó Amótis I, que reinou de 1580 a 1557 a.C. Para Lewis, *"a Fundação da Grande Fraternidade Branca acabava de ser proposta".* E, um pouco mais à frente, escreve: *"Foi Tutmés III que organizou a forma exterior atual, seguida pela Fraternidade secreta até hoje, e que esboçou em linhas gerais muitas de suas regras e regulamentos. Governou de 1500 a 1447 a.C. e seu reinado não tem para nós interesse algum, exceto pela fundação da Fraternidade."*[3]

Dizer que o reinado desse faraó não tem nada de importante é coisa bem estranha em vista do que está escrito no *Manual Rosacruz da A.M.O.R.C.*, à página 216, onde Tutmés III é considerado uma encarnação do Mestre K.H.! Sempre segundo Lewis, o faraó Tutmés III transformou seus aposentos em sede de uma ordem secreta e fechada durante um conselho que aconteceu entre 28 de março e 4 de abril de 1489. Lewis parece conhecer os menores detalhes desse período da vida do faraó (como de todas as personalidades que menciona), pois afirma que nove irmãos e três irmãs estavam presentes nesse primeiro Conselho Supremo. No fim de seu reinado, em 1447, havia 39 irmãos e irmãs no Conselho, cujos encontros regulares ocorriam no templo de Karnak.

Evidentemente, gostaríamos muito que um dia os responsáveis pela A.M.O.R.C. nos exibissem as provas de todas essas afirmações.

Lewis tinha também o costume de citar nomes de antigos filósofos célebres e de ocultistas conhecidos, transformando-os em membros da Rosa--Cruz — sempre sem apresentar a mínima prova. Retoma eventos famosos da história clássica e, conforme a necessidade, integra-os à própria história, associando-os às atividades da Grande Fraternidade Branca. Em sua época, era fácil jogar com datas e acontecimentos, tanto mais que Lewis, como outros chefes de organizações ocultas, se escondia por trás da chancela do segredo. Ele tenta tirar proveito de tudo e mistura o verdadeiro ao falso. Ao falar do ciclo de 108 anos, transforma-o num período de sono e ressurgimento da Rosa-Cruz. Na realidade, esse ciclo (não mais seguido pela A.M.O.R.C.) é muito conhecido no Oriente, mas não tem nada a ver com a descrição de Lewis, pois os 120 anos associados ao ressurgimento da Ordem são um número simbólico.

Lewis inventou também o ciclo de 144 anos que seria, segundo ele, o período regular das reencarnações humanas. Na realidade, esse ciclo de renascimentos quase imediatos é excepcional e só diz respeito a três categorias de almas. A primeira é a dos adeptos que reencarnam por vontade própria a fim de servir a humanidade. Na segunda categoria entram os discípulos avançados que são autorizados a prestar serviço no mundo, abstendo-se de permanecer em *devachan* quando há urgência. Enfim, o ciclo de renascimento quase imediato intervém em caso de morte acidental, não prevista no destino da pessoa, obrigando a alma a assumir um corpo logo em seguida para completar o tempo que lhe fora normalmente consignado. Em verdade, nada de preciso pode ser afirmado a respeito do ciclo entre duas existências, exceto que as pessoas primitivas reencarnam bem depressa para, mais depressa, assimilar as lições da vida e que, para a massa da humanidade, o período intermediário pode ser de muitos séculos.

Lewis se contradiz frequentemente e isso é estranho para alguém que se pretende um Mestre que já atingiu a consciência cósmica. Ele escreve: *"A Ordem Rosacruciana sempre considerou uma lei estrita e universal que seus ensinamentos não sejam jamais publicados em forma de livro ou vendidos ao público. Nunca ouvimos dizer que essa lei tenha alguma vez sido violada."*[4]

Faltou a Lewis, decerto, a mais elementar clarividência, pois esquece que os ensinamentos secretos de que fala são enviados pelo correio a membros do mundo inteiro e que, forçosamente, as monografias às vezes se extraviam e vão parar em mãos profanas. Os segredos da A.M.O.R.C. — que considero infantis frente aos dos yogues hindus, raja e jnana em especial, aos do Vajrayana ou da teosofia — são encontrados nas monografias que os membros desistentes nem sempre devolvem. Nós mesmos adquirimos, por um euro simbólico, pilhas dessas monografias no mercado de Saint-Ouen, em Paris. Por outro lado, é um jogo de palavras pretender que o ensino é gratuito e que só são pagos o papel e o selo.

Para legitimar o fato da A.M.O.R.C. ser a ressurreição da antiga Ordem, Lewis dizia que os primeiros colonos europeus a pôr os pés na América sob a chefia do mestre Johannes Kelpius, e que se instalaram na Pensilvânia em 1694, eram rosacrucianos e representavam o primeiro ciclo da Ordem no Novo Mundo. De fato se descobriu entre seus papéis um documento rosacruciano, mas ninguém provou jamais que aqueles quietistas estivessem ligados à Rosa-Cruz. Lewis afirmou que esses homens cessaram sua atividade em 1801 e, portanto, 1909 seria a data do ressurgimento da Ordem. Esquece ainda de mencionar as outras organizações, sobretudo a da França, à qual se diz filiado e que nunca falou em ciclo de 108 anos. Para Lewis o tal grupo de colonos era importante, pois afirmava ter herdado deles documentos preciosos. Essa origem da Ordem está em contradição com o que escreveu em 1927 respondendo a uma pergunta: "*A comunidade rosa-cruz à qual vocês se referem existiu de 1694 a 1801 e depois foi dissolvida. (...) Cento e oito anos após 1801, o imperator de nossa Ordem foi à França e recebeu autorização para reiniciar a obra rosacruciana na América. O resultado dessa visita à Europa foi a Ordem Rosacruciana atual, conhecida como A.M.O.R.C. Mas a A.M.O.R.C. de hoje não descende do grupo que veio para a América em 1694.*" (*The Mystic Triangle*, maio de 1927, p. 109)[5]

Lewis não era muito reconhecido e a maior parte de sua ação consistiu em criar condições que permitissem o seu reconhecimento e o de sua Ordem. Ele queria a todo custo ser o único representante dos rosa-cruzes e, para isso, precisava encontrar alguém disposto a confirmar essa pretensão. Indivíduos sedentos de glória pessoal não são raros nesses meios e Lewis logo descobriu um. O homem possuía um documento provando ser um "Legado da Ordem Rosacruciana na Índia" e foi daí provavelmente que Lewis tirou o desejo ambicioso de ser também um "Legado Supremo da Rosa-Cruz na América". Foi encorajado por essa história de Legado que Lewis chegou à França, perdeu o pé da realidade e começou a manipular os acontecimentos a fim de provar seus contatos com os rosa-cruzes.

De volta à América, o Legado da Índia lhe serviu de testemunha e confirmou seus supostos contatos. Conseguiu formar assim um primeiro grupo de nove eleitos dispostos a tudo para viver tão maravilhosa aventura. A história de sua iniciação pelos rosa-cruzes no Donjon de Toulouse foi objeto de uma minuciosa pesquisa do historiador Serge Caillet, que demonstrou sem sombra de dúvida que essa história não podia ser real. A Ordem não existia na França, mas mesmo assim Lewis afirma: "*É a organização mais poderosa do mundo atualmente, com milhões de membros em países de todo o globo. Seis reis da França, três imperadores da Alemanha e cinco reis da Inglaterra foram Grão-Mestres da Ordem...*"[6]

Após a instalação da A.M.O.R.C. na América, mapas e outros documentos de reconhecimento lhe foram fornecidos por um certo Jerome T. Verdier, mago do Supremo Conselho da França em Toulouse. Ninguém jamais o viu mas, como observa R. Vanloo, se esse mago dominava perfeitamente a língua inglesa, cometia erros crassos em francês. Escreve, por exemplo, "Suprème Concile" em vez de "Suprême Conseil". Sua assinatura também é curiosa: "Jerome T. Verdier". Eis aí um francês que esquece os acentos do próprio nome "Jérôme".[7]

É claro que os documentos são falsos e o Antigo Legado Supremo da A.M.O.R.C. na França, Raymond Bernard, uma vez ao menos tem razão ao dizer que "*nada nesse domínio pode ser provado, para nós ou para os outros, e os melhores documentos que podemos conseguir nada provam na realidade*".[8]

No outono de 1916, um outro documento dos rosa-cruzes franceses lhe foi enviado pelo irmão Thor Kiimalehto. Não o reproduzo *in extenso*, pois algumas frases bastarão para avaliar sua seriedade. A carta começa assim:

"*Quando de um Alto Conselho de Latrão do Conselho R. C. do Mundo reunido no Egito, em Mênfis, a 20 de julho de 1916 d. C., R. C. 3269...*" etc.

O resto do documento é a notificação que faz dos Estados Unidos uma jurisdição oficial independente, mas, esclarece o texto, "*sujeita diretamente à supervisão do Pontífice Supremo El Moria Rá de Mênfis, Antigo Xeque Grande e Perfeito*" — o que põe Lewis ao abrigo dos indesejados, pois ninguém está acima dele para lhe fazer sombra. A esse respeito, o fim do documento também é interessante: "*E, por este decreto e por este documento, está igualmente prevista a designação do Mestre Mais Perfeito, H. Spencer Lewis, como Conselheiro Mundial...*"[9] Não fui eu quem pôs as maiúsculas! Mas por aí se reconhece bem a modéstia do futuro *Imperator*.

Robert Vanloo observa que Lewis já mencionara o nome de Moria na edição de junho de 1916 de seu *American Rosae Crucis*, sob a forma de um retrato do Mestre para ilustrar um artigo do irmão Sykes onde, segundo este, Moria El é mesmo o Mestre Supremo da Ordem Rosae Crucis no mundo e mora no Tibete. Sem dúvida, Lewis toma de empréstimo livremente a personalidade do Mahatma de Madame Blavatsky, da qual conhece os ensinamentos, pois H.P.B. é mencionada nas monografias da A.M.O.R.C. No entanto, escreve Clymer, embora Lewis tenha se desentendido com Skypes no meio-tempo, este anuncia em setembro do mesmo ano que o Mestre Mundial não é mais o tibetano Moria El e sim o egípcio El Moria Rá! E isso é o de menos, já que o Mestre Morya do Tibete não é tibetano, como vimos. Uma grande gafe para quem já era considerado o Mestre dos Rosa-Cruzes na América! Lewis fez a mesma coisa com o Mestre K.H. ao transformá-lo em Hierofante dos Rosa-Cruzes, embora ele pertença à Loja do Himalaia.

Todas essas pretensões de Lewis lhe valeram a adulação de alguns homens, como o industrial William Riesener, que lhe ofereceu uma ajuda financeira considerável. Teve também a ajuda do pastor Georges R. Chambers, membro de alto grau da Franco-maçonaria que, segundo R. Vanloo, encarregou-se de reescrever a maior parte das monografias até o sexto grau.

A Grande Fraternidade Branca de Lewis

Os ensinamentos dos Mahatmas transmitidos por H.P.B. foram recebidos de maneira diferente pelos neófitos, pelos aspirantes e pelos discípulos. Na maior parte dos casos, trouxeram paz e compreensão a espíritos sedentos de conhecimentos, mas houve casos em que os conhecimentos esotéricos engendraram ilusões enganosas, revelando as fraquezas da personalidade. Parece ser este o caso de Spencer Lewis — e ele não é o único. Sua sede de poder não lhe permitia ser senão o chefe supremo da ordem rosacruciana no mundo e, assim, só podia ter acima de si o supremo Conselho dos Rosa-Cruzes ou os Mahatmas da Hierarquia planetária. É difícil acreditar que um homem tão inteligente quanto ele possa ter descambado para o que chamaríamos de delírio místico. Mas parece que foi assim. É verdade que os estudiosos da época não tinham ainda o ensinamento decodificado e que as obras esotéricas (de hermetismo, alquimia ou cabala) disponíveis em latim estavam envoltas num simbolismo que podia sugerir as piores interpretações. Como Madame Blavatsky foi a primeira a revelar a existência da Grande Loja Branca, é certo que Lewis se familiarizou com esse conceito por intermédio de teósofos ou obras teosóficas.

Lewis parece ter-se interessado pelo assunto depois de conhecer um homem que se dizia bispo Massananda da Igreja do Dharma. O homem em questão pretendia agir como Grande Hierofante da Grande Fraternidade Branca do Tibete para o mundo ocidental. Assinava-se também Sri Elammkhan.[10] A 17 de agosto de 1920, o bispo consagrou Lewis com o título de "*Sobhita Bhikkhu*", evento imediatamente consignado no *Rosicrucian Digest* de setembro de 1933. R. Vanloo traduz integralmente esse texto, mas é inútil comentar as palavras de um homem alucinado, que não podemos levar a sério. Ele mistura tudo e faz sua proclamação em nome de Kar-gya--pa (e não *Kargyupa*), Venerável Fundador da Loja da Grande Fraternidade Branca, em nome de seus sucessores Narpa (e não *Marpa*) e Mila-ba-pa (e não *Milarepa*), e por aí além. O documento esclarece que Lewis será o sucessor do bispo na função de Prelado e Chefe Secreto da L.G.F.B.[11] após a morte deste.

O documento traz a data de 20 de outubro de 1920 — mas uma testemunha garantiu nunca ter visto esse suposto representante! Verdadeira ou falsa, Lewis se serviu dessa filiação para convencer os membros dos graus superiores da A.M.O.R.C., conhecidos como *hierarquia esotérica*, de que estavam estreitamente ligados aos Mestres cósmicos da Hierarquia.

No livro *Perguntas e Respostas Rosacruzes*, Lewis critica os que consideraram que uma tumba recém-descoberta, onde se encontrava o corpo de um Mestre chamado C.R.-C., seria a do fundador da ordem. Para ele, essa descoberta de um túmulo é puramente simbólica e não representa o ressurgimento de um Mestre, mas o da fraternidade rosa-cruz inteira. Dá assim uma visão bem próxima da verdade, salvo pelo fato de negar a realidade de um fundador: "*Quem, pois, ler em certos livros místicos modernos, mesmo nos que se proclamam rosacrucianos, a história de que "Christian Rosenkreuz"*[12] *é o primeiro fundador da Ordem Rosacruciana na Alemanha... saberá imediatamente que o autor do texto ignora os fatos reais."*[13]

Para Lewis, a Ordem secreta tem períodos de sono e atividade de 108 anos, de sorte que a seu ver a descoberta da tumba de Christian Rosenkreuz não passa de uma alegoria. E quando ele descobriu isso? Porque, como revela R. Vanloo, Spencer Lewis confirmou uma história não apenas contrária ao que sustentaria depois, mas aberrante mesmo para um neófito com um pouco de sensatez. De fato, Lewis afirmava que quando um Grão-Mestre da Ordem não tinha descendentes, devia antes de morrer fazer uma transfusão de sangue a seu sucessor. Citemos o *Rosicrucian Digest*:

> *"Assim, em todas as jurisdições ativas hoje, o oficial de grau mais elevado recebeu por transfusão o sangue de C.R.-C. e é um descendente direto desse ilustre personagem, cuja identidade original está cuidadosamente preservada. O C.R.-C. da Alemanha, famoso no século XVII, descendia do primeiro C.R.-C. e talvez interesse aos membros saber que nosso* Imperator *aqui na América também recebeu uma transfusão direta desse sangue, reforçando seus vínculos autênticos, por via indireta, com a família dos Rosen Kreuzers originais dos tempos antigos."*[14]

Há necessidade de mais provas para mostrar que Lewis não distinguia entre o real e o imaginário? A prática do ocultismo e o contato com homens que estavam longe de ser santos podem ter afetado sua razão. Ele pode também, por causa da ambição sem limites, ter sido vítima dos Irmãos das Trevas. Mas o certo é que Lewis tinha uma opinião lisonjeira de si mesmo.

Numa série de textos que alguns membros antigos da A.M.O.R.C. recebiam (recebem ainda?), conhecidos pelo nome de *Confessio*, Lewis faz algumas revelações. No Manifesto V, escreve que essa confissão lhe é exigida como o foi de todos os dirigentes supremos da Ordem, inclusive Christian Rosenkreuz! Lemos aí que ele passou por uma transição espiritual, uma transfiguração completa e tão forte que provocou um tremor de terra na Califórnia. Lewis passa a falar então de Jesus Cristo: *"Retirou-se então durante algum tempo para o deserto para voltar como ser ressuscitado. Sucedeu o mesmo ao vosso Imperator, que com toda a humildade ousa comparar sua tran-*

sição com a do Grão-Mestre..." O documento traz a assinatura de Sâr Alden, nome pelo qual Lewis seria reconhecido quando voltasse à Terra!

Irmão Nicolas Roerich (1874-1947)

O último capítulo do caso Lewis está associado a um casal de discípulos autênticos, cujo grau de realização ignoro mas que foram vítimas também das miragens do mundo oculto e das ambições de poder.

O homem de que falaremos agora nasceu na Rússia em 1874 e se chamava Nicolas Konstantinovitch Roerich. Sem entrar nos detalhes de sua vida pouco comum,[15] podemos desde já afirmar que era um pintor excepcional. Tem mais de 7 mil telas expostas em museus de 24 países. Roerich era também humanista, poeta, arqueólogo e teósofo. Foi o promotor de um Pacto de Paz que visava a proteção dos direitos e valores humanos, além de uma harmonia maior entre as nações. Esse pacto foi assinado em 1933 por ocasião de uma Convenção internacional em Washington, com representantes de 35 nações. Dois anos depois, o Pacto de Paz de Roerich chegava à Casa Branca. O presidente Franklin Roosevelt, autêntico discípulo aceito, foi muito receptivo a esse tratado, assim como o secretário de Estado Cordell Hull e o ministro da Agricultura, Henry Wallace, que em segredo tomara Roerich como guru (função que este conservará por toda a vida). Oficiosamente apoiado por Henry Wallace, Roerich, sua esposa Elena e seu filho Georges organizaram uma expedição à Ásia Central, de 1924 a 1928, com o objetivo secreto de entrar em contato com os Mahatmas e de penetrar na misteriosa Shambhala, já citada na primeira parte deste livro. O casal era apaixonado pelo livro *A Doutrina Secreta* de Madame Blavatsky e Elena o traduziu para o russo.

Como Spencer Lewis fez de Roerich o Legado Supremo da Grande Fraternidade Branca no Tibete, meu papel de conferencista me obrigou a aprofundar o estudo da vida desse casal extraordinário. Assim, fui com minha esposa a Naggar, no maravilhoso vale de Kulu, onde passamos alguns dias em sua antiga casa, hoje museu. Depois de alguns anos de estudos, certos fatos novos apareceram a respeito da estranha relação entre Roerich e Lewis.

A obsessão dos Roerich era a descoberta de Shambhala, que ainda confundiam com o Agartha. Inspirado pela mesma busca, seu discípulo Thomas Andrew escreveu *Shambhala, A Misteriosa Civilização Tibetana*. A obra não deixa de ter interesse, mas ressente-se de uma grande falta de objetividade quando fala de Roerich, cujas teses aceita incondicionalmente. Escreve, por exemplo, que o Panchen Lama de Shigatsé liberava passaportes para Shambhala — como se estivesse falando de um lugar material! A propósito de Shambhala, os discípulos de Roerich gostavam de contar que, durante uma expedição à Ásia, ele pegou seu cavalo e desapareceu por um dia inteiro. Seu filho Georges também menciona o fato, mas não vê nisso nada de misterioso. Seja como for, os fiéis do guru insistiam em afirmar que Roerich estivera em Shambhala naquele dia. Será que Roerich fez alguma sugestão nesse sentido, deixou o boato correr ou teve a coragem de calar esses rumores absurdos?

No Oriente, há numerosas lendas a respeito de uma pedra sagrada (*chintamani*) trazida do céu por um *vimana* (OVNI) e que esteve nas mãos do Rei do Mundo.[16] Segundo Thomas Andrew, essa lenda foi confirmada por Roerich com o detalhe de que um fragmento da pedra teria sido mandado para a Europa a fim de ajudar na criação da Sociedade das Nações. Fracassada essa tentativa, o fragmento voltou a Shambhala. Trata-se talvez da interpretação pessoal do autor a partir de um quadro onde se vê Nicolas Roerich com um pequeno cofre nas mãos. O cofre, porém, não continha um fragmento da pedra sagrada, como muitos pretendem nos fazer acreditar, e sim um punhado de terra trazida do Tibete após a expedição de agosto de 1925 a maio de 1926. Era um presente para as autoridades russas, que tinham mostrado o desejo de conhecer um artista de tamanha reputação. A única coisa que causa espanto é a inscrição no cofre: "*Para a tumba de nosso irmão, o Mahatma Lenin.*"

Roerich trazia também uma mensagem dos Mahatmas do Himalaia. Os que a leram concordarão que nem as palavras nem o pensamento refletem os de um Mahatma. Em contrapartida, estou quase certo de que emanou do cérebro de sua esposa Elena que, como veremos, se dizia telepaticamente inspirada pelo Mestre Morya.

Nicolas Roerich tinha, pois, conquistado uma aura de respeitabilidade no plano espiritual e sua atração pelo ocultismo impressionou Lewis, que viu aí a oportunidade de fazer um aliado de peso. No livro *A Arte Mística da Cura*, à página 95, Lewis escreve: *"O único homem que manteve relações absolutamente livres com a Grande Fraternidade Branca, autorizado a ir e vir conforme o desejasse e a falar sem entraves de tudo quanto sabia, foi Nicolas Roerich, que é legado particular para o mundo inteiro dessa fraternidade."* Mais à frente, faz de Roerich um iniciado bem antigo da Rosa-Cruz e esclarece que *"ele representa a A.M.O.R.C. da América do Norte em todas as sessões oficiais da fraternidade branca no Tibete"*. Eis uma afirmação difícil de provar porque nem Roerich nem sua esposa falaram ou escreveram jamais (que eu saiba) sobre essa nova responsabilidade inventada por Lewis.

Lewis foi o primeiro a fazer contato com Nicolas Roerich. Suponho que, como de hábito, alardeou seus títulos e mostrou, com provas para apoiá-lo, a grandiosidade de sua organização, que comportava agora um museu egípcio em San José. É provável que tenha enviado aos Roerich seu *Rosicrucian Digest* de dezembro de 1933, que trazia uma homenagem calorosa à pessoa de Roerich, pois Lewis faz dele um "Verdadeiro Grão-Mestre". Chama-o de *Frater*, tendo-o já promovido, com ou sem seu consentimento, a membro honorífico da A.M.O.R.C.

Mais adiante no *Rosicrucian Digest*, escreve: *"Do mosteiro do Tibete, onde os grandes mestres se encontram e se associam em comunhão sagrada, no ponto que representa um dos maiores, mais elevados e mais sublimes altares Antigos no mundo, o Irmão Roerich nos enviou vários objetos sagrados..."*

Esse mosteiro, que inflamou a imaginação dos membros da A.M.O.R.C. na época, nada mais é que a casa dos Roerich e o Tibete em questão é apenas o vale de Naggar, onde estive. Este se localiza, de resto, no Punjabe, ao pé do Himalaia ocidental, ou seja, na Índia.

Nicolas Roerich não deve ter ficado insensível aos elogios do *Imperator* e provou isso respondendo à sua carta de 7 de maio do mesmo ano. Conforme a resposta revela, foi a pedido de Lewis que Roerich enviou oito objetos a seu museu. Roerich mostra também que levou a sério a carta de Lewis e aceita ser reconhecido como um mensageiro extraordinário dos Mestres.

Não desmente as afirmações de Lewis, pois escreve que, dos oito objetos, os mais raros provêm de "*seu mosteiro, o Templo sublime dos Altos protetores da G. F. B.*".

Os objetos são muito comuns, exceto o quinto. Trata-se de um anel de prata com engaste de turquesa, saído da mão de um Mestre cujo nome e personalidade estão indicados no aro. O sexto também chama a atenção: um anel tibetano sagrado com uma pedra vermelha, enviado à guisa de bênção por um dos grandes Mestres para uso pessoal do *Imperator* da América do Norte. É assim que os discípulos se autoiniciam, uma prática corrente em organizações ocultas ávidas de reconhecimento. Agora Lewis tinha uma prova consistente de sua ligação com a G. F. B. O engodo era grotesco, mas seduziu milhares de rosacrucianos ingênuos — e eu entre eles!

Elena Roerich, a Mensageira

Elena, esposa de Nicolas Roerich, é uma mulher excepcional, de caráter forte, que sem medo e com uma coragem exemplar acompanha o marido em suas expedições. Na época em que Nicolas Roerich conheceu Lewis, Elena já era a mensageira dos Mahatmas. Dizia-se em contato telepático com o Mestre Morya e teria redigido, ditados por ele, treze livros com o título de *Teaching of the Living Ethics*, mais tarde conhecidos como *Agni Yoga*. Essas obras foram escritas entre 1920 e 1937. Como Nicolas Roerich passava por guru autêntico, sua esposa se tornou uma espécie de conselheira, sobretudo para as mulheres,[17] na qualidade de discípula aceita. Pretendia assim estar em relação consciente e íntima com os grandes Instrutores do Himalaia e tinha seus próprios discípulos, com os quais se correspondia (essa correspondência está hoje acessível em dois grossos volumes). Notemos ainda que as obras de Alice Bailey vieram a público um ano antes das de Elena Roerich.

Como teósofa, Elena sentiu-se encarregada de uma importante missão ao traduzir *A Doutrina Secreta* para o russo, por volta de 1930, e depois as *Cartas dos Mahatmas para A. P. Sinnett*, que cita abundantemente. Sabe-se com certeza que ela não compilou a obra de Alice Bailey, só traduzida para o russo mais tarde.

Podemos agora fazer algumas perguntas importantes. Por exemplo, se (como afirmam) os Roerich estavam mesmo em contato com o *ashram* do Mestre Morya, por que este não advertiu Alice Bailey a propósito do *Agni Yoga*? Por que não interveio junto à sua discípula Elena para que esta calasse suas críticas virulentas a Alice Bailey, que de seu lado jamais criticou os Roerich ou o *Agni Yoga*? Seria impensável que ela, discípula aceita do Mestre Morya, ignorasse que Alice Bailey estava envolvida no trabalho do Tibetano.

Admite-se hoje que Elena se opunha abertamente à literatura do Tibetano. Em algumas cartas escritas por ela e por um certo Z. G. Fosdèk, lemos que nem D. K. nem qualquer outro membro da Grande Fraternidade teve ou tem relação com a Escola Arcana (de Alice Bailey).[18] Elena escreve também que "*o grande senhor considera o trabalho de compilação de A*[lice] *B*[ailey] *muito pernicioso. Ela foi sem dúvida uma colaboradora das forças negras...*" Em várias cartas, Elena enfatiza a tolerância, mas aconselha um discípulo a não ler as obras de Alice Bailey porque "*no fim da vida, ela se revelou uma discípula de Lúcifer*".[19] Podemos admitir razoavelmente que Elena Roerich era a mensageira dos Mahatmas se dizia coisas assim? Tanto mais que Lúcifer não é o nome do diabo, mas o que damos simbolicamente ao Regente de Vênus! Não, não é possível e isso pode ser provado com facilidade. De fato, se estivesse tão próxima dos Mahatmas como afirma, não cometeria erros que um simples aspirante em teosofia jamais teria cometido. Eis alguns exemplos.

Elena recebeu uma correspondência volumosa com perguntas recorrentes sobre H.P.B., a fundadora da Sociedade Teosófica. Como demonstramos, nunca ninguém, salvo Leadbeater, pretendeu saber o que aconteceu a Madame Blavatsky depois de sua morte. Mas Elena sabe! Lemos, numa carta de 21 de julho de 1934: "H. P. Blavatsky reencarnou há mais ou menos 40 anos e, em 1924, chegou sã e salva, em seu corpo físico, à Cidadela principal."[20]

Mostra-se ainda mais precisa na carta de 8 de setembro de 1934: "*Nossa grande compatriota, porém, graças a esforços tremendos, reencarnou quase imediatamente após a morte — na Hungria — e faz dez anos que chegou em seu corpo físico à Cidadela principal, onde trabalha pela salvação da humanidade com o nome de Irmão X."*[21]

Ter todas essas informações já é impressionante, mas Elena sabe também onde se localiza o *ashram* principal dos Mestres: *"Podemos igualmente afirmar conhecer a existência da Cidadela do Conhecimento ou da Fraternidade dos Mahatmas..."*[22]

Já vimos que Leadbeater se enganou e que H.P.B. não reencarnou de imediato, como pretende igualmente Elena. Embora não simpatizando com Leadbeater, ela leu seus livros e até se inspirou em suas páginas. Copiar também tem lá suas desvantagens!

Falaremos do Rei do Mundo mais adiante e, sobretudo, das obras de Saint-Yves d'Alveydre, de Ossendowsky e daquele que copiou a ambos, René Guénon. Os três falam do assunto com base numa fonte errônea. Também aí Elena, que critica os dois primeiros levianamente, comete erros crassos. Não parece ter lido *A Doutrina Secreta* de ponta a ponta, pois, a respeito desse Senhor do Mundo, escreve que *"o título de senhor de Shambhala é 'Maha-Choan', isto é, Grande Senhor"*. Não é verdade. Elena confunde o título do regente do terceiro raio, um dos sete Choans da Hierarquia, com o do Senhor de Shambhala, que é Sanat Kumara. E prossegue em sua interpretação errônea falando desses seres sublimes que desceram à Terra para ajudar a humanidade. Retoma o dogma católico da queda dos anjos opondo o arcanjo São Miguel a Satã que, diz ela, conservou o nome de Lúcifer mesmo tendo perdido esse direito há muito tempo. Elena apenas compila os escritos que tem à mão, pois Satã não existe e, como vimos, Lúcifer é o nome do regente de Vênus![23]

Como poderia Helena escrever tais enormidades se estivesse realmente em comunicação com um membro da Hierarquia? Não é possível falar sequer de coincidências infelizes. Eis o que escreveu também: *"Na verdade, comparados a nós terráqueos, o Cristo e o Buda são estrelas longínquas do Espírito. Lembremo-nos de que vieram de Vênus com o Senhor Maitreya na aurora da formação do homem físico..."*[24]

Isso também não é verdade, pois, segundo os ensinamentos tradicionais mais sérios, sobretudo os da teosofia, o Buda e o Cristo são dois seres pertencentes ao nosso sistema solar, e apenas Sanat Kumara e seus colaboradores vieram de Vênus. Quanto a Maitreya, transforma-o numa terceira entidade, embora se trate do Cristo tal qual é chamado no budismo. Elena vai colecionando afirmações e não duvida de nada. Leu muito as *Cartas dos Mahatmas*, mas interpretou-as livremente. Em carta de 23 de julho de 1936, afirma que os Mahatmas não vivem em Shigatsé e que "*a fortaleza de luz está a muitos quilômetros de lá...*"

A título anedótico, convidamos o leitor a reler o capítulo sobre o Mestre Morya, grande apreciador de cachimbo. Pois bem, Elena nos informa com conhecimento de causa que tanto Morya quanto os outros mestres não fumam no sentido próprio da palavra. Mas, como vinha de uma altitude elevada, sentia o peso da pressão atmosférica no vale (secreto) e, para se aliviar, fumava ou inalava um preparado especial de ozônio! Bem que gostaríamos de saber no que isso consistia! Até hoje, nunca ouvi falar que um *Choan* ficasse fisicamente incomodado pela mudança de altitude. Enfim, é absolutamente ridículo dizer que nenhum Mestre fuma pois esse não passa de um hábito do corpo. Que pensaria ela então do grande Shirdi Sai Baba, de Swami Ramdas, de Yogue Ramsuratkumar, de Nisargadatta e de Madame Blavatsky, todos fumantes inveterados? Com base nessas observações (e há dezenas de outras), concluímos que nem Elena nem Nicolas Roerich estiveram jamais em contato com os Mahatmas da Grande Loja Branca, mas projetaram seus desejos em realizações que talvez fossem úteis para eles e para numerosos buscadores. Sua experiência do Oriente é real e o fato de serem discípulos certamente não é posto em questão pelas miragens em que mergulharam.

Após a morte de Nicolas Roerich, Elena e seu filho Georges se estabeleceram em Kalimpong (perto de Darjeeling), onde Georges retomou suas pesquisas na universidade e desposou uma famosa atriz indiana, Devika Rani. Foram depois para Bangalore e se tornaram devotos de Sathya Sai Baba. Quanto a Elena, faleceu em Kalimpong em 1955. Ali escreveu parte do *Agni Yoga* e coisas muito bonitas sobre a importância da mulher na Nova Era.

Péladan e os rosacrucianos franceses

Como vimos, os rosa-cruzes apareceram por toda a Europa, mas a França é que se beneficiou mais de sua presença! Infelizmente, a Revolução Francesa provocará a partida definitiva daqueles que atuavam em conjunto com o Mestre R.

Sem dúvida, o ideal rosacruciano não estagnara e os maçons continuavam muito presentes. Assim, era preciso aguardar os esforços pessoais e ambiciosos de discípulos e aspirantes no sentido de reconstituir uma organização. Em 1850, um certo visconde de Lapasse fundou uma Ordem da Rosa-Cruz em Toulouse. Alguns historiadores julgaram mesmo que Spencer Lewis inventou a história de sua iniciação em Toulouse evocando esse acontecimento.

Em 1858, Adrien Péladan, médico e cabalista, foi iniciado nesse grupo rosacruciano em Toulouse, mas sua principal fonte rosacruciana teria sido o obscuro abade Lacuria. Podemos questionar a realidade de sua iniciação porque ele pretendia descender em linha direta do fundador da Ordem do Templo! Quando morreu, em 1885, foi sucedido por seu irmão Joséphin. Joséphin Péladan influenciou um de seus discípulos, o marquês Stanislas de Guaïta, que três anos mais tarde fundaria a *Ordem Cabalística da Rosa-Cruz*. Essa nova organização sem raízes contará com nomes famosos do ocultismo francês como Papus, Chaboseau, Sédir etc. A propósito dessa ordem, é falso escrever, como fez Jean-Claude Frère, que ela *"foi inicialmente dirigida por um Conselho Supremo de doze iniciados: seis conhecidos, os outros seis rigorosamente desconhecidos não apenas dos profanos, mas também dos martinistas e até dos rosacrucianos não dirigentes. O segredo tem sido bem guardado até hoje"*.[25]

É introduzir um erro e inventar um segredo onde segredo nunca houve sugerir a autenticidade de uma ordem que teria à sua frente um conselho secreto de seis rosa-cruzes! Isso é falso, como hoje todo mudo sabe. A prova foi apresentada por Victor-Émile Michelet, que escreve: *"O Conselho Supremo da Rosa-Cruz renovada de Guaïta devia compreender seis membros conhecidos e seis desconhecidos. A missão destes últimos seria reconstituir a ordem caso poderes hostis a destruíssem. Na verdade, os seis membros secretos nunca existiram.*"[26]

Os rosa-cruzes autênticos eram puros discípulos do Cristo e, se eram anticlericais, não eram nem anticatólicos e nem anticristãos. Não tinham simplesmente nada em comum com a doutrina sectária e dogmática da Igreja romana e papal. Seu Manifesto é explícito nesse ponto: desejavam ardentemente que se voltasse à doutrina da Igreja primitiva, não querendo desarticular a comunidade de Jesus, mas reformá-la. Assim, veremos numerosos discípulos rosacrucianos nascer no seio de famílias protestantes. Entende-se, pois, até que ponto era falsa a visão de Péladan, afrontosamente posto num pedestal por seus admiradores, entre os quais Émile Dantinne (Sâr Hiéronymus), que se engana redondamente ao escrever: "*O ensinamento tradicional da Rosa-Cruz se baseia na doutrina cristã. Quando Péladan restaurou a ordem iniciática da Rosa-Cruz, permaneceu fiel aos princípios cristãos de seu fundador e de seus seguidores ao longo dos séculos.*"[27]

Péladan, achando a organização de Guaïta muito pouco enraizada no cristianismo, tomou o título de Sâr e fundou a *Ordem da Rosa-Cruz Católica*! Não tinha em mira a universalidade da doutrina cristã e sim o retorno à Igreja romana. Com efeito, fez de Jesus o único Deus e, de Pedro, o único rei.

Péladan foi tão longe em suas pretensões que uma comissão executiva formada por Guaïta, Papus e F.-Ch. Barlet escreveu: "*... E já é tempo de dizer: justiça seja feita ao romancista, ao estilista, ao crítico de arte. Mas, afora essas qualidades notórias e assaz preciosas, que somos os primeiros a aplaudir, quem é o Sr. Péladan? Um grande mistificador.*"[28]

Rejeitado pelos velhos amigos, o Sâr Mérodak Péladan endereçou em junho de 1890, aos cinco pares do Conselho Supremo da Rosa-Cruz, um longo e grandiloquente documento onde declarava se separar deles. Dois meses depois, anunciou que "*os Magníficos*" o haviam elegido Grão-Mestre de uma "*Ordem da Rosa-Cruz Católica*" e que, em consequência, "*o Sâr Joséphin Péladan é hierarca da suprema hierarquia*".

Isso foi o início de uma guerra aberta entre os Mestres das duas ordens, a de Guaïta e a de Péladan. Sem dúvida, nenhum adepto levaria a sério grupos cujos chefes brigavam como crianças naquilo que o público acabou por chamar de "Guerra das Duas Rosas"! Victor-Émile Michelet admite que *"o grupo cismático formado por Péladan com o nome de Rosa-Cruz Católica de rosacruciano só tinha o nome".*[29]

O grupo de Péladan, que nada tinha de tradicional, foi revivido após a guerra por um grande erudito, Émile Dantinne (*Sâr Hiéronymus*).[30] Dantinne nasceu em 1884 em Huy, província de Liège, Bélgica, e faleceu em 1969. Com a morte de Péladan, foi ele quem assegurou a continuidade: a escola de Huy sucederá à escola de Paris. Quanto à ordem de Guaïta, Papus tomou-lhe as rédeas esforçando-se para provar a autenticidade dessa afiliação. "*E na revista* Initiation *(1889-1911), publicou em julho de 1898 (vol. XL, pp. 11-31) uma* Histoire de l'Ordre de la Rose-Croix. *O texto, escrito pelo alemão Charles Kiesewetter e traduzido por Barlet, atribui à ordem foros de nobreza. Na verdade, porém, Kiesewetter se serviu de documentos falsos; seu bisavô, último Imperator, teria registrado a crônica dos rosa-cruzes de 1764 a 1802...*"[31]

Esse episódio é mais um embuste na longa história dos rosa-cruzes e, como bem mostrou Paul Arnold, Whitemans admite, a propósito de Péladan e Guaïta, que eles não tinham nada em comum com os sucessores dos antigos rosa-cruzes! Mas isso nós já sabíamos!

Bem longe das ambições dos discípulos, temos Éliphas Lévi que, ele sim, era um iniciado rosacruciano autêntico. Tentou reunir os membros a fim de criar um círculo de discípulos sérios. Seu objetivo não era opor-se à Franco-maçonaria do Grande Oriente de obediência inglesa, que julgava vazia e longe dos ideais primitivos, mas sugerir uma alternativa capaz de sanar as deficiências daquela. Embora homens como Guaïta e Papus fossem seus discípulos, o grupo jamais conseguiu se expandir.

Na mesma época, temos a *Ordem dos Eleitos Cohen do Universo* formada por Martinès de Pasqually, que pode ter sido um comissionado da Loja Egípcia tal qual seu discípulo, Louis-Claude de Saint-Martin, de tendência mais mística. Este não organizou nenhuma escola, mas suas ideias deram origem à Ordem Martinista, uma criação (bem maçônica) de Papus e Augustin Chaboseau. "*Robert Amadou, em seu estudo sobre o Filósofo Desconhecido, Claude de Saint-Martin, declara estar de posse de uma carta de Augustin*

Chaboseau, fundador do primeiro Conselho Supremo, onde este esclarece que na origem de tudo ele e Papus se iniciaram mutuamente..."[32] Nesse tipo de prática, os dois não são os primeiros nem serão os últimos, com toda a certeza.

A A.M.O.R.C. e os rosacrucianos europeus

Na Bélgica, a Ordem da Rosa-Cruz, herdeira de Péladan, é representada por Émile Dantinne (*Sâr Hiéronymus*), seu sucessor, ao qual se reportará o Imperator da A.M.O.R.C. Nessa nova organização belga, os responsáveis elaboraram um código interno conhecido pelo nome de *Rose-Croix Universitaire*. Com isso, concediam diplomas em ciência hermética — diplomas honoríficos, sem nenhum valor espiritual.

Spencer Lewis se interessou tanto pela Bélgica porque pensou que encontraria ali um "reconhecimento templário" por intermédio da ordem não templária de Fabré-Palaprat. Essa ordem tinha sido instituída em Paris, a 4 de junho de 1804, nos termos de uma falsa Constituição — e nela é que Péladan se iniciou! Dessa ordem pseudotemplária sairá a associação belga da *Ordem Soberana e Interior do Templo*, da qual Lewis recebeu uma Carta, a 10 de agosto de 1933, conferindo-lhe o título de Grão-Mestre para os Países da América, além de outros privilégios. Avalie o leitor a seriedade de todas essas ordens e iniciações...

Por ora, Lewis buscava apoio na Europa e, nesse intuito, fez contato pelo correio com Jean Mallinger, jovem e sério advogado belga que fora iniciado por Sâr Péladan quando das viagens deste pelo país. Lewis deixou o jovem Mallinger impressionado e, a 26 de março de 1933, recebeu um diploma — puramente honorífico — que o autorizava a ostentar os títulos de "Sâr" e "Doutor em Filosofia Iniciática"!

Lewis procurou também aliados na França e, em 1926, fez contato com Jolivet Castelot, a quem havia feito, conforme seu hábito, membro honorário da A.M.O.R.C.

J. Castelot, se bem que de tendência racionalista, era um estudioso sério da alquimia e do hermetismo. Reunira alguns amigos, durante o verão de 1896, para fundar a *Sociedade Alquímica da França*. Publicou a revista *Rosa Alchemica* de 1902 a 1905, antes de lhe trocar o título em 1914 para *Les Nou-*

veaux Horizons de la Science et de la Pensée. A guerra interrompeu a difusão da revista, que reapareceu seis anos mais tarde com o nome de *La Rose-Croix*.

Jolivet Castelot pertencera ao grupo de Stanislas de Guaïta e Papus, mas era no fundo um adepto da alquimia operativa e preferia trabalhar de maneira mais independente. Julgava-se um cientista, desconfiado de tudo quanto dizia respeito ao ocultismo. Não hesitou em declarar, no número de julho-agosto-setembro (1930) de sua revista, que: *"Nem Fabre d'Olivet, cujas pesquisas sobre o tríplice sentido da língua hebraica devem ser levadas em conta, nem Madame Blavatsky, nem Saint-Yves d'Alveydre, nem Leadbeater forneceram quaisquer indicações úteis e novas..."*

A crermos na revista *Rose-Croix*, J. Castelot teria transformado alquimicamente prata em ouro no ano de 1925. As revistas que pude consultar na Biblioteca de Ruão, datadas de 1930 a 1935, fornecem algumas informações interessantes a propósito da Rosa-Cruz na França. O número 1 (janeiro de 1935) traz, de autoria do irmão Amertis, uma Constituição da Ordem Interior e Invisível (sempre essas pretensões!) da Rosa-Cruz, que estabelece em catorze pontos os deveres dos membros. Lá está escrito:

"Nossa organização, a A.M.O.R.C., que constitui hoje um prolongamento exterior da Ordem **Interior***, preceitua a aplicação das mesmas regras à vida de cada membro!*

"O Antiquus Mysticusque Ordo Rossencrucis, nos termos das Cartas originais que lhe foram outorgadas pela **Ordem Interior e Fraternidade dos Irmãos Iluminados da Rosa-Cruz***, tem por objetivo concretizar mais uma vez a irradiação do* **Centro** *invisível e Conduzir todos quantos "a si mesmos se designarem" rumo às profundezas e alturas onde nunca deixou de brilhar o Fogo eternamente puro e criador da quintessência expressa pelo símbolo universal da Rosa e da Cruz."*

Depois dessa mensagem vem o programa completo da ordem, em nove etapas, da condição de discípulo à de adepto, em correspondência com cada grau (os mesmos, praticamente, que aparecem nas monografias da A.M.O.R.C. de Lewis).

O que impressiona desde logo é que essa organização foi a primeira a utilizar a sigla "A.M.O.R.C.", retomada mais tarde por Spencer Lewis. Notemos também que os responsáveis por ela não têm receio de mentir descaradamente ao se pretender comissionados, em caráter oficial, pela loja suprema dos rosa-cruzes, quando na verdade o grupo nasceu da associação de Péladan!

Esse texto, após definir os nove graus da ordem, termina com um chamado ao recrutamento. É fácil reconhecer em sua maneira de se expressar o jargão dos alquimistas e hermetistas. Vemos aí também o pretenso reconhecimento dos Mestres, que garantem e certificam o valor e a grandeza da organização.

*"Ó irmãos do mundo inteiro! Ouvi nossa voz fraterna. A porta para nossas jurisdições francesas e suíças está aberta a todos. **Trabalhemos pela grande obra**!*

*"A hora é propícia. O que nossos irmãos de 1777 puderam apenas esboçar — e seu plano se desenvolveu, sabemo-lo bem, à sombra e no silêncio — nós terminaremos com a ajuda dos Mestres que eles formaram e que ora nos estendem as mãos. Soma dos algarismos de 1777=22. As jurisdições francesa e suíça publicaram seu primeiro **Boletim** em agosto de 1933; os Grão-Mestres foram regularmente consagrados e investidos em 1934. Ora, 1934 é o produto de 2x967 e a soma dos algarismos deste é igual a 22. E 1967 é o 164º número primo, ou seja, 4x41. Esses fatores indicam, sem dúvida, que nossa **Ordem**, dirigida pela Sabedoria dos Mestres neste e nos planos superiores, **pode** conduzir seus membros sinceros ao longo do Caminho ascendente, semeado de espinhos da **Iniciação**."*

Lemos, no final do texto, que todo pedido de iniciação deve ser encaminhado a Jeanne Guesdon,[33] rue de Gambetta, 55, Villeneuve Saint-Georges. Essa mulher é bem conhecida, pois foi secretária de Spencer Lewis na França. Após a guerra, juntou-se ao novo Imperator para promover o ramo americano da A.M.O.R.C. na França. Foi ela que passou a tocha a Raymond Bernard.

Criação da F.U.D.O.S.I.

De volta aos Estados Unidos, Spencer Lewis enviou a Mallinger e sua loja, *Discípulos de Pitágoras*, uma Carta de Reconhecimento vinda da Grande Fraternidade Branca, que seus membros conheciam por intermédio da literatura de Saint-Yves d'Alveydre, mas sem ter dela nenhuma prova concreta. Isso bastou para impressionar espíritos já bastante receptivos a tudo que dissesse respeito aos Mestres. Lewis dava mesmo a impressão de ser um segundo Saint-Germain e ninguém escapava às malhas de sua eloquência e afirmações de autenticidade. Todos os responsáveis pelas organizações da época sabiam que não contavam com o reconhecimento da Loja suprema, que seus conhecimentos eram precários e que suas iniciações não passavam de arremedos dos ritos antigos. É compreensível e humano que desejassem polir seu brasão, embaciado por tão pouca autenticidade. Assim, em 1908, Papus e Victor Blanchard organizaram um congresso (do qual a imprensa francesa se fez eco) que reuniu várias ordens tradicionais, talvez com a intenção de promover o reconhecimento mútuo de todas as organizações presentes e não de verificar a autenticidade dos símbolos, conhecimentos e iniciações de cada uma, como em geral se pensa. Mas o plano foi interrompido pela guerra. Papus, a alma do congresso, faleceu subitamente em 1916 e, com o advento da paz, Victor Blanchard e Émile Dantinne decidiram retomar o projeto em 1919. Todavia, foi só em 1934[34] que um segundo Congresso Universal pôde enfim ser organizado, não em Paris, mas em Bruxelas.

O tempo passou e Lewis finalmente obteve o reconhecimento oficial dos responsáveis pela F.U.D.O.S.I. que, entre 1933 e 1939, lhe concederam patentes e procurações para divulgar o rosacrucianismo na América. Em Bruxelas, a 14 de agosto de 1934, sob os auspícios da Rosa-Cruz Universitária da Bélgica e a presidência de Émile Dantinne, deu-se a reunião inaugural. Três Imperatores foram então nomeados: Émile Dantinne (*Sâr Hiéronymus*), representando os rosa-cruzes da Europa; Spencer Lewis (*Sâr Alden*), os rosa-cruzes da América e V. Blanchard, diversas ordens associadas. Assim nasceu a F.U.D.O.S.I. ou Federação Universal das Ordens e Sociedades Iniciáticas. Na ocasião, a A.M.O.R.C. francesa e a A.M.O.R.C. suíça decidiram, com a ajuda de Jolivet Castelot, publicar uma nova revista, *La Rose-Croix*.

A F.U.D.O.S.I. representava catorze (dezesseis, segundo Ralph Lewis) organizações mais ou menos autênticas, de afiliações duvidosas senão fantasiosas[35] a ponto de nem a Franco-maçonaria nem o Compagnonnage se fazerem representar. Lewis transformou essa reunião num meio de impor sua organização rosacruciana como o único movimento legítimo das duas Américas. Ela lhe permitiu também acertar contas com seu inimigo R. S. Clymer e, na mesma ocasião, fazer com que lhe outorgassem a iniciação martinista.

Não tenho aqui espaço para comentar o encontro oficial, em 1937, no *Palazzo Venezia*, em Roma, de Lewis com o ditador fascista Benito Mussolini, do qual foi hóspede e cuja política apreciava. Essa postura inesperada da parte de um homem tão "espiritual" suscitou viva comoção nas redações da Europa e da América.

Após a morte de Spencer Lewis a 2 de agosto de 1939, seu filho Ralph M. Lewis se tornou Imperator com o título de Sâr Validivar. Digno herdeiro do pai, desenvolveu em grande escala o sistema de ensino e iniciação por correspondência. Fomentou igualmente a propaganda e lançou estrondosas campanhas publicitárias em jornais, revistas e conferências públicas. Essa publicidade espalhafatosa não combinava com a atitude discreta, até mesmo secreta, dos rosacrucianos europeus. Apesar das inúmeras queixas a esse respeito, os responsáveis belgas não se tocaram! Mas tudo iria mudar quando a A.M.O.R.C. americana ampliasse suas jurisdições na Europa.

Ralph Lewis, no número 128 da revista *Rose-Croix*,[36] relatou que, tendo um dos oficiais da F.U.D.O.S.I. sido vítima de uma fraqueza humana, os líderes se reuniram em sessão especial e resolveram dissolver a organização no dia 14 de agosto de 1951. O documento, informou ele, foi assinado por três pessoas: Sâr Hiéronymus, Imperator da F.U.D.O.S.I. na Europa; Ralph M. Lewis (Sâr Validivar), Imperator da A.M.O.R.C., e Sâr Elgin (Jean Mallinger, Grande Chanceler).

Vê-se desde logo quais foram as responsabilidades atribuídas aos dois Imperatores por Ralph Lewis. Em primeiro lugar, fez de Sâr Hiéronymus mero responsável pela F.U.D.O.S.I. na Europa e, em segundo, atribui-se o título de Imperator da A.M.O.R.C.! Isso sugere que a A.M.O.R.C. americana é agora mundial.

Ora, temos prova de que as coisas não foram bem assim e de que a A.M.O.R.C. não pode, hoje, alegar nenhum vínculo com a F.U.D.O.S.I. Mas isso Ralph Lewis não admitiria para não abalar os próprios alicerces da A.M.O.R.C., daí o artigo. Devemos essa prova a Robert Vanloo que, em sua obra, apresenta o fac-símile de um documento em que Sâr Hiéronymus sugere a dissolução da F.U.D.O.S.I. alegando motivos bem diferentes dos invocados por Ralph Lewis. Eis a parte principal:

"*A Chancelaria da F.U.D.O.S.I. comunica:*
"*O fundador da F.U.D.O.S.I., o sublime IMPERATOR SÂR HIÉRONYMUS, tendo recebido de numerosos países queixas contra as atitudes da A.M.O.R.C., que inunda o mercado com publicidade espalhafatosa e usa o nome da F.U.D.O.S.I. para disseminar erros graves;*
"*Constatando que todos os esforços amigáveis para induzir os americanos a modificar sua propaganda e ensinamento se revelaram inúteis, não havendo qualquer possibilidade de que no futuro eles possam se emendar;*
"*Considerando, por outro lado, que não convém levar a público as divergências entre as ordens;*
"*Considerando, além disso, que as ordens tradicionais de forma alguma acobertarão com seu silêncio as atividades pseudoiniciáticas da A.M.O.R.C., decide convocar os quatro irmãos sobreviventes da sessão fundadora da F.U.D.O.S.I. em Bruxelas, no dia 14 de agosto de 1934, para que assinem conjuntamente com ele o decreto de dissolução da F.U.D.O.S.I., como é de seu direito na qualidade de cofundadores da F.U.D.O.S.I.*
"*Esses irmãos são:...*"[37]

Concluímos que a ordem rosacruciana da A.M.O.R.C., fundada por Spencer Lewis, é um apanhado de diversas organizações, sendo a principal a A.M.O.R.C. da Bélgica. Ela não se originou de uma Ordem Secreta Superior da Rosa-Cruz, mas da associação rosacruciana inventada por Sâr Péladan.

Uma experiência infeliz

Se Spencer Lewis, como outros discípulos, distorceu a verdade criando uma organização sem a autorização da Loja Suprema (a verdadeira), algum bem ele fez em proveito de numerosos neófitos recém-chegados ao caminho, entre os quais eu mesmo quando atingi a idade mínima para ser membro. Em plena crise mística, as esplêndidas cerimônias egípcias da A.M.O.R.C. inflamaram minha imaginação e deram ânimo às minhas aspirações. A impressão que se tinha era de que se tratava de gente sensata. Ninguém usava turbantes ou longas vestes alaranjadas fora dos rituais e uma das frases de Christian Bernard, filho de Raymond Bernard e atual *Imperator* para o mundo todo, era que um rosacruciano devia ter a cabeça nas estrelas e os pés bem firmes na terra. Confesso, porém, que só fui testemunha da parte terrestre e que as convenções mundiais, como a do Palais des Congrès em Paris, em agosto de 1977, me deixaram uma profunda sensação de mal-estar. O aspecto material e os festins gigantescos ocupavam mais tempo e tinham mais importância que as cerimônias. Quando passei a conferencista da Ordem, em 1979 (a pedido de Christian Bernard), comecei a me fazer perguntas, ainda mais pungentes porque já pertencia, desde 1976, ao martinismo tradicional da A.M.O.R.C., em que me tornei mestre de Eptade (*Duane Freeman*), e ao de Papus a partir de 1967. Isso me permitiu conviver com personalidades interessantes como Philippe Encausse, filho de Papus, Robert Amadou, Robert Ambelain, Serge Hutin e Robert Deparis, meu iniciador. Mantinha estreitas relações com Roger Caro, responsável pelos *Irmãos Primogênitos da Rosa-Cruz*, Déodat Rocher, responsável pela tradição cátara, e muitos outros líderes de organizações das mais variadas tendências, tanto orientais quanto ocidentais. Assim, podia fazer comparações interessantes com outras formas de ensinamento. Foi o que fiz, comparando as lições da A.M.O.R.C. com as da Sociedade Teosófica, à qual pertencia desde 1967, e as da Escola Arcana de Alice Bailey, de que fui por algum tempo secretário (responsável) para os membros do Zaire. Ora, devo reconhecer com toda a sinceridade que uma única obra desta última me ensinou mais do que as monografias da A.M.O.R.C. publicadas em dezenas de anos.

Conheci Raymond Bernard e seu filho, então Grande Secretário, mas nunca fui íntimo deles. Na verdade, eu já estava associado a duas tradições hindus e minha maneira oriental de viver, ascética em comparação ao do rosacruciano "autêntico", não correspondia à imagem sugerida pela A.M.O.R.C. e seus responsáveis. Além disso, era considerado muito voltado às técnicas indianas e, quando de minhas conferências, conquistava mais adeptos para o yoga do que para os ensinamentos da A.M.O.R.C. Semelhante atitude, é óbvio, me impediu de frequentar os bastidores da organização — e com certeza me poupou muitos aborrecimentos.

Na época em que as reuniões aconteciam na rua Jean Goujon em Paris, Raymond Bernard dava a impressão de ser um homem realizado e não fazia nada para desiludir os membros, ao contrário! Todos o veneravam como um ser plenamente realizado e iluminado. Nós, os neófitos, sucumbíamos ao seu carisma por diversas razões. A primeira se encontra no programa das monografias tal qual descrito no *Manual Rosacruz*. Esse livro nos aliciava ao revelar algumas ideias do que era o programa dos diferentes graus. No sétimo grau, o membro aprenderia a "separar seu corpo psíquico de seu corpo físico e a torná-lo visível aos outros". Aprenderíamos também a tornar a aura visível num quarto escuro e outras façanhas psíquicas. Dizia o manual: *"Os princípios rosacrucianos estudados nesse grau constituem o ensinamento mais místico que já esteve presente no mundo ocidental."* Era um formidável exagero, mas na época eu não sabia disso! No oitavo grau nos ensinariam a controlar a matéria a distância e a comparecer psiquicamente às convocações da ordem sem ser vistos. No nono, os membros poderiam ficar invisíveis e nos ensinariam o mistério da última vogal da Palavra Perdida! Não falo das comunhões com a consciência cósmica ou dos contatos com os Mestres da Grande Fraternidade Branca. Os membros antigos alimentavam o mistério e, com ares de entendidos, nos advertiam: "Mais tarde vocês verão!"

Em *Fragmentos da Sabedoria Rosacruz*, página 70, Raymond Bernard escreve o seguinte, falando da Hierarquia dos Grandes Mestres:

"Talvez o que eu vos revelarei agora ponha fim, para alguns, a uma concepção mitológica desses grandes seres realizados. Mas chega um tempo na

vida mística em que a fábula deve deixar lugar para a realidade — que, de resto, ultrapassa sempre a ficção. Seja como for, no momento em que escrevo esta mensagem, sei que os irmãos primogênitos, que são os mestres cósmicos, aprovam minha tentativa..."

Após anos de experiência nessa organização, percebo que o texto acima é muito mal inspirado levando-se em conta as novas revelações de R. Bernard, que admite enfim que tudo o que disse a respeito dos Mestres era invenção sua.

A exemplo do primeiro *Imperator*, Raymond Bernard soube usar a personalidade dos Mahatmas de maneira tal que os membros se sentiam fortalecidos permanecendo na organização e culpados quando a abandonavam ou infringiam a menor de suas regras. Aí vai uma experiência que tive na época em que R. Bernard ainda era apenas o Grão-Mestre. Certa feita, ele convocou os membros da Loja Jeanne Guesdon (ou talvez do Capítulo, não me lembro muito bem) para uma sessão extraordinária. Com efeito, segundo ele, o Mestre Kut Humi ia abandonar seu velho invólucro asiático e encarnar num corpo ocidental. Mas, antes, presentearia com uma mensagem (ou uma comunhão excepcional) os membros da A.M.O.R.C., por intermédio de Raymond Bernard em pessoa. Nem é preciso dizer que aquela reunião era para nós, jovens neófitos, da maior importância. Num ambiente misterioso graças ao revérbero das velas e ao efeito inspirador do incenso, R. Bernard, vestido no seu manto branco cerimonial enfeitado com uma rosa-cruz em ouro, entoou várias vezes a vogal sagrada Om. Todo mundo estava com os olhos fixos nele à espera do que iria acontecer — e, como sempre, não aconteceu nada. No entanto, uns poucos eleitos foram recompensados com uma percepção paranormal. Pessoalmente, vislumbrei um monge de feições asiáticas, velho e enrugado, conforme sugerira R. Bernard. Tratava-se apenas de uma sugestão banal, como acontece muitas vezes em tais ocasiões, quando o psiquismo passivo dos participantes se dispõe a aceitar qualquer pensamento vindo do experimentador. Experiências assim eram corriqueiras durante as sessões extraordinárias. Embelezavam a aura de mistério de que se cercavam os oficiantes do ritual e os grandes responsáveis da Ordem.

Embora eu não tenha nada a censurar pessoalmente naquele que se tornou o Legado Supremo para os países de língua francesa, salvo de maneira indireta, parece evidente que ele já assumira uma pesada responsabilidade por ter, depois de Spencer Lewis, infectado o mental de milhares de membros com mensagens de natureza oculta que se revelaram meras fabulações (ele mesmo o reconhece). Além disso, alimentou ilusões a propósito dos Mestres a fim de atrair para a Ordem o maior número possível de membros e mantê-los ali. É fácil adivinhar o motivo!

Tudo, nas palavras do Legado Supremo, concorria para dar a impressão de que ele era íntimo do Mestre Kut Humi. Dizia, por exemplo, que este assumira total responsabilidade pela A.M.O.R.C. e que resolvera *"dar seu apoio exclusivo à nossa ordem"*. E mais: *"O Mestre Kut-Hu-Mi, após o ressurgimento da A.M.O.R.C., além de dar seu apoio exclusivo à nossa ordem, passou a acompanhar com bondoso interesse a expansão considerável da jurisdição de língua francesa."*[38]

Raymond Bernard e a A.M.O.R.C.

É natural que a maioria dos membros da A.M.O.R.C. duvidem do meu propósito, mas não podem ignorar as afirmações que se seguem, pois elas vêm do principal envolvido, Raymond Bernard. Sempre fiquei chocado com as pretensões dos chefes das ordens consideradas tradicionais, que se adornam com títulos honoríficos como Hierofante, Grão-Mestre, Pontífice Supremo, Sâr ou Imperator. À semelhança dos pavões, enfeitam-se com a plumagem dos Mestres sem ter realizado a Sabedoria. Pude observar, ao longo de tantos anos, que não é a modéstia que caracteriza todos esses responsáveis e que sua ânsia de viver confortavelmente no mundo, sempre em busca de glória, poder e honrarias, não os qualifica a aspirar a outra condição que a de aspirantes, por mais sinceros que sejam. Nestes tempos difíceis, em que o excesso de informação nos impede de separar o verdadeiro do falso e em que tanto mal foi feito por causa das verdades voluntariamente alteradas a respeito dos Mestres e das Iniciações, certas coisas precisam ser ditas.

R. Bernard, em virtude de seu cargo, foi o canal da aspiração de milhares de membros pelo mundo afora. E ele o sabia muito bem. Nem por isso deixou de lhes trair a confiança, inclusive a minha, falsificando verdades em favor da grandeza (quantitativamente falando) da A.M.O.R.C. e de seu prestígio pessoal.

Como muitos membros antigos, li atentamente a entrevista que Raymond Bernard concedeu ao historiador Serge Caillet e vi que, como sempre, ele justifica habilmente com belas frases todos os seus atos anteriores.

Lembro-me de que R. Bernard redigiu, em 1969, um texto intitulado *Rendez-vous secret à Rome*, que depois inseriu no livro *As Mansões Secretas da Rosacruz*. Nessa obra, descreve sua iniciação numa cripta da abadia de Grottaferrata, situada a uns trinta quilômetros de Roma. A iniciação, conduzida por um grande líder templário, o Cardeal Branco, lhe teria conferido o grau de autêntico iniciado templário. Nunca estive na tal cripta, mas conheço centenas de membros franceses e espanhóis que foram até lá, gastando tempo e dinheiro. Os rumores e os fantasmas corriam à solta na organização e alguns membros juravam ter visto o Cardeal, enquanto outros garantiam ter sido iniciados à noite na famosa cripta. Só se falava no assunto e R. Bernard, forçosamente inteirado desses rumores, deixava-se incensar como um Grande Mestre. Mesmo historiadores sérios tentavam descobrir a identidade do Cardeal Branco, não pondo em dúvida, em nenhum momento, sua existência. Hoje, sabemos a verdade! Para se proteger e não ser envolvido no famoso caso do Templo Solar, ele, criador e instigador de todas essas ilusões e falsidades, confessou a Serge Caillet que a abadia era real, mas que o Cardeal Branco, a Cripta e a iniciação não passavam de histórias inventadas por ele!"[39]

Falando a Serge Caillet, Raymond Bernard se justifica dizendo: "Permita-me observar que, em *As Mansões Secretas da Rosacruz*, escrevi: '*A verdade chegará ao coração daquele que a espera! Tudo, em meu livro, é pois baseado na realidade e no imaginário, útil e criador em sua finalidade.*'"

R. Bernard fala a verdade pelo menos uma vez na vida. As viagens são verdadeiras e todo o resto é falso! Quanto a essa verdade, parece que os milhares de membros da A.M.O.R.C. são muito maus pesquisadores, pois praticamente nenhum pôs em questão as tais jornadas iniciáticas! Afirmar que esses relatos foram úteis e criadores é ir um pouco longe demais! E hoje não tenho nenhuma dúvida quanto à identidade daquele que lucrou com essas viagens. Quanto aos membros, reinava entre eles, por causa desse livro e de outros, um clima geral de incredulidade, frustração e eternas questões sobre a veracidade dos fatos. Assim, as iniciações e as Casas Secretas dos Rosa--Cruzes não existiam, como não existia também o Maha, chefe supremo do Agartha. O que vemos aí é o mesmo fenômeno do uso da Tradição para fins egoístas e pessoais. R. Bernard se refugiou no exemplo de outros autores como Baird Spalding e Franz Hartmann! Péssima escolha, pois agiu exatamente como o primeiro ao inventar uma história sem avisar os membros de que se tratava apenas de um romance iniciático. Quanto a Franz Hartmann, foi um autêntico Chela dos Mahatmas que teve a honra insigne de receber suas missivas. Quanto à sua história rosacruciana, sempre ressaltou que se tratava de uma alegoria, aliás bem mais comedida que as pseudoiniciações do antigo Legado dos rosacrucianos.

Devo observar que jamais, mesmo quando era conferencista, R. Bernard me advertiu, bem ao contrário! Apesar da amizade pretensamente sincera e fraterna, deixou-me transcrever falsidades tiradas de alguns de seus textos, falsidades incluídas em alguns de meus primeiros livros como *Maitreya le Christ du Nouvel Âge* ou *Lumières de la Grande Loge Blanche*, pelo que me desculpo junto aos leitores. Relendo essas obras, não renego nada do que escrevi, mas considero falso tudo o que veio do ensinamento rosacruciano da A.M.O.R.C. e dos livros de Raymond Bernard. Percebo minha responsabilidade por ter sido excessivamente confiante. Compreende-se também por que, hoje em dia, recorro sempre à prudência! Em suma, não creio um só instante que essas obras sejam úteis a quem quer que seja. A realidade em si já é grandiosa o bastante, sem que seja preciso travesti-la com ouropéis exóticos! O real é difícil de alcançar e, sem dúvida, não o alcançaremos pela exibição do ego e demonstrações públicas, mas seguramente pelo silêncio, a modéstia e a renúncia.

Se Raymond Bernard se limitasse a escrever romances, poderíamos falar dos erros de uma alma zelosa demais, mas não podemos esquecer que ele foi também o fundador da *Ordem Renovada do Templo* (O.R.T.). No boletim de novembro de 1970, lemos ao final do comunicado interno da A.M.O.R.C.:

"Não recomendamos nenhuma outra organização templária, pois quase todas são fantasistas."[40] É o que dizem todas as organizações, sem exceção, e essa é uma afirmação sectária! Raymond Bernard tomou para braço direito dessa nova escola Julien Origas, um colecionador de títulos que confessou ter sido fascista. Esse homem ambicioso assumiu, nessa ordem templária fictícia, o cargo de Grande Senescal. Embora R. Bernard minimize o que aconteceu em Chartres, reconhece ainda assim ter ordenado Julien Origas e outro membro, depois de guindá-los à dignidade de Cavaleiros Rosa-Cruzes no templo rosacruciano de Paris.[41] Isso nos mostra quão pouco valor devemos atribuir a semelhantes títulos! Não houve nenhuma cerimônia em Chartres, como era de se esperar. Só três pessoas estavam presentes! Ora, eis como J. Origas interpreta esse rito que, segundo R. Bernard, nem rito foi! Assim se exprimiu o interessado por ocasião de uma conversa em Bruxelas, no mês de março de 1973:

"... não escondo que fui um desses dois membros e que sou agora o único depositário da evolução da O.R.T. (...) As afiliações em Chartres se deram em presença de alguns grupos de iniciados e da hierarquia invisível (...) as iniciações foram transmitidas num momento preciso porque as constelações o exigiam e forneciam os números previstos desde o desaparecimento oficial (...) a A.M.O.R.C. não está na origem do ressurgimento da O.R.T., que é uma missão particular de seu Grão-Mestre Raymond Bernard."[42]

As miragens dos Mestres, inventadas por R. Bernard, viraram a cabeça de milhares de membros e a de Julien Origas mais ainda. Em 1973, ele escreveu a R. Bernard dizendo que recebera instruções muito claras dos "doze" a respeito da O.R.T. Referia-se evidentemente aos doze membros do Grande Conselho presidido por um Maha que nunca existiu! Por que R. Bernard não o reconduziu então ao bom caminho revelando-lhe que aquilo era pura invenção de sua parte? Se isso não é manipular, então o que é? As ilusões de Origas foram reforçadas por outro movimento, o do **I Am**, fundado em 1930 por Guy Ballard e sua esposa Edna. Julien Origas passa a receber então mensagens de Saint-Germain, que confirmam sua missão e suas pretensões. Felizmente para ele, foi libertado das miragens e do próprio corpo em 1983.

Tudo isso é muito grave porque da O.R.T. sairão variantes como a Ordem dos Veladores do Templo, em 1973, e o Círculo do Templo e do Santo Graal, em 1976. Este último não foge à regra das ordens fantasistas. Pretende que a 4 de fevereiro de 1962 (data inventada por R. Bernard), 22 mestres da Grande Fraternidade Branca, depois de fazer o balanço da humanidade, decidiram marcar para 1984 o ressurgimento do Templo. Diz Serge Caillet:

> "A Fraternidade Joanita para o Ressurgimento Templário (F.J.R.T.) retoma e amplia por sua vez a maior parte dos mitos da O.R.T. e do C.T.S.G.: a decisão de renovar a Ordem do Templo foi tomada em 1962, durante uma reunião do Agartha, que contava então com 24 membros da Grande Fraternidade Branca, entre os quais três mestres cósmicos, os doze mestres do Agartha e nove conhecedores ou rosa-cruzes" (...) "Último exemplo dramático: a Ordem do Templo Solar de Jo Di Mambro e Luc Jouret recupera Grottaferrata (mas talvez não o Cardeal Branco) e a ideia dos Irmãos Primogênitos da Rosa-Cruz, inventando os "mestres de Zurique" e transportando a Grande Loja Branca para... Sírius."[43]

Compreende-se agora a pressa de Raymond Bernard para se dissociar dessas organizações inspiradas todas em suas obras, sem exceção da Ordem do Templo Solar. Não nos esqueçamos de que essa ordem fez 74 vítimas e de que alguns responsáveis ainda não foram encontrados. Raymond Bernard foi decerto honesto (ou prudente) ao reconhecer que a Ordem Soberana do Templo Iniciático (O.S.T.I.), fundada como um círculo interno de sua CIRCES, é apenas uma iniciativa pessoal sem vínculo algum com a tradição templária e menos ainda com a Primitiva.

Notas

1. Robert Vanloo, *Les Rose-Croix du Nouveau Monde*, Éditions Claire Vigne, 1966, e Serge Caillet, *L'Ordre Rénové du Temple*, Éditions Dervy, 1997.
2. Sigla da Antiga e Mística Ordem Rosae-Crucis.
3. H. Spencer Lewis, *Histoire Complète de l'Ordre de la Rose-Croix*, p. 36.

4. *Ibidem*, p. 109.
5. *Les Rose-Croix du Nouveau Monde*, p. 131.
6. *Official Publication Number Two*, Publication Committee, American Supreme Council, A.M.O.R.C., copyright 1915, p. 10.
7. *Les Rose-Croix du Nouveau Monde*, pp. 113-14.
8. *La Vérité sur les Rose-Croix d'Hier e d'Aujourd'hui*, p. 256.
9. *Les Rose-Croix du Nouveau Monde*, pp. 117-18.
10. O dr. R. S. Clymer afirmava que o homem foi logo denunciado como impostor pelos budistas autênticos de San Francisco.
11. A Loja da Grande Fraternidade Branca.
12. Em sua *Confessio* (1918), S. Lewis escreveu: *"O último chefe secreto da Ordem na Europa foi Christian Rosenkreuz, como era chamado. Tratava-se, porém, de Francis Bacon, que usou também outros nomes, como Andrea, na Ordem, e Shakespeare, numa outra obra."* Tudo isso é falso, evidentemente, como logo percebe quem fez alguma pesquisa nesse campo!
13. *Histoire Complète de l'Ordre de la Rose-Croix*, p. 83.
14. *Les Rose-Croix du Nouveau Monde*, pp. 166-67.
15. Consultar, sobre esse assunto, o belo livro de Jacqueline Decter, *Nicolas Roerich, la Vie et l'Oeuvre d'un Maître Russe*, Les Éditions du IIIe Millénaire.
16. A tradição de uma pedra caída do céu e conservada em Shambhala se remete aos "Cetros Iniciáticos". O assunto foi tratado em detalhe pelo Tibetano em *Initiation Humaine et Solaire*, p. 117.
17. Ela pregava, com efeito, o primado da autoridade feminina em escala planetária. Escreveu, a esse propósito, que "em 1924 os raios do astro da Mãe do Mundo alcançaram a Terra e, cobrindo-a, geraram uma nova consciência..." (*Lettres d'Elena Roerich*, vol. II, p. 244). Sabe-se que nada foi dito a respeito dessa data em nenhum outro ensinamento oculto!
18. 7-12-51, *Letters to America*, vol. I.
19. *Roerich's Letters to E. P. Inghe*, 10-10-54.
20. *Lettres d'Elena Roerich*, vol. I, p. 261.
21. *Ibidem*, vol. I, p. 308.
22. *Ibidem*, vol. II, p. 434.

23. Dedicamos um capítulo inteiro ao mistério da queda dos anjos, da página 300 em diante, em *La Vie de Jésus Démystifiée*, Éditions Nouvelles Réalités.
24. *Lettres d'Elena Roerich*, vol. II, p. 28.
25. Jean-Claude Frère, *Vie et Mystère des Rose-Croix*, Collection Mame, 1973, p. 129.
26. Victor-Émile Michelet, *Les Compagnons de la Hiérophanie*, p. 23.
27. *Bréviaire du Rose-Croix par un Maître en Rose-Croix*, p. 8.
28. *L'Initiation*, abril-maio-junho de 1981, p. 87.
29. O artigo de Victor-Émile Michelet, que apareceu num número especial sobre os rosa-cruzes em *Voile d'Isis*, tem como título *Les Inspirés d'Elie Artiste*.
30. Segundo o historiador Serge Caillet, o nome profano de "Sâr Hiéronymus" era Émile Dantine, mas ele assinava Dantinne em sua obra de escritor.
31. Jean-Pierre Bayard, *La Symbolique de la Rose-Croix*, Éditions Payot, 1975, p. 214.
32. *Ibidem*, p. 310.
33. Uma fotografia de Jeanne Guesdon figura no *Manuel Rosicrucien de l'A.M.O.R.C.*, p. 28. Isso mostra bem a estreita relação entre a A.M.O.R.C. americana e aquela da qual emana, a A.M.O.R.C. da França e da Bélgica! De resto, foi Jeanne Guesdon quem delegou suas responsabilidades a Raymond Bernard, futuro Legado Supremo para a França e os países de língua francesa.
34. Nesse mesmo ano houve um conclave internacional da A.M.O.R.C. na América. Lewis, sempre ufano de seu sucesso, escreveu: *"Essa não devia ser simplesmente uma enorme reunião de membros iniciados dos grupos místicos mais antigos do mundo. Numa ocasião tão especial, apenas os mais altos oficiais, Imperatores, Hierofantes, Grão-Mestres ou membros dos Conselhos Supremos deviam se reunir para receber os representantes da Grande Fraternidade Branca."* (*Histoire Complète de l'Ordre de la Rose-Croix*, p. 143)
35. Com exceção de algumas como a Ordem Martinista, a Ordem de Mênfis-Misraïm, a Ordem Pitagórica, e outras. No entanto essas organizações, que têm por certo algum valor, não eram de forma alguma tradicionais no sentido de um vínculo com a Tradição Primitiva.

36. *Rose-Croix*, nº 128, final de 1983, revista tradicional da ordem rosacruciana da A.M.O.R.C. mundial, Éditions Rosicruciennes, 56, rue de Gambetta, 94 190 Villeneuve-St-Georges.
37. *Les Rose-Croix du Nouveau Monde*, p. 292.
38. *Fragments de Sagesse Rosicrucienne*, p. 89.
39. Serge Caillet, *L'Ordre Renové du Temple, aux Racines du Temple Solaire*, com o testemunho de Raymond Bernard, p. 167.
40. Ordem rosacruciana da A.M.O.R.C., *Bulletin Mensuel* nº 263, novembro de 1970.
41. Ver página 176 do livro de Serge Caillet.
42. *Ibidem*, p. 48.
43. *Ibidem*, p. 132.

10
O Rei do Mundo e outras miragens

*Aqueles que me veem como o Senhor Supremo
presente em cada ser e que,
por ignorância oferecem sua adoração
unicamente às imagens,
esses são semelhantes a pessoas que fizessem
oferendas às cinzas.*

(Srimad Bhagavata)

E ali haverá um alto caminho, um caminho que se chamará o caminho santo: o imundo não passará por ele, mas será para aqueles: os caminhantes, até mesmo os loucos, não errarão.

(Isaías)

O Rei do Mundo

No primeiro capítulo deste livro, abordamos brevemente o estudo de duas Hierarquias externas à humanidade. A primeira é a Hierarquia espiritual do planeta, que tem por chefe supremo o Cristo. Há também outra Hierarquia, esta divina, cujo centro é o Ser Sublime, considerado pelos teósofos como o Logos Planetário de Vênus, que os hindus chamam de Sanat Kumara e os judeus, de Ancião dos Dias ou Melquisedeque. Sua morada é em Shambhala, num núcleo etérico do deserto de Gobi. Lá se encontra a morada do Pai, onde seu Desígnio é conhecido. As obras de Alice Bailey dão a respeito inúmeras informações e talvez seja judicioso recorrer também ao que diz Helena Blavatsky em *La Doctrine Secrète*, vol. I, pp. 191 e 192.*

Se falar do Rei do Mundo segundo uma visão própria é impensável para um iniciado de grau menor, que dizer de um simples erudito em matéria de orientalismo? Em tais assuntos, melhor ser ajuizado e ceder a palavra a um Mestre de Sabedoria, o único que pode falar disso com autoridade. Contudo, alguns aspirantes não hesitaram em emitir opiniões pessoais, introduzindo assim ideias falsas nessa realidade sublime. Eis-nos de novo às voltas com o problema da confiabilidade do informante! Para solucioná-lo, convém ser capaz de fazer a distinção entre um pesquisador (espiritualista ou ocultista) intelectualmente bem-equipado e um iniciado acima do segundo grau. Tomemos como exemplo dois personagens muito conhecidos nos meios esotéricos: o erudito René Guénon e o iniciado franco-maçon J. M. Ragon. O primeiro se tornou o mestre de toda uma geração de maçons intelectuais, principalmente os que se opuseram desde o início às teses da Sociedade Teosófica de H.P.B. Foi uma pena que isso tenha acontecido e que eles tenham ignorado o iniciado J. M. Ragon! Agindo assim, provaram que a maçonaria moderna já não detém as chaves do conhecimento que fez sua glória no passado.

A obra de R. Guénon poderia ter sido enriquecedora se não tivesse sido escrita por um buscador parcial, de má-fé, individualista e ambicioso. Embora coisas justas tenham sido escritas, elas são apenas a expressão de seus conhecimentos pessoais e nada têm de tradicional, como vamos mostrar.

A melhor prova do que afirmamos está no livro intitulado *Le Roi du Monde*. Como muitos outros aspirantes, Guénon simplesmente compilou aquilo que, na época, lhe parecia autêntico num assunto tão pouco conhecido. Dado que rompera com os teósofos, só lhe restavam duas fontes para escrever sua obra: Saint-Yves d'Alveydre, com o livro *Missão da Índia na Europa* (Paris, 1908), e F. Ossendowsky, autor de *Bestas, Homens e Deuses*. Analisemos o valor dessas duas fontes.

---

* *A Doutrina Secreta*, publicado pela Editora Pensamento, São Paulo, 1980.

Saint-Yves d'Alveydre (1842-1909)

É sempre delicado formar uma opinião sobre o caráter de um homem que não conhecemos. Restam seus escritos e palavras e, no nosso caso, isso será suficiente. Todavia, em virtude de seu caráter e de sua maneira de ser, a personalidade de Saint-Yves é difícil de compreender. Ao contrário de seu discípulo Papus, era um homem retraído e discreto, que não obstante marcou profundamente o meio ocultista francês. Era um homem refinado que, graças ao casamento, levou uma vida confortável. Era dotado de um maravilhoso intelecto e de muita imaginação. Embora sempre negasse pertencer a grupos ocultistas, foi o guru de aspirantes zelosos, como Papus, Sédir, Guaïta, V. E. Michelet, e vários outros. Ao estudar profundamente sua vida, não podemos deixar de constatar que Saint-Yves se considerava um adepto de alto nível e que tudo fazia para dar essa impressão. Isso é corroborado por Jules Bois, que o descreve com bastante exatidão:

"Tinha o hábito de sentar-se contra a luz, para dar uma impressão mais profunda. Todavia, com belos cabelos grisalhos, sorriso divertido, dedos cheios de anéis e uma sobrecasaca elegante, afirmou-me com a seriedade de uma convicção talvez momentânea que escrevera 1.400 páginas em três dias e que se comunicava telepaticamente com o Grande Lama do Tibete."[1]

Por sua vez, Pierre Muriel escreveu: *"A obra em prosa de Saint-Yves é complexa como sua personalidade. Nela encontramos o melhor e o pior, e até mesmo o medíocre. Às vezes, o lirismo prejudica sua erudição histórica. Hoje, seu estilo (que é o da época) nos parece empolado, irritante."*[2]

Saint-Yves escreveu várias obras em que analisou a missão de alguns grupos humanos: dos operários, dos judeus, da verdadeira França e da Índia. O homem tinha a aparência de um fidalgo, maneiras graciosas e palavras sedutoras. Muito prudente, não escrevia tudo o que dizia, de onde o interesse dos testemunhos dos que foram seus ouvintes. Como todos os seus predecessores, Saint-Yves gostava de pompa e mistério. Podemos imaginá-lo falando de segredos iniciáticos a discípulos ingênuos e fascinados. E foi o que fez quando declarou ter recebido a visita de asiáticos misteriosos em 1885, um dos quais se chamava príncipe Hardjij Scharip. Esses homens teriam sido comissionados pelo governo universal oculto da humanidade contemporânea para lhe revelar a existência do Agartha e sua organização espiritual e política. Tamanhas pretensões nos lembram as de outros aspirantes ávidos por reconhecimento como Elena Roerich, Spencer Lewis ou o padre Om Chenrezi-Lind.

Depois dessas revelações, cujo despropósito podemos avaliar hoje em dia, Saint-Yves mandou imprimir, em 1886, uma obra dedicada "*Ao Soberano Pontífice da tiara de sete coroas, ao Brahatmah atual da antiga Paradesa do ciclo do Cordeiro e do Carneiro*". Mas, com a obra mal saída do prelo, Saint-Yves ordenou que fosse imediatamente destruída. Justificou esse ato incompreensível pretextando que os Mestres o haviam proibido de atirar "*esta pérola* [seu livro, presume-se] *aos porcos*", pois tivera a imprudência de, nela, revelar segredos temíveis!

Se Saint-Yves guardava segredos tão assombrosos, então era um adepto; e, se o era, é impossível que tivesse a ligeira intenção de expor fatos que são objeto de um terrível juramento de confidencialidade. Achamos que, visto o conteúdo altamente comprometedor e especulativo da obra, sua esposa o ameaçou de lhe cortar a mesada e não mais financiar suas pesquisas.

Felizmente, um exemplar escapou à destruição e foi reeditado em 1910. Pudemos, assim, ter uma ideia dessa famosa "pérola" e da natureza de seus "segredos temíveis".

O título do livro, *Missão da Índia na Europa [Mission de l'Europe en Asie — La Question du Mahatma et sa Solution]*, nada mais é que uma compilação de diversas fontes, de onde Saint-Yves tirou seu relato. Sabemos que uma dessas fontes de inspiração é Fabre d'Olivet, cuja obra retomou. Outra fonte possível é Louis Jacolliot (1837-1890), que foi cônsul da França em Calcutá. Também ele escreveu uma obra considerável sobre as tradições da Índia. Seus escritos são os de um historiador que recebeu alguns conhecimentos ocultos de um adepto do sul da Índia, conhecimentos que se esforçou para disseminar usando como veículo seus romances, de resto largamente plagiados por numerosos autores. Por exemplo, quando Baird T. Spalding menciona um templo sagrado erigido sob o Ganges, o que lhe conferiria pureza, só faz retomar uma ideia de Jacolliot. Diga-se o mesmo de sir E. Bulwer Lytton, que toma de empréstimo a Jacolliot o poder do *"vril"* (o *akasha* dos hindus), que uma raça subterrânea supostamente possuiria. Até H.P.B. o menciona.

Saint-Yves não poderia ser um iniciado, como queriam fazer crer seus seguidores, entre os quais Papus, que escreveu no *Traité Élémentaire de Sciences Occultes*: *"... esse cavaleiro do Cristo e dos Patriarcas que possuía todas as iniciações e soube se tornar o paladino da Comunhão com Deus... etc."*, ou Jacques Weiss: *"No meu entender, Saint-Yves pertencia à categoria dos iniciados espontâneos. Recebeu o primeiro grau iniciático, o nascimento da água e do espírito, com 19 anos de idade e o segundo com 37, data a partir da qual sua obra filosófica, religiosa e literária muda de teor para alcançar os mais altos pincaros."*[3]

Como no caso de outros discípulos, os erros que Saint-Yves comete em seus escritos mostram bem que ele não tem vínculo algum, direto ou indireto, com a Tradição. No livro *Mission des Français*, escreve algumas bonitas páginas de reflexões pessoais e chega mesmo a mostrar alguma intuição. Mas podemos avaliar seu grau de iluminação interior ao ler que Filipe, o Belo, foi quem deu à França sua unidade política e espiritual, fazendo dessa nação a portadora da tocha do cristianismo esclarecido. Sabemos que Saint--Yves era católico, mas nunca a ponto de falar de um cristianismo esclarecido! Na verdade, aqueles a quem a França e a Europa inteira devem sua unidade política (não tiveram tempo de criar uma unidade espiritual) são os Cavaleiros da Ordem do Templo — e foi justamente esse Filipe, o Belo, um dos principais responsáveis por seu massacre!

Em *Mission des Juifs*, Saint-Yves nos diz que se deve pesquisar a origem da raça branca na Europa, enquanto sabemos que a semente da raça ariana vem da Ásia Central antes de penetrar na Índia, onde se tornou indo-ariana. Mas admite, sem citar fontes, que a raça branca surgiu no polo Norte, sem precisar que se tratava de uma raça etérea e espiritual. Não podemos também dar crédito à sua história imaginária do Avatar Ram, o celta primitivo que associa arbitrariamente a nomes como Iran, I-RAM, piRÂMide, RAM-sés, hiRAM etc.

Eis aqui uma importante fonte a que Saint-Yves recorreu para alinhavar sua história do Agartha e do Rei do Mundo. Parece certo que Saint-Yves manteve relações pessoais com E. R. Bulwer Lytton (1831-1891), filho do ocultista e romancista *sir* Bulwer Lytton (1803-1873). Pai e filho são muitas vezes confundidos, como fez outrora René Guénon. Mas é o pai que nos interessa.

Nascido em Londres em 1803, Edward Bulwer foi ocultista notável, político e sobretudo um grande romancista. *Os Últimos Dias de Pompeia*, escrito em 1834, assegurou-lhe notoriedade internacional. Bem-integrado aos movimentos do ocultismo, rosacruciano e maçônico, escreveu também o famoso *Zanoni* (1844) e depois *A Raça Vindoura* (1871). É a ele que se refere o Mestre K.H. em uma de suas cartas. Conheceu Éliphas Lévi e o iniciou na fraternidade. Membro do Parlamento de 1832 a 1841, Bulwer Lytton foi nomeado baronete em 1838 e par do Reino em 1866. Faleceu em Torquey, em 1873.

Quem conheceu Saint-Yves d'Alveydre foi lorde Edward Robert Lytton, homem de letras, orador e poeta brilhante, que serviu no corpo diplomático em diversas capitais europeias. Chegou a vice-rei das Índias (1876-1880) e embaixador da Grã-Bretanha em Paris (1887-1891). Esse encontro parece ser confirmado por Jean Saunier, a partir de um texto de Saint-Yves intitulado *The Poem of the Queen Victoria*, traduzido para o inglês por Edward Robert Bulwer Lytton. Para Jean Saunier, que estudou esse personagem interessante, Saint-Yves colheu alguns de seus conhecimentos em conversas com R. Lytton, pois nos diz: "Parece oportuno assinalar que um certo número de enigmas em torno da *Missão da Índia* parecem... muito menos enigmáticos graças a ele."[4]

Para inúmeros discípulos de Saint-Yves, a obra principal do mestre é o "arqueômetro". Essa geringonça misteriosa e complicada é um método divinatório — e bem mais que isso, segundo seu inventor. Damos a palavra a Jules Bois, que testemunhou tudo diretamente:

"*Mostraram-nos um instrumento que, segundo parece, deve operar a síntese universal, chamado arqueômetro. Trata-se de um cartão encimado por triângulos amarelos, vermelhos e azuis cheios de insígnias e números.*

Usa-se uma chave para lhe dar corda, como a um relógio. O papel se põe em movimento, mas, como não está bem preso, cai a todo instante. Lá dentro se encontram, diz-se, o segredo de todas as sabedorias, a facilidade de aprender em seis meses a língua chinesa, os anagramas de Jesus, Buda, Maria e nem sei mais o quê... De resto, no congresso, ninguém entendeu coisa alguma, nem mesmo, sem dúvida, seu inventor..."[5]

Jolivet Castelot, num romance esotérico publicado em 1920, descreve Saint-Yves como *"a eminência parda do hermetismo"* e afirma que *"os chefes hermetistas o consideravam um ser quase sobre-humano, um taumaturgo e um inspirado cujas palavras deviam ser ouvidas com devoção"*.

Quando eu frequentava a ordem martinista de Papus, os irmãos me asseguraram que Saint-Yves nunca tivera relações de espécie alguma com os teósofos e que sua história do Agartha não poderia ter sido copiada de *A Doutrina Secreta* de Helena Blavatsky. Jean Saunier nos prova o contrário citando o próprio Saint-Yves:

"Hoje, 3 de janeiro de 1884, acabei de ditar com base em minhas notas o capítulo sobre a ciência na antiguidade. Há algumas semanas, solicitaram-me que entrasse como correspondente para a sociedade teosófica de Madras. Declinei da honra, pois a bandeira intelectual que carrego há mais de vinte anos e ostento há dois me proíbe comprometer minha universalidade e sua significação social com qualquer tipo de particularismo."[6]

Em retrocesso, podemos avaliar o que resta dos escritos desse grande iniciado tão modesto, cuja descrição do Agartha, sabe-se, não passa de um mau plágio imaginado por seu autor — ainda que encontremos, aqui e ali, alguns elementos de autenticidade. Como podemos afirmá-lo com tamanha certeza? Simplesmente porque, se tais revelações proviessem mesmo de adeptos asiáticos, estes não cometeriam erros que um nativo da Índia, mesmo sem ser erudito, nunca teria cometido. Papus, que venera Saint-Yves, não se mostra muito objetivo quando fala de seu mestre intelectual. Sem dúvida não inventou o que escreveu, pois isso seria grave. Assim, podemos supor que recebeu as informações do próprio mestre — e isso é mais grave ainda!

> *"... foi iniciado na Tradição do Oriente por dois dos maiores dignitários da igreja bramânica, um dos quais o Brahatma dos centros santos da Índia. Como todos os discípulos da verdadeira iniciação oriental, conserva os cadernos do ensino, dos quais cada página tem o visto do Brâmane responsável pela transmissão da palavra sagrada. A leitura desses cadernos exige um conhecimento profundo não só do sânscrito e do hebraico (que os Brâmanes de altos graus iniciáticos dominam perfeitamente), mas também de línguas primitivas das quais os hieróglifos e o chinês são adaptações."*

E Papus resume sua mensagem:

> *"Dizer ao preço de quantos sofrimentos esse mestre intelectual se acha entre nós, quando já metade de sua alma foi reintegrada, faria estremecer homens que só conhecem de nome os mistérios dos dwidjas, que se traduz exotericamente por "duas vezes nascidos", mas cujo sentido real é "vivos em dois planos ao mesmo tempo."*[7]

Vejamos resumidamente o que se passa de fato. Papus, no afã de defender a tradição ocidental, entra muitas vezes em contradição, mas é obrigado a reconhecer que tudo vem do Oriente. E se contradiz de novo ao falar de seu mestre intelectual, cuja obra literária considera excepcional. No entanto, escreve: *"Os verdadeiros mestres não escrevem livros e colocam a simplicidade e a humildade acima de qualquer ciência."* Sua homenagem ao mestre é tocante, mas reflete uma ignorância total da religião hindu. Em primeiro lugar, nunca ouvi dizer que a compreensão dos textos sagrados dos brâmanes, escritos em sânscrito, exija o domínio do hebraico! Quanto à expressão "duas vezes nascido", é atribuída àquele que, pelo uso de um cordão sagrado e a recepção do mantra Gayatri no momento da iniciação, se torna um brâmane. Ele nasce uma segunda vez e adota um nome novo. Trata-se de um batismo de espírito, ao passo que o nascimento físico é um batismo de água. Isso não tem absolutamente nada a ver com a vida em dois planos ao mesmo tempo. Se tal era a condição de Saint-Yves, ele não sofreria como diz Papus, pois o sofrimento é o efeito da ignorância do mesmo modo que a felicidade é o efeito da liberação e da iluminação.

A principal revelação de Saint-Yves é a existência do Agartha subterrâneo e de seu Rei. Pondo de lado o livro de Ossendowsky, nunca encontrei menção alguma a esse nome Agartha,[8] embora Jean Rivière, nas *Lettres de Bénarès*, afirme que Shambhala é outro nome para Agartha, sem no entanto esclarecer essa identificação, pois Agartha é um lugar geográfico e Shambhala, um lugar etérico-espiritual.

Na época de Saint-Yves, o conceito de uma terra subterrânea, de Mestres do Himalaia, de um Rei do Mundo etc., era corrente nos meios esotéricos. O reino subterrâneo do Padre João, ou o evocado por Bulwer Lytton no livro *A Raça Vindoura*, nada mais é que o reino dos nagas, onipresente no hinduísmo e no budismo, bem como em todas as tradições e lendas da Ásia. É possível que Saint-Yves (ou um de seus correspondentes) tenha também buscado inspiração nas doutrinas tibetanas do Kâlachakra tântrico, que revela simbolicamente como entrar em espírito no reino de Shambhala. Essa doutrina era ensinada sobretudo pelos Panchen Lamas no mosteiro de Tashi Lhumpo.[9]

Papus, retomando as palavras de seu mestre, fala de uma igreja bramânica. Isso não tem sentido, já que não existem igrejas no hinduísmo, uma religião sem dogma. O hinduísmo é comparável a um poder representativo, detentor da pura tradição ortodoxa, constituído por um conjunto de quatro mosteiros (*Maths*) instalados há séculos nos quatro pontos cardeais da Índia pelo grande Mestre Adi Shankara.[10] Nesses mosteiros é que se ensina a mais alta filosofia, o *Vedanta Advaíta*, a doutrina da unidade absoluta. O responsável por cada mosteiro é portanto um iniciado, que não é apenas um erudito, mas também um mestre de meditação, de onde o nome *Jagat-guru* (que significa mestre, pai do universo ou do mundo). Os quatro são, em conjunto, os representantes do ensinamento mais oculto a que se pode ter acesso. E isso basta quanto à Igreja!

Compreende-se que as pessoas sensatas da época de Saint-Yves pusessem em dúvida suas afirmações. A isso ele respondia, não como iniciado humilde e contido, mas gabando-se de sua condição, à maneira dos aspirantes. Considerava-se como sendo um daqueles que sabem, entronizado no próprio centro da Hierarquia. Segundo Saint-Yves, se algum soberano quisesse saber mais sobre seus escritos numa conversa pessoal, *"eu lhe direi de viva voz o que fazer para pedir oficialmente ao Agartha a admissão à iniciação de um tal laureado ou de um tal professor de nossas altas escolas que deseje conhecer as artes e ciências professadas na Universidade Sinárquica de Áries"*.[11]

Assim, Saint-Yves se coloca como mediador indispensável entre os sábios da humanidade e os membros superiores da Hierarquia do Agartha. Julguem os leitores se devemos levar a sério semelhantes informações!

Ferdinand Ossendowsky

A segunda fonte a mencionar o reino do Agartha é Ferdinand Ossendowsky no célebre livro *Bestas, Homens e Deuses*. A obra narra uma aventura do autor na Ásia central em 1920 e 1921, quando ele fugia das tropas bolchevistas. Esse personagem romanesco parece ter misturado lendas mongóis com informações tiradas da literatura esotérica. O verdadeiro interesse do livro começa no capítulo 46, intitulado *O Reino Subterrâneo*.

Nesse episódio de sua vida, o autor apresenta dois de seus interlocutores, o Lama Gelong e o príncipe Chultun-Beyli. Ambos lhe fazem uma descrição bastante precisa do mundo subterrâneo que chamam de Agarthi (e não Agartha, como Saint-Yves d'Alveydre). Essa descrição nos lembra a do caminho simbólico que conduz a Shambhala tal qual descrito pelo terceiro Panchen Lama de Tashi Lhumpo:[12]

Nessa descrição, o Panchen Lama descreve o mundo subterrâneo: *"No todo, há 96 milhões de cidades. Os habitantes, sem exceção, falam sânscrito; usam turbantes e túnicas brancas; vivem frugalmente e possuem cerca de cem depósitos atulhados de ouro..."*

Só nessa obra há elementos suficientes para falarmos em compilação por parte de Saint-Yves (ou Ossendowsky), que misturou um reino alegórico e simbólico com o Agartha geográfico, do qual nada foi divulgado até hoje.

Vimos, na primeira parte deste livro, que o Senhor do Mundo, Sanat Kumara, veio de outro planeta há 18 milhões de anos. É, pois, um Ser sem genealogia terrestre que vive num corpo e habita um lugar etérico chamado Shambhala. Isso contraria frontalmente as palavras do Lama bibliotecário que teria instruído Ossendowsky a propósito do Rei do Mundo: "...*durante o ano inteiro o Rei do Mundo orienta as tarefas dos panditas e dos gurus de Agarthi. Mas às vezes ele vai até a caverna do templo onde repousa o corpo embalsamado de seu predecessor, num sarcófago de pedra negra.*"[13]

Em suma, podemos concluir que o autor foi muito hábil ao tornar o relato de sua aventura pessoal mais atraente com o acréscimo, no final do livro, de algumas páginas misteriosas sobre o Senhor do Mundo.

O Rei do Mundo de René Guénon (1886-1951)

René Guénon, que dava com prazer aulas sobre esoterismo e tradições, e tinha a pretensão de fazer uma análise crítica da vida de Madame Blavatsky e de seu ensinamento, cometeu — seus amigos devem reconhecê-lo — o pior erro da sua vida ao escrever um livro sobre o Rei do Mundo com base nas lucubrações de Saint-Yves e Ossendowsky. Temos aí, de novo, um exemplo típico daquilo que nunca se deve fazer: compilar textos alheios sem estudar em profundidade o assunto, principalmente quando esse assunto é a Iniciação suprema, que só um Mahatma está em condições de comentar.

A devoção excessiva a um instrutor, ainda que de grau elevado, jamais foi recomendada pelos Mestres, ainda mais no caso de um simples discípulo de boa vontade. A admiração e a adulação dos seguidores de Papus, Péladan, Saint-Yves d'Alveydre ou Guénon foram e serão sempre fatores de alteração profunda da verdade. O valor de um ensinamento depende da realização de seu autor, mas o que deve prender a atenção é a mensagem e não o mensageiro. Isso os fiéis incondicionais de Guénon não deveriam ter esquecido ao fazer de seu mentor um iniciado de alto grau, pois, se ele o fosse, evitaria combater a mensageira dos Mestres. Se Guénon fosse quem pretendia ser, saberia explicar a origem dos rosa-cruzes, que considera uma emanação da *Fede Santa*, uma ordem trinitária templária![14] Engana-se de novo[15] quando pontifica que Martinès de Pasqually é "*o último rosa-cruz conhecido no século XVIII*". Como muitos outros antes dele, René Guénon tentou formar um grupo à sua volta, sem nunca o conseguir. Conseguiu, porém, ser expulso da maçonaria e do martinismo. Conta Henry Bac:

"*Jovem ainda, conheceu Papus e seus companheiros, notadamente Sédir, tornou-se martinista e recebeu o terceiro grau. Superior Desconhecido e pouco depois Iniciador, muniu-se de uma carta de delegado-geral para o Loir-et-Cher com as funções de secretário-adjunto da Ordem.*

"*No entanto, em 1909, obtendo a lista de certo número de membros, tentou induzi-los a abandonar o martinismo para filiar-se a uma Obediência templária que tinha acabado de fundar. Seu projeto fracassou. Foi excluído, aos 25 anos, da ordem martinista e passou a comandar um grupo de existência efêmera.*"[16]

René Guénon nunca se recuperou dessa afronta e dessa frustração, ele que ambicionava se tornar o chefe de um movimento tradicional. E não deixou barato esse fracasso. O dr. Tony Grangier, que o conheceu em dezembro de 1927, afirma que Guénon proferia críticas e julgamentos severos, muitas vezes injustificados. Não aceita, por exemplo, uma crítica feita por Guénon a respeito do dr. Lalande e escreve: "*Lembro-me também dos julgamentos severos que fez em minha presença sobre Ram Mohum Roy, Ramakrishna, Ramanuja, Vivekananda, Rabindranath Tagore, Gandhi, as Índias e o próprio Sri Aurobindo Ghöse, o grande metafísico indiano atual. Chamou-os de hereges porque não seguiam à risca o Vedanta segundo Shankaracharya.*"[17]

É então que Noël Richard-Nafarre mostra de fato que a reputação de René Guénon, sobretudo nos meios maçônicos, não vem apenas de seus talentos de escritor ou de sua erudição:

"*René Guénon deve a proliferação de seu público principalmente à "douta ignorância" de seus fiéis, mais propensos a admirar a autoconfiança sem limites e os grandes ares do mestre que de examinar suas afirmações arbitrárias e suas qualificações o mais das vezes duvidosas.*

"*Le Théosophisme — Histoire d'une Pseudo-religion, Le Roi du Monde e mais 26 obras pretendem apresentar uma abordagem autêntica do esoterismo segundo os critérios daquele que se convencionou chamar de 'Tradicionalista'. Mas o que aí se tem é apenas 'guénonismo'*".[18]

Os Irmãos da Sombra

Constatamos assim como é fácil escamotear a verdade e distorcê-la em proveito da glória pessoal. Dinheiro, poder e honras costumam atrair discípulos inteligentes, mas destituídos de amor e intuição. A verdade do Eu nada tem a ver com títulos e ambições. Ela só emerge na consciência depois que as ilusões, as miragens e *maya* se foram e quando o ego, depurado, procura antes dar que receber!

Na segunda parte deste livro, procuramos dar alguns exemplos a fim de que neófitos e discípulos, geralmente pouco instruídos em matéria de religião e esoterismo, não caíssem com tanta facilidade nas malhas sutilmente tecidas por homens pouco escrupulosos e seitas extremistas.

No entanto, parece-me útil falar de uma categoria de indivíduos dos quais convém nos guardar com a máxima prudência. Essas pessoas se manifestam através do mal vida após vida, a ponto de romper o liame que as unia à própria alma. Algumas estão encarnadas, outras não! Muitos discípulos evoluídos passaram pela prova terrível que é enfrentá-las. São os Irmãos da Sombra!

Podem estar encarnados fisicamente, mas, quando agem a partir do astral, não é raro vê-los se manifestar através de um médium durante uma sessão espírita.

Em uma de suas obras, o Tibetano fornece inúmeras informações a esse respeito. Mostra-nos também como esses Irmãos perdidos agem, como afetam o que é bom, belo e correto a fim de manifestar o mal. São as forças materiais se opondo incessantemente às forças espirituais. Procuram manifestar o passado, da mesma forma que os discípulos se esforçam para viver no presente com vistas ao futuro. Sem dúvida, não devemos atribuir a esses indivíduos todos os problemas da vida, pela maior parte imputáveis às fraquezas e limitações humanas. Não é inútil, contudo, lembrar que são poderosos lá onde a luz contraria seus desígnios obscuros.

"*Nenhum perigo vindo dos Irmãos das Trevas, como são às vezes chamados, ronda o estudioso médio. Somente quando se aproxima do discipulado, ou se destaca dos companheiros como um instrumento da Fraternidade*

Branca, começa a chamar a atenção daqueles que querem resistir a ele. Quando, pela prática da meditação, pelo poder e pela dedicação ao serviço, um homem aprimora seus veículos a ponto de alcançar a realização autêntica, suas vibrações põem em movimento uma matéria de tipo especial e ele aprende a trabalhar com essa matéria, a manipular os fluidos e a controlar os construtores.[19] *Assim agindo, invade o domínio daqueles que se servem das forças da involução e pode, então, provocar um ataque contra si mesmo. Esse ataque pode ser dirigido contra um de seus três veículos e se manifestar de diferentes maneiras."*

O Tibetano dá diversos exemplos, principalmente de agressões ao corpo físico (enfermidades ou deficiências).

"Outro método utilizado é a miragem ou projeção sobre o discípulo de uma nuvem de matéria emocional ou mental que camufla a realidade e obscurece temporariamente a verdade. O estudo dos casos em que a miragem foi empregada é dos mais reveladores e mostra como é difícil, mesmo para um discípulo avançado, distinguir sempre entre o real e o irreal, o verdadeiro e o falso (...) Uma das formas empregadas consiste em projetar sobre o discípulo as imagens de um pensamento de fraqueza, desânimo ou crítica a que possa momentaneamente dar acesso. Assim lançadas, elas se desenvolvem em proporções indevidas e o discípulo imprudente, sem perceber que está vendo apenas os esboços ampliados de seus próprios pensamentos fugazes, cede ao desânimo, quanto não ao desespero, e deixa de ser útil aos Grandes Seres.

"Um terceiro método frequentemente empregado consiste em envolver o discípulo num espesso nevoeiro de trevas, rodeando-o de sombras impenetráveis em meio às quais ele tropeça e pode mesmo cair. Isso pode tomar a forma de uma nuvem obscura de matéria emocional, de uma emoção sombria capaz de pôr em perigo toda vibração estável e mergulhar o estudioso desorientado nas trevas do desespero. Ele tem a sensação de que tudo se afastou dele; vira uma presa de emoções diversas e lúgubres; sente-se abandonado por todos; acha que os esforços passados foram fúteis e que só lhe resta morrer.

> *"O principal ataque dessas forças é desfechado contra os discípulos, especialmente sobre os que se encontram numa posição e num ponto da evolução que lhe permite atuar com vigor e ajudar outras pessoas... Lembrem-se sempre: o medo é que permite a entrada das forças do mal e um tal ataque pode não ser dirigido ao seu ponto mais fraco, mas de preferência ao seu ponto mais forte. Assim, os discípulos são frequentemente apanhados de surpresa e sofrem um retrocesso temporário."*[20]

Nos capítulos anteriores, demos vários exemplos do modo como discípulos evoluídos fracassaram ou foram manipulados em virtude de certas fraquezas ainda presentes em sua consciência — e, às vezes, até de uma honesta aspiração a combater o mal sob todas as suas formas. É óbvio que, quanto mais um discípulo assume responsabilidades no seio de um grupo, mais ele procura se aperfeiçoar e se opor às forças de involução que deliberadamente preferiram a sombra à luz, a Lua ao Sol, o ódio ao amor. A ação conjunta dessas Potências das Trevas está ainda fresca em nossa memória, pois foram a causa da Segunda Guerra Mundial e se manifestaram por intermédio da ideologia nazista.

No entanto, se durante esse longo e perigoso período a humanidade ignara foi protegida pela Hierarquia, uma coisa ninguém deve ignorar: quando a volta do Cristo e dos Hierarcas for um fato consumado, as forças do mal sucumbirão a uma derrota certa. É igualmente certo, segundo o aviso dos Mestres, que a atual reorientação da Hierarquia com respeito a Shambhala e à humanidade iniciará em breve um ciclo de fracasso completo para o mal cósmico em nosso planeta, deixando apenas um nicho isolado e enfraquecido, fadado a uma morte lenta. Isso trará a purificação do desejo humano em tão grande medida que *"a matéria será resgatada pela vontade de sacrifício d'Aqueles que sabem, pela disposição para o bem d'Aqueles que são e pela boa vontade dos filhos dos homens voltados para a luz e que, por sua vez, refletem essa luz"* (Mestre D.K.).

Benjamin Creme

Nosso último exemplo de um discípulo sujeito às ilusões do astral não deixa de ter interesse porque sintetiza um grande número das leis de que acabamos de falar. Exprime uma expectativa, a da vinda do Cristo (Maitreya), e utiliza o ensinamento hierárquico do Tibetano a fim de atenuá-la. O responsável por esse movimento é certamente sincero, mas tudo em seu comportamento nos leva a pensar que está sob a influência das forças das Trevas para impedir o trabalho do Tibetano e de todos aqueles que seguem seu ensinamento.

Também aqui eu me calaria se não tivesse sido diretamente implicado em alguns episódios dessa história. Como disse anteriormente, na qualidade de conferencista da organização Sathya Saï de Paris, tive que estudar o movimento de Benjamin Creme, cujos discípulos se multiplicavam entre nossos membros que, maravilhados, misturavam a realização do Eu com a espera futura de Maitreya.

Um dia, Benjamin Creme deu uma palestra em Paris a que fiz questão de ir para ver com meus próprios olhos o espetáculo. A sala estava cheia. Creme, com as mãos estendidas, preparava-se para abençoar o público numeroso e contrito. Segundo um fiel que me servia de guia, Benjamin Creme era muitas vezes "adumbrado" pelo Cristo ou pelo seu próprio Mestre. Dessa vez foi Sathya Sai Baba em pessoa quem se apossou da sua consciência e abençoou a multidão. O que eu pude observar não correspondia, é claro, às palavras de Sathya Sai Baba, que repetia sempre que não se dirigia a ninguém e nem abençoava ninguém através de um intermediário e que, quando decidia agraciar ou instruir um discípulo, fazia-o diretamente.

Era evidente que Benjamin Creme incidia em erro. Ou fingia estar inspirado ou sua inspiração era astral e provinha de entidades da Sombra fazendo-se passar por Sai Baba, o Cristo ou seu Mestre.

O público de B. Creme é numeroso simplesmente porque ele aborda um assunto sensível: a espera de um salvador do mundo. Além disso, tendo assimilado o ensinamento do Tibetano, ele está apto, de certa maneira, a responder a qualquer pergunta sobre esoterismo.

No entanto, B. Creme não se atém à linha do Tibetano, permitindo-se, entre outras coisas, proclamar que a meditação deixou de ser útil e foi substituída pela "precipitação". O meu guia me propôs amavelmente fazer a experiência no dia seguinte à noite. Aceitei de pronto, feliz por poder julgar o que aquilo vinha a ser exatamente.

Benjamin Creme, homem encantador e *bon vivant*, empenhava-se acima de tudo em mostrar que era uma pessoa como qualquer outra, pondo-se de parte seus contatos com o Cristo e a Hierarquia! Eis, pois, como se deu a famosa "precipitação". Os membros se sentaram em cadeiras dispostas em círculo e fizeram uma corrente dando-se as mãos. Enquanto isso, B. Creme, que era o elo principal, se sacudia como certos médiuns para, supostamente, fazer descer energias cósmicas emanadas do centro do cosmos, de Shambhala ou da Hierarquia. Pedia-se aos presentes que ficassem passivos, tornando-se canais puros para a irrupção das energias. Essa atitude passiva é o contrário do que ensinam os Mestres, pois conduz ao estado mediúnico e submete os aspirantes à vontade de um falso instrutor ou de uma organização sectária! O ato de se dar as mãos é um vestígio antigo do espiritismo e outros ritos ainda vigentes no martinismo ou na Franco-maçonaria. Em nossa época, os discípulos são convidados a se unir no plano mental e a servir de canal para a visualização controlada, mas certamente sem recurso ao contato físico, causador de tantos problemas afetivos ou físicos.

Depois de alguns dias de experimentação, cheguei à conclusão de que algo não ia bem. Mas eu precisava saber um pouco mais e meu guia não se fez de rogado para me instruir. Eu, é claro, não arrisquei nenhuma observação depreciativa sobre o valor de seu movimento — observação que, na época, ele certamente nem levaria em conta!

Benjamin Creme e o retorno do Cristo

Segundo Benjamin Creme, no dia 7 de julho de 1977 Maitreya anunciou que seu corpo de manifestação (*mayavi-rupa*) estava pronto, que acabara de revesti-lo e que aguardava no Himalaia o momento de se dar a conhecer. Na verdade, tudo estava pronto, pois no dia 8 de julho Maitreya foi para a Índia e, no dia 19, tomou o avião para uma cidade ocidental. Convém não esquecer que B. Creme faz palestras, mas quem fala por intermédio dele é seu Mestre. Essa foi uma das coisas que aprendi, entre dezenas de outras, e que me levou a acreditar que B. Creme se achava sob o domínio de uma poderosa ilusão. Diz ele: *"Há, na obra* A Vida dos Mestres *de Baird Spalding, descrições do Cristo, dos Mestres e do Buda tais quais são, tais quais existem!"* Ora, como sabemos, Spalding inventou sua história e isso corrobora nossa certeza de que a volta de Maitreya a Londres também não passa de uma fantasia.

Como todos os representantes e mensageiros hipotéticos da Hierarquia estudados nesta segunda parte, Benjamin Creme é claro quanto à sua posição. Perguntaram-lhe certa feita se ele era a reencarnação de João Batista. Respondeu que não. O interrogante insistiu:

"Como o senhor sabe que não é?

"Eu sei, pode acreditar. João Batista é um Mestre há muito tempo e, além disso, não está mais na Terra."

Depois, quiseram saber de onde ele tirara essa informação inédita e Creme declarou com o ar mais sério do mundo: *"De um membro Primogênito da Hierarquia, pertencente ao grupo que cerca o Cristo."*

Se Benjamin Creme está tão próximo do Cristo quanto diz e em contato permanente com um membro da Grande Loja Branca, podemos imaginar que seus erros associados à volta do Cristo sejam raros ou mesmo impossíveis. No entanto, segundo Creme, o Cristo e seu próprio Mestre estão enganados em diversos pontos. Com efeito, o anúncio do dia D da Declaração, em que o Cristo deveria falar pelo rádio e pela televisão ao mundo inteiro, deveria cair na primavera de 1982. Essa notícia saiu na primeira página de um dos grandes jornais, pois B. Creme revelava com incrível precisão que o Cristo, encarnado num corpo físico, se achava em Brick Lane, no *East-End* de Londres, que fazia parte de uma comunidade de imigrantes indo-paquistaneses. Como seria de se esperar, os jornalistas e os meios de comunicação, sempre à cata de um bom "furo", fizeram eco às palavras de B. Creme.

Segundo este, caberia doravante à mídia descobrir o paradeiro de Maitreya e convidá-lo a falar ao mundo. Os jornalistas saíram em busca de

Nosso Senhor, mas não encontraram pessoa alguma capaz de preencher os divinos requisitos. B. Creme, porém, escreveu: *"O tempo todo Maitreya estava pronto, só aguardando ser encontrado. Continuou dando palestras públicas e desejava apenas que a mídia o reconhecesse."* Por fim, os jornais esqueceram o caso, cansados de deparar apenas com alguns extremistas muçulmanos.

Estamos em 2007 e o Cristo-Maitreya continua desconhecido pela mídia. E B. Creme tranquiliza e nos previne que Maitreya não dirá que é o Cristo! Mas, como ele mesmo não para de afirmar que o Cristo está em Londres e lá deve ser reconhecido, perguntamo-nos como um jornalista, encontrando Maitreya, não perceberia imediatamente de que se trata do Cristo!

Falando agora a sério, se aceitarmos o ensinamento do Tibetano a propósito do retorno do Cristo,[21] a data fornecida para esse evento ainda está muito longe, pois o Tibetano só o vislumbra após o fim da civilização atual. Eis o que ele escreve a respeito da data: *"O Cristo virá infalivelmente quando a paz tiver sido estabelecida até certo ponto, quando o princípio da divisão dos bens de consumo estiver ao menos em vias de condicionar as questões econômicas e quando as igrejas e os grupos políticos tiverem começado a pôr ordem em suas casas."*

Bem, estamos nos aproximando desse objetivo, mas ainda não chegamos lá! Pode ser que o Cristo seja visto e ouvido na televisão, mas ninguém saberá que se trata do chefe da Hierarquia. O Tibetano esclarece ainda que a vanguarda do Cristo encarnará entre agora e 2025 e só depois Ele tomará medidas para aparecer. As afirmações de Benjamin Creme são, portanto, absolutamente insensatas. Com efeito, se nem um discípulo é capaz de discernir a identidade interior do Cristo, como supor que jornalistas, dos quais conhecemos a ambição e a falta de ética, conseguiriam fazer essa descoberta, que evidentemente só diria respeito ao aspecto exterior? Não deve ser esse, de forma alguma, o desígnio do Mestre dos Mestres! Na verdade, só os iniciados o reconhecerão: o resto da humanidade, incluindo os que buscam a luz em qualquer religião, perceberá apenas sua presença espiritual. Esta se manifestará pela boa vontade mundial (esse é um fato que está em vias de se concretizar), pelo desenvolvimento do espírito de fraternidade universal, pelo desejo de ajudar o próximo e pela realização de uma unidade de consciência que imporá aos homens a convicção profunda e definitiva de que a Humanidade é uma só família, não existindo senão um Pai Celeste cuja natureza é ao mesmo tempo imanente e transcendente.

A melhor prova de que o Cristo não virá do modo descrito por Creme nos foi dada pelo Tibetano nestes dois comentários:

"Não se deve entender essa volta no sentido habitual, no sentido cristão conhecido e místico. O Cristo jamais deixou a Terra. Ao que se faz alusão é à exteriorização da Hierarquia e ao seu aparecimento exotérico sobre a Terra."[22]

"Peço a todos quantos lerem estas palavras sobre a segunda Volta que suspendam sua opinião quanto à natureza desse evento. Mantenham esse conceito impessoal e não vinculem essa aparição a uma personalidade ou indivíduo. Se cometerem o erro de ligar o significado a um indivíduo, limitarão a sua compreensão e não conseguirão identificar corretamente o desígnio de grupo."[23]

Notas

1. *L'Initiation*, órgão oficial da Ordem Martinista, janeiro-fevereiro-março de 1971, p. 13.
2. *Ibidem*, p. 15.
3. *L'Initiation*, abril-maio-junho de 1968, p. 103.
4. *L'Initiation*, janeiro-fevereiro-março de 1979, p. 54.
5. Jules Bois, *Le Monde Invisible*, Éditions Flammarion, Paris, p. 398.
6. *L'Initiation*, janeiro-fevereiro-março de 1980, p. 40.
7. *Ibidem*, p. 47.
8. O nome que mais se aproxima é Agartala, capital do território de Tripura, na Índia.
9. Uma boa introdução à doutrina de Kâlachakra foi escrita por Jean Rivière em *Kâlachakra, Initiation Tantrique du Dalaï-Lama*, Éditions Robert Laffont, 1985.
10. A oeste, o mosteiro de Kâlikâ (Dwarakâ); a leste, o mosteiro de Govardhana (Jagannâth-Purî); ao norte, o mosteiro de Badarikâshrama (Badrinâth); e, ao sul, o mosteiro de Shâradâ, em Shringeri.

11. Saint-Yves d'Alveydre, *La Mission de l'Inde en Europe*, Paris, 1908.
12. *La Voie vers Shambhala*, Éditions Arché, Milão, 1983.
13. F. Ossendowsky, *Bêtes, Hommes et Dieux*, Éditions J'ai Lu, 1969, p. 293.
14. *La Symbolique de la Rose-Croix*, p. 82.
15. *Ibidem*, p. 175.
16. *L'Initiation*, outubro-novembro-dezembro de 1981, p. 195.
17. *L'Initiation*, abril-maio-junho de 1977, p. 119.
18. Noël Richard-Nafarre, *Helena P. Blavatsky ou la Réponse du Sphinx*, pp. 557-79.
19. As forças de involução da natureza, chamadas "elementais". São as energias da terra (*gnomos*), da água (*ondinas*), do fogo (*salamandras*) e do ar (*sílfides*), conforme as designavam os alquimistas da Idade Média.
20. Ver a compilação de Alice Bailey intitulada *Servir l'Humanité*, Éditions Lucis.
21. O Tibetano fala disso em detalhe em sua obra *Le Retour du Christ*, Éditions Lucis.
22. *Extériorisation de la Hiérarchie*, p. 437.
23. *Ibidem*, p. 452.

Conclusão

Não nos cabe julgar os casos examinados neste ensaio, mas é nossa responsabilidade nos manter vigilantes e utilizar nossa inteligência, discernimento e intuição a fim de não iludir aqueles que iniciam os primeiros passos no caminho. Sejamos ou não vítimas dos Irmãos das Trevas, devemos ser capazes de avaliar a importância das situações a fim de enfrentá-las. Amor não é sinônimo de desleixo e tolerância não significa ignorância. Os discípulos de que falamos alcançaram muitas vezes um verdadeiro grau de realização, motivo pelo qual se superestimam e superestimam sua experiência. O Tibetano escreve a propósito desse tipo de discípulo: *"Em vez de redobrar esforços, de estabelecer assim um contato mais estreito com o reino das almas e de ajudar todos os seres mais profundamente, começa a chamar a atenção sobre si mesmo, sobre a missão que deve cumprir, sobre a confiança que o Mestre e mesmo o Logos planetário aparentemente lhe tributam. Fala de si mesmo, gesticula, exige que seus méritos sejam reconhecidos. Assim, seu alinhamento diminui gradualmente, seu contato com a alma se enfraquece e ele vai engrossar as fileiras daqueles que sucumbiram à ilusão do sentimento de poder. Essa espécie de ilusão está se disseminando cada vez mais entre os discípulos e os que alcançaram as duas primeiras iniciações."*

Prudência então, sem esquecer que somos todos aspirantes e discípulos falíveis. Vêm-me à mente as palavras muito apropriadas do Mestre Jesus: "Aquele que dentre vós está sem pecado seja o primeiro que atire pedra contra ela!"

Não escrevi este livro com o objetivo único de falar dos Mestres ou prevenir os leitores contra os que lhes usurpam o título, mas sobretudo para que os homens de orientação espiritual compreendam que o nosso período atual está numa fase crítica, tanto quanto decisiva. Como nas guerras mundiais, está em jogo a salvação da humanidade, pois a porta da casa do mal ainda não foi fechada. Nada acontece antes do tempo e, malgrado uma certa predestinação da humanidade em suas linhas gerais, milhares de pessoas espiritualizadas em todos os países, da mais humilde à mais brilhante, podem iniciar um grande processo de redenção. A solidariedade, o sacrifício do conforto e da segurança, a busca da paz em todas as suas formas e o esforço desprendido em prol da humanidade sofredora podem conduzir os discípulos rumo à luz da Hierarquia, com muito mais rapidez e segurança do que qualquer técnica pretensamente oculta. Os autênticos servidores do mundo propiciam um campo de ação indispensável aos Mestres encarnados, dos quais formam a vanguarda! Além disso, constituem um centro de convergência para os que aceitam serem postos à prova, esperando que, graças à sua paciência e perseverança, sejam qualificados para a iniciação e para uma tarefa de serviço cada vez mais extensa.

A Hierarquia é, para a humanidade, a meta a ser alcançada, na esfera individual e na coletiva. É o ideal a ser seguido, de sorte que uma relação mais estreita entre ela e a humanidade produzirá muitas coisas essenciais, como a exteriorização de alguns *ashrams* para facilitar o reaparecimento da Hierarquia na Terra. Isso permitirá também aos servidores espirituais do mundo reconhecer que o grau de desenvolvimento da humanidade justifica esse reaparecimento, que será a ocasião para uma revelação excepcional e iminente. Isso ocasionará, enfim, o advento de uma nova civilização, mais unida e mais fraterna porque, com sua presença, a Hierarquia neutralizará os esforços das forças do mal.

O Mestre Tibetano, no livro sobre a exteriorização da Hierarquia, termina sua obra passando aos discípulos esclarecidos do mundo uma mensagem sobre o que deve ser feito no curso desse período decisivo. Ela nos servirá de conclusão!

"Vossa meta espiritual é o estabelecimento do reino de Deus. Um dos primeiros passos rumo a esse objetivo consiste em preparar o mental dos homens para aceitar a volta iminente do Cristo. Deveis dar a conhecer aos homens de todos os quadrantes que os Mestres e seus grupos de discípulos trabalham incansavelmente para extrair ordem do caos. Dizei a eles que

*existe um Plano cuja execução ninguém conseguirá impedir. Dizei a eles também que a Hierarquia permanece, que ela está presente há milhares de anos como expressão da sabedoria acumulada das idades. Mas dizei sobretudo que Deus é amor, que a Hierarquia é amor e que o Cristo virá porque Ele ama a humanidade. Eis a mensagem que vos toca transmitir na hora presente. Deixo-vos essa responsabilidade. **Trabalhai, meus irmãos!**"*[1]

Nota

1. *Extériorisation de l'Hiérarchie*, p. 627.

Invocação em favor dos discípulos

Que os Santos seres de quem queremos nos tornar discípulos
nos apontem a luz que buscamos.
Que nos deem a forte ajuda de sua sabedoria e de sua compaixão.
Existe uma paz além de todo entendimento:
Ela habita o coração daqueles que vivem no Eterno.
Existe uma força que renova todas as coisas:
Ela vive e age em quem sabe que o Eu é Um.
Possa essa paz nos envolver!
Possa essa força permanecer em nós
Até estarmos onde se invoca o Iniciador Único,
Até vermos brilhar sua estrela!
Que a paz e a bênção
Dos Santos Seres se derramem sobre os mundos.

Nota

1. *L'État de Disciple dans de Nouvel Âge*, A. A. Bailey, Éditions Lucis, vol. I, p. 419.

Bibliografia

Pujyasri Chandrasekharendra Sarasvati Swami, *The Guru Tradition*, Éditions Bharatiya Vidya Bhavan, Bombaim, 7, 1991.

Geoffrey A. Barborka, *H. P. Blavatsky, Tibet and Tulku*, Éditions The Theosophical Publishing House, Adyar, Madras 20, Índia, 1969.

Hall, M. P., *The Adepts* (4 vols.), Los Angeles, 1949.

Philostrate, F., *Apollonios de Tyane*, Paris, 1862.

Y. Moatty, *Kabir, Le Fils de Ram et d'Allah*, Éditions Les Deux Océans, 1988.

Éliphas Lévi (Abbé Constant), *Dogme et Rituel de la Haute Magie*, Éditions Niclaus, 1960. [*Dogma e Ritual da Alta Magia*, publicado pela Editora Pensamento, São Paulo, 1971.]

Patrick Mandala, *Guru-Kripâ ou "La Grâce du Guru"*, Éditions Dervy-Livres, 1984.

H. H. Wilson (trad.), *The Vishnu Purana*, Éditions Punthi Pustak, Calcutá, Índia, 1979.

La Voie vers Shambhala, Éditions Arché, Milão, 1983.

Saint-Hilaire, J. (Roerich, E.), *On Eastern Crossroads*, Nova York, 1930.

Saint-Yves d'Alveydre, *Mission de l'Inde en Europe*, Paris, 1910.

Tomas Andrew, *Shambhala, Oasis de Lumière*, Éditions R. Laffont, 1985.

Jean M. Rivière, *Lettres de Bénarès*, Éditions Albin Michel, 1982.

Jean M. Rivière, *Kâlachakra, Initiation Tantrique du Dalaï-Lama*, Éditions R. Laffont, 1985.

Alexandre Berzin, *Introduction à l'Initiation de Kâlachakra* — Comentários dados ao *Institut Vajra Yogini* por A. Berzin em 1985.

Jacqueline Decter, *Nicolas Roerich, la Vie et l'Oeuvre d'un Maître Russe*, Les Éditions du IIIe Millénaire, 1990.

Jean Herbert (org.), *L'Enseignement de Ramakrishna*, Éditions Albin Michel, 1972.

Sylvie Barnay, *Les Saints. Des Êtres de Chair et de Ciel*, Découvertes Gallimard, 2004.

Sri Sathya Saï Baba, *Gita Vahini*.

Dr. J. Hislop, *Conversation avec Sathya Saï Baba*, Éditions Sathya Saï France, 16 rue Fagon, 75 013, Paris.

Sylvie Craxie (trad.), *Sathya Saï Nous Parle*, vol. II (1960-1962). Traduzido do original inglês *Sathya Saï Speaks*.

S.P. Annamalai, *The Life and Teachings of Saint Ramalingar*, Éditions Bharatiya Vidya Bhavan, 1988.

Swami Suddhananda Bharathi, *Mahatma Ramalingam and His Révélations*, 1936.

Lettres d'Helena Roerich, vol. I (1929-1935), Les Éditions du IIIe Millénaire, 2002.

Lettres d'Helena Roerich, vol. II (1935-1939), Les Éditions du IIIe Millénaire, 2003.

Pupul Jayakar, *Krishnamurti. Sa Vie. Son Oeuvre*, Éditions L'Âge du Verseau, 1989.

Mary Lutyens, *Krishnamurti. Les Années de l'Éveil*, vols. I e II, Éditions Arista, 1982/1984.

Ludowic Réhault, *L'Instructeur du Monde Krishnamurti*, Éditions Les Tables d'Harmonie, 1934.

Noël Richard-Naffarre, *Helena P. Blavatsky ou La Réponse du Sphinx* — Biographie, 1991.

Helena P. Blavatsky, *Collected Writtings*, vols. I a XIV, Éditions The Theosophical Publishing House, Adyar, Madras 20, India.

Helena P. Blavatsky, *La Doctrine Secrète*, vol. I a VI, Éditions Adyar. [*A Doutrina Secreta*, publicado pela Editora Pensamento, São Paulo, 1980.]

Helena P. Blavatsky, *Isis Dévoilée*, vol. I a IV, Éditions Adyar. [*Ísis sem Véu*, publicado pela Editora Pensamento, São Paulo, 1991.]

Helena P. Blavatsky, *Au Pays des Montagnes Bleues*, Éditions Adyar, 1975.

Helena P. Blavatsky, *Râja Yoga ou Occultisme*, Textes Théosophiques, 11 bis rue Kepler, 75 116, Paris, 1983.

H. J. Spierenburg (org.), *The Buddhism of H. P. Blavatsky*, Point Loma Publications, 1991.

Helena P. Blavatsky, *La Clef de la Théosophie*, Textes Théosophiques, 1983.

Helena P. Blavatsky, *Dans les Cavernes et Jungles de l'Hindoustan*, Éditions Adyar, 1975.

Helena P. Blavatsky, *Glossaire Théosophique*, Éditions Adyar, 1981.
Annie Besant e C. H. Leadbeater, *La Chimie Occulte*, Éditions Rhéa, 1920.
C. Jinarajadasa (org.), *Lettres des Maîtres de la Sagesse*, segunda série, Éditions Adyar, 1926.
Lettres des Mahatmas M. et K.H. à A. P. Sinnett, Éditions Adyar, 1970.
H. S. Olcott, *A la Découverte de l'Occulte*, Éditions Adyar, 1976.
Charles W. Leadbeater, *Les Maîtres et le Sentier*, Éditions Adyar, 1926.
A. P. Sinnett, *La Vie Extraordinaire d'Helena P. Blavatsky*, Éditions Adyar, 1972.

Lista (não exaustiva) dos livros de Alice A. Bailey inspirados pelo Tibetano e editados pelas Éditions Lucis (Genebra):

Initiation Humaine et Solaire
Lettres sur la Méditation Occulte
Traité sur la Magie Blanche
Le Retour du Christ
Traité sur les Sept Rayons, vol. I
La Télepathie et le Corps Éthérique
L'État de Disciple dans le Nouvel Âge, vols. I e II
Traité sur le Feu Cosmique
Les Rayons et les Initiations
Autobiographie Inachevée
L'Extériorisation de la Hiérarchie
Servir l'Humanité e *Réfléchissez-y* (duas compilações dos ensinamentos de Alice Bailey), Éditions Lucis.
Paul Chacornac, *Le Comte de Saint-Germain*, Éditions Traditionelles, 1973.
Comte de Cagliostro, *Rituel de la Maçonnerie Egyptienne*, anotado pelo dr. Marc Haven, Éditions des Cahiers Astrologiques.
Frantz Hartmann, *Au Seuil du Sanctuaire*, 1920.
François Ribadeau Dumas, *Cagliostro, Homme de Lumière*, Éditions Philosophiques, 1981.
Robert Vanloo, *Les Rose-Croix du Nouveau Monde*, Claire Vigne Éditrice, 1996.
Serge Caillet, *L'Ordre Rénové du Temple. Aux Racines du Temple Solaire*, Éditions Dervy, 1997.
Robert Ambelain, *Le Martinisme, Histoire et Doctrine*, Éditions Niclaus, 1946.
Robert Ambelain, *Templiers et Rose-Croix*, Éditions Adyar, 1953.

Jean-Pierre Bayard, *La Symbolique de la Rose-Croix*, Éditions Payot, 1975.

Paul Arnold, *La Rose-Croix et Ses Rapports avec la Franc-Maçonnerie*, Éditions G. P. Maisonneuve & Larose, 1970.

Bernard Gorceix, *La Bible des Rose-Croix*, Éditions Presses Universitaires de France, 1970.

Fr. Wittemans, *La Vérité sur les Rose-Croix d'Hier et d'Aujourd'hui*, Robert Dumas Éditeur, 1975.

José Dupré, *Rudolf Steiner — L'Anthroposophie et la Liberté*, Éditions La Clavellerie, 2004.

Rudolf Steiner, *Christian Rose-Croix et Sa Mission*, Éditions Anthroposophiques Romandes, 1980.

Jean-Claude Frère, *Vie et Mystère des Rose-Croix*, Collection Mane, 1973.

Victor-Émile Michelet, *Les Compagnons de la Hiérophanie*, Collection Bellisane, 1977.

Harvey Spencer Lewis, *Manuel Rosicrucien* (8ª ed.), Éditions Rosicruciennes, 1978.

Raymond Bernard, *Fragments de Sagesse Rosicrucienne*, Éditions Rosicruciennes, 1977.

H. Spencer Lewis, *Histoire Complète de l'Ordre de la Rose-Croix*, Éditions Rosicruciennes, 1978.

Ralph M. Lewis, *Les Secrets de la Rose-Croix*, Éditions Rosicruciennes, 1975.

Dr. Ed. Bertholet, *Bréviaire du Rose-Croix par un Maître en Rose-Croix*, Éditions Rosicruciennes, Lausanne, 1958.

Philippe Encausse, *La Pratique des Sciences Occultes Conduit-elle au Déséquilibre Mental?*, Psychica, 1929.

Grillot de Givry, *Anthologie de l'Occultisme*, Paris, 1922.

Jean Marques-Rivière, *À l'Ombre des Monastères Tibétains*, Éditions Attinger, 1929.